# Lo mejor de nuestras vidas



Prácticos
Familia

# Lucía Galán Bertrand

# Lo mejor de nuestras vidas

*Desde la experiencia de mi profesión y la sensibilidad de mi maternidad*

Planeta

PEFC Certificado

Este libro procede de bosques gestionados de forma sostenible

PEFC

PEFC/14-38-00305 www.pefc.es


Avda. Diagonal, 662-664, 08034 Barcelona (España)
www.planetadelibros.com

Fotografías del interior: © Maria Sbytova – Shutterstock, © MillaF – Shutterstock, © Mikhail Tchkheidze – Shutterstock, © Igor Borodin – Shutterstock, © Patrik Jech – Shutterstock, © Praisaeng – Shutterstock, © Mila Supinskaya, © Sam Diephuis – Getty Images, © Ian Hooton – Getty Images, © Jaren Jai Wicklund – Shutterstock, © Antonio Guillem – Shutterstock, © Catalin – Shutterstock, © AleksWolff – Shutterstock, © Jekaterina Nikitina – Shutterstock, © Thanasis Zovoilis – Shutterstock, © Olesia Bilkei – Shutterstock, © Kevin Bubriski – Shutterstock, © Sokolova Maryna – Shutterstock, © Vasilyev Alexandr – Shutterstock, © Evgeniya Yantseva – Shutterstock, © Sabphoto – Shutterstock, © Tatyana Vyc – Shutterstock, © Shutterstock, © Shestock – Shutterstock, © Zurijeta – Shutterstock, © Djedzura – Shutterstock, © Di Carlo Darsa – Age Fotostock, © MartiniDry –Shutterstock, © Monkey Business Images–Shutterstock, © Brian A Jackson –Shutterstock, © wavebreakmedia–Shutterstock, © Begsteiger – Age Fotostock, © fasphotographic – Shutterstock, © altanaka – Shutterstock, BlueOrange Studio – Shutterstock, © Alliance – Shutterstock, © Stokkete – Shutterstock, © Yulia Grigoryeva – Shutterstock, wavebreakmedia – Shutterstock, © Arek Malang – Shutterstock, © Sally Anscombe – Getty Images, © Tashi–Delek – Getty Images, © Voyagerix – Shutterstock, © Robert Kneschke – Shutterstock, © Solis – Shutterstock

Iconografía: Grupo Planeta

*Estoy hecho de pedacitos de ti*
Original de Orozco / Latorre / Pérez
© Copyright de Lirics and Music, S. L. / BMG / Bate Music
Edición autorizada a EDICIONES MUSICALES CLIPPER'S, S. L.

Adaptación de la cubierta: Booket / Área Editorial Grupo Planeta
Imagen de la cubierta: © Britt Erlanson / Cultura / Corbis / Cordon Press
Primera edición en esta presentación: septiembre de 2024

Depósito legal: B. 13.433-2024
ISBN: 978-84-08-29232-6
Impresión y encuadernación: Liberdúplex, S. L.
*Printed in Spain* - Impreso en España

## Biografía

Lucía Galán Bertrand (Oviedo, 1978) es pediatra, escritora y madre de dos hijos adolescentes. También es fundadora y directora de Centro Creciendo, con sedes en Madrid y en Alicante. En estos últimos diez años, ha recibido docenas de premios por su labor divulgativa y su compromiso con la infancia, entre ellos el de Reconocimiento a la Infancia por la Comunidad de Madrid o el de Mejor Divulgadora por la Organización Médica Colegial de España. Ha sido incluida por segundo año consecutivo en la Lista Forbes dentro de los 100 mejores médicos de España y reconocida como Personalidad Digital del año 2022 por ConSalud, así como en la Lista Forbes en 2019 dentro de la categoría de Best Influencers de Salud y en la Lista de Choiseul dentro de los 100 futuros líderes económicos de España. *Lo mejor de nuestras vidas*, *Eres una madre maravillosa*, *El viaje de tu vida*, *La agenda de mi bebé*, *El gran libro de Lucía, mi pediatra*, *La vida va de esto* y *Los virus no entran por los pies* se han convertido en grandes éxitos editoriales, algunos traducidos a varios idiomas; así como la serie de libros infantiles *Cuentos de Lucía, mi pediatra*, publicados por Timun Mas Infantil. Tiene más de un millón de seguidores en sus redes sociales y su blog es referencia mundial en salud infantil. Además, su compromiso con la infancia la hizo ser nombrada miembro del prestigioso Consejo Asesor de Unicef, con el que actualmente realiza viajes a terreno a países como Senegal, Níger o recientemente a la frontera de Ucrania.

Lucía, mi pediatra

@luciamipediatra

@luciamipediatra

*A Carlos y Covi*

—Mamá, ¿es verdad que la mitad de tu sangre corre por nuestras venas?
—Sí, cariño.
—¿Y la mitad de tu alma?
—La mitad de mi alma está en este libro, amor mío.

# ÍNDICE

## MI HIJO CRECE Y CRECE



## YA EN EL COLE



## MI HIJO SE HACE MAYOR

## LA ADOLESCENCIA. ¿YA?

# NOTA DE LA AUTORA

Este libro se revisa tras cinco años. Cinco años desde que vio la luz. Hoy me siento aquí de nuevo frente a todos vosotros para daros las gracias.

*Lo mejor de nuestras vidas*, mi primera obra y el libro que cambió mi vida y la de mis hijos, ya es un *best seller* al que le siguieron más de media docena de títulos. Esta revisión me la debía y os la debía. Porque la ciencia avanza y me sentía en la obligación y en el compromiso de actualizar algunos temas.

Os he de confesar que ha sido muy bonito volver a leer detenida y cuidadosamente este libro escrito por una Lucía inexperta en el mundo literario, llena de miedos e incertidumbres por cómo lo acogeríais y sintiendo ese respeto absoluto hacia los lectores, quienes siempre tienen la última palabra.

Hoy, cinco años después, con más de 300.000 lectores a mis espaldas y la responsabilidad que eso supone, no puedo más que sentirme inmensamente agradecida por el cariño y apoyo incondicional que recibo cada día y por cada uno de vuestros «gracias a tus libros soy mejor madre».

Eternamente agradecida,

LUCÍA GALÁN BERTRAND

# PRÓLOGO

Era una fría mañana de invierno en la que empezaba la consulta con unos padres preocupados porque su hija tenía fiebre. Conocía a la niña desde que era prácticamente un bebé. Ya habían pasado cinco años. Tras explorarla detenidamente y comprobar que el origen de sus «males» era una simple amigdalitis, me dispuse a escribir el tratamiento. De pronto, su papá me sorprendió con sus palabras.

—Lucía, tienes un don —me dijo.

—¿Cómo dices? —Sonreí, sospecho que sonrojada, sin encontrar un lugar exacto donde alojar su revelación.

—Que sí, que tienes un don. Ayer por la noche leí tu carta a los Reyes Magos. La que publicaste en tu blog. Y, bueno, pues... es que, mientras te leía, te escuchaba. ¿Sabes? Realmente oía perfectamente tu voz, y en fin...

No pudo terminar y los ojos se le llenaron de lágrimas. Le oí tragar saliva. Por primera vez en mucho tiempo no supe qué decir. Permanecimos en silencio, mirándonos a los ojos, yo aún sobrecogida por su reacción y él embargado por una emoción limpia y pura, sin temor ni vergüenza. «Si lo que vas a decir no es más bello que el silencio, no lo vayas a decir», como dice la canción de Manolo García. No encontré palabras para agradecerle ese mágico momento, ni una sola que pudiera devolverle ese regalo que me acababa de hacer. Sin embargo, ahí en mi interior, aún no sé de qué parte de mí, salió una voz, que escuché alto y claro: «¡Lucía, escribe!».

Y descubrí que con mis palabras generaba emociones no solo en mis seres queridos, sino en mis pacientes. Ese papá fue el primero de muchos, de padres, madres y hasta abuelas.

—Sigue escribiendo. No puedo evitar emocionarme cuando te leo. Me llegas al alma...

Y eso hice. Sin intención aún de escribir un libro, sin saber siquiera qué es lo que quería aún, sin una hoja de ruta ni un plan organizado, una tarde cualquiera, mientras mis hijos jugaban en el jardín, se me ocurrió una idea. «Una locura de tantas», pensé mientras la tiraba a la basura junto a la piel de la naranja que estaba pelando.

Sin embargo, antes de que mi cabeza quedase invadida por los pensamientos habituales de una tarde de martes, como terminar de hacer los deberes de Carlos, preparar la cena, dar un bañito a Carlos y Covi (hoy toca de espuma) y contarles un cuento (hoy elige Covi)..., frené en seco y me dije: «¿Por qué no? Si vas a soñar, sueña en grande, Lucía». Así que esa misma tarde escribí a la Editorial Planeta. Y aquí estoy, doce meses después.

En estas páginas no solamente estás tú, sino también tus hijos, y tus padres, los sabios abuelos. Además, en estas páginas está parte de mi alma; lo siento, no lo he sabido hacer de otra manera. En estas páginas está mi parto, mi posparto, que seguramente fue como el tuyo, mis miedos y mis fantasmas, que quizá sean también los tuyos. En este libro están mis hijos y el amor incondicional que me une a ellos ya para siempre. Están sus alegrías y sus penas, que quizá sean también las de tus hijos.

Te darás cuenta de todo lo que nos une a los padres y de lo poco que nos separa. En estas líneas encontrarás pinceladas de mi día a día, de mi trabajo en el hospital, muchas risas, alguna que otra lágrima y enseñanzas que espero también que te ayuden en la crianza. Porque qué duda cabe de que la maternidad, la paternidad, nos cambia, claro que nos cambia; como también cambia nuestra relación de pareja, nuestro trabajo y hasta nuestros amigos. Pero se trata de ir metiendo en la maleta de este viaje todo aquello que llena tus días y calma tus noches, e ir soltando el exceso de equipaje, por muy aferrados que estemos a él; si no ilumina tu vida, mejor dejarlo por el camino.

Este libro es precisamente eso, un viaje; un viaje apasionante por las emociones de nuestros hijos, de nosotras, de vosotros, desde el mismo instante en el que nacen hasta la intensa y a veces desconcertante etapa de la adolescencia.

Me siento orgullosa de haber llegado hasta aquí, de haber explorado lugares de mi memoria hasta el momento dormidos. He sentido cada una de las palabras de ánimo de los lectores de mis artículos del blog que anunciaban este libro. No sé si se venderán muchos o pocos, ya no me importa. Mi viaje ha merecido tanto la pena que me doy por satisfecha. De las cientos de felicitaciones que he recibido me quedo con una, de una lectora anónima, una flecha directa al alma: «Gracias, Lucía. Gracias por compartir tu sabiduría, por hacerme de vez en cuando parar y respirar, por disipar tantas dudas. Mil gracias. Creo que, sin tú saberlo, todas nosotras estamos hechas de pedacitos de ti».

Pedacitos, los tuyos, los míos y, por supuesto, los de nuestros hijos, que sin ninguna duda son y serán lo mejor de nuestras vidas.

# EL ESPERADO DÍA DEL PARTO
# Y EL DESCONOCIDO POSPARTO

# 1

# Al fin ha llegado el momento: ¡estoy de parto!

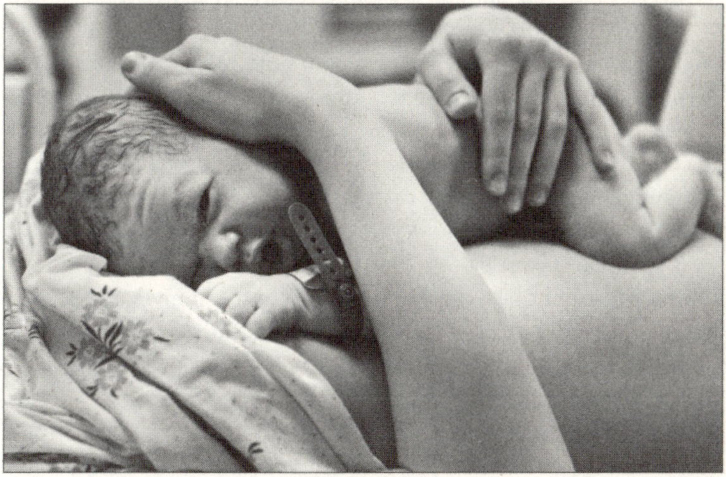

Un llanto maravilloso que le devolvió a la vida.

—Lucía, las cosas vienen difíciles. Sé que llevas toda la noche con contracciones, vomitando y con mucho dolor. Lo sé. Sé también que la epidural no ha ido como esperábamos y que estás agotada. Pero necesito que eches el resto. Ya es la recta final. ¡Tu hijo necesita salir, y necesita salir ya! Él también está exhausto.

Asentí con la cabeza. Apenas podía hablar. Las palabras no salían de mi boca. Las contracciones eran tan frecuentes y tan intensas que no me daba tiempo a recuperarme entre una y otra. A pesar de estar experimentando el dolor más intenso que había vivido hasta el momento, lo que de verdad me robaba el aliento, lo que me impedía pronunciar una sola palabra era el sonido del monitor, el latido del corazón de mi hijo: su frecuencia cardiaca bajaba y mi angustia crecía.

¿A cuántos partos había asistido antes de experimentar el mío propio? ¿A cuántas madres había escuchado gritar en expulsivos prolongados? ¿Cuántas mujeres me habían agarrado la mano mientras yo las alentaba a empujar más fuerte? ¿A cuántos bebés había cogido en brazos antes incluso que sus propias madres? ¿A cuántos había visto nacer? ¿Cuánta vida había tenido entre mis manos?

Cientos de madres, cientos de niños y mucha vida en todos ellos... Pero aquel era mi parto. Y nada era como me había imaginado.

—Lucía, cielo, vamos a hacer una prueba de parto. Ya sabes lo que es. Lo vamos a intentar y, si vemos que hay peligro, haremos una cesárea —me dijo Nieves, la ginecóloga, con determinación. Acto seguido, lanzó una voz a sus espaldas—: Id preparando el quirófano para una cesárea.

«¿Cesárea? —pensé—. ¿Cómo que cesárea? Llevo diez horas con un dolor insoportable, vomitando entre contracción y contracción, imaginando a cada minuto ver la cara redondita de mi hijo salir de mí, ¿y ahora todo va a terminar con una cesárea?»

En esos momentos no era capaz de razonar. Ya no era pediatra, ni siquiera era médico. No pensaba en el criterio de la ginecóloga, solo pensaba como madre. Porque, aunque aún no había nacido mi hijo, yo ya era madre.

—Nieves, ¡voy a parir! —solté a Nieves antes de que abandonara mi habitación—. ¡Vamos a ello! ¡Voy a parir! —Y al instante vino la siguiente contracción, que me arrancó el habla.

La ginecóloga desapareció tras la cortinilla. Podía percibir el revuelo que se había organizado; todo el mundo corría. Y lo curioso del caso es que yo misma había corrido en multitud de ocasiones en situaciones similares, pero, evidentemente, esta vez era diferente; yo era la protagonista.

Todo estaba listo. La ginecóloga en su sitio, la matrona a mi izquierda, mi pareja a la derecha.

—Todo va a salir bien, todo va a salir bien —me repetía mi pareja una y otra vez con un hilo de voz mientras me acariciaba dulcemente el pelo con sus manos temblorosas.

La mirada cómplice de mis compañeros pediatras me reconfortaba. Los sentía cerca, muy cerca. Con los ojos inundados en lágrimas les suplicaba que estuvieran preparados, los necesitaba.

—¡Vamos a ello, Lucía! ¡Empuja! —gritó la ginecóloga—. ¡Empuja fuerte y seguido! ¡Vamos! —gritó aún más.

Y empujé y empujé y empujé tanto que se me iba el alma... Pero no era suficiente.

—¡Fórceps, dadme unos fórceps! —La voz firme de la ginecóloga retumbaba de nuevo en mis oídos.

Y seguía empujando, y, cuando creía que no me quedaban fuerzas, empujaba aún más fuerte. En un momento determinado, tras varios pujos fallidos, levanté la vista y vi a Nieves levantar la mirada, con la frente perlada en sudor, y hacerle un gesto a la matrona.

«Cesárea no —suplicaba yo mentalmente entre sollozos contenidos—. Cesárea no, por favor.»

La matrona, siguiendo las instrucciones de la ginecóloga, agarró un taburete, lo colocó a mi lado y se sentó en él.

—Te voy a ayudar, Lucía —me dijo—. Te voy a ayudar a empujar mientras Nieves lo saca. ¡Vamos a parir ya! —Y, antes de que terminara de pronunciar la última sílaba, puso su mano bajo mi nuca, me incorporó, me miró fijamente a los ojos y me gritó—: ¡Ahora! ¡Empuja!

Y empujé y grité y sentí, sentí tanto y tan intenso, y sentí que me iba, sentí que volvía; sentí el todo y sentí la nada. Y, al fin, suspiré.

La matrona se hizo a un lado, levanté la cabeza, no escuchaba a mi hijo. La angustia se apoderó de mí. Sabía bien por qué no lloraba, y el miedo invadió mi cuerpo dolorido. Un miedo aterrador.

—¡El bebé con la pediatra! —gritó Nieves.

En ese instante, y aún no me explico por qué lo hice, dije:

—No. El bebé con la mamá. ¡El bebé conmigo!

Mi compañera de profesión asintió con una sonrisa providencial llena de luz. Todo iba a salir bien, ahora sí que lo sabía.

Inmediatamente pusieron a mi hijo sobre mi pecho desnudo, mis manos bañadas en sudor acariciaron su cuerpo inmóvil y ensangrentado. Su sangre, mi sangre, su piel sobre mi piel..., y lloré, lloré de emoción mientras repetía una y otra vez su nombre.

—Carlos, Carlos, Carlos, mi amor..., estás con mamá.

Y en ese preciso instante, en ese momento único e irrepetible, ocurrió: mi hijo rompió en llanto, un llanto maravilloso que le devolvió a la vida.

# 2

# Lo que nos han contado y lo que de verdad sentimos

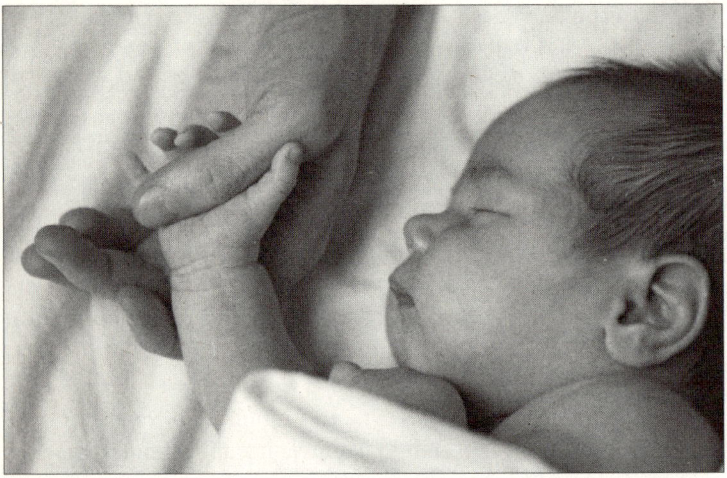

En estos primeros días, todo el mundo piensa en el recién nacido, pero ¿y en la recién mamá?

Al fin tenemos a nuestro hijo en brazos; es un momento soñado, no cabe duda. Y es tanta la información que hemos recibido a lo largo de los nueve meses de embarazo que una piensa que lo más difícil ya ha pasado. Ahora lo que toca es disfrutar de la tan ansiada maternidad. ¿O no?

«Ma-ter-ni-dad», adoro esa palabra.

Es mucho lo que hemos leído y escuchado del embarazo y sus diferentes fases. También son bastantes los conocimientos que tenemos del momento del parto, aunque la inmensa mayoría de nosotras, a toro pasado, decimos: «¡Nada es como me lo había imaginado!». De la lactancia creemos saberlo casi todo, pero ¡qué equivocadas estamos! ¿Y del posparto? ¿Qué nos han contado del posparto?

Nada o casi nada. Cuando llega por primera vez, es como aterrizar en otro planeta del que no sabes siquiera cuánto tiempo permanecerás allí. Estás cansada y dolorida. Los puntos, tanto en un parto vaginal como en una cesárea, duelen, y duelen mucho y durante muchos días, más de lo que nadie nunca te dijo. Tu cuerpo adquiere de repente una forma y una consistencia hasta ahora absolutamente desconocida. No te reconoces frente al espejo. Pero es que, además, la explosión hormonal a la que estás sometida provoca en ti crisis de llanto inexplicables, tristeza, apatía, melancolía e incluso, en alguna ocasión, depresión. La tan temida depresión posparto.

Todo el mundo espera de ti que estés feliz y contenta. ¡Ya eres madre! ¡Tienes una criatura preciosa y sana entre tus brazos! Se supone que no hay alegría mayor, ¿verdad? Sin embargo, en esos interminables quince días tras dar a luz, no te sientes así. Y al no cumplir las expectativas del mundo que te rodea, de lo establecido en tu situación, es inevitable sentirse culpable. «¿Qué derecho tengo a sentirme así?» «¿Por qué estoy llorando?» «¿Por qué me enfado con mi pareja cuando lo único que quiere es ayudarme?» Y, lo más importante: «¿Por qué nadie me había contado esto?».

La sensación es de estafa.

Menos mal que, en el mejor de los casos, tienes a tu lado a tu madre, que comienza a regalarte su sabiduría y te repite una y otra vez que esto es una fase corta y que pasará. Qué desolador aquellas «recién mamás» huérfanas de madre que no puedan apoyarse en la que sería la recién estrenada abuela.

En mi caso, no me lo llegaba a creer del todo. En ocasiones me encontraba tan mal que no veía salida. Pero, claro, ¿cómo me iba a quejar, siendo yo además pediatra y habiendo deseado tantísimo tener un hijo? Aguanté como aguantamos todas.

Evité mirarme al espejo durante unos días, salía a diario de casa con mi cojín debajo del brazo para poder sentarme dignamente en una terracita, me echaba colorete para disimular la palidez extrema y las huellas del cansancio. Ir al baño se convertía en una auténtica pesadilla. ¿Cómo es posible que unos cuantos puntos produzcan este dolor? Nada de lo que hacía mi pareja para facilitar el proceso parecía ayudarme. «Pero ¿qué está pasando? ¿Me lo han cambiado? ¡No se entera de nada!» Tu pareja se convierte en el malo de la película, y tú, en tu mayor enemigo. A pesar de todo, de vez en cuando recuperaba la cordura y me repetía una y otra vez que esto era un túnel y que pronto vería la luz. Y así fue. Los quince días exactos que me había dicho mi madre.

Tras esas dos semanas de oscuridad todo cambió. La maternidad floreció con todo su esplendor dentro de mí. No volví a derramar una sola lágrima más que de alegría, cantaba todas las mañanas en la ducha, miraba a mi hijo y me parecía el bebé más bonito del mundo entero. Desempolvé la cámara de fotos y hacía una media de treinta fotos al día. Volvía a estar enamorada de mi pareja. Todo lo que hacía me parecía estupendo, todo era divino. Él, que no hablaba por no pecar, observaba esa transformación como el que observa la cáscara de un huevo romperse sin saber qué hay dentro picoteando sin descanso: «¿Será un tierno polluelo o un temido dinosaurio? Que sea lo que tenga que ser, pero que vuelva mi mujer».

La lactancia materna me resultaba la experiencia más fascinante que había vivido nunca, me faltaba tiempo para hacer todos los planes que había organizado en el día y me pasaba las horas mirando la cara de mi hijo, aún incrédula de que un ser tan perfecto hubiese salido de mis entrañas. Fue entonces, en esos instantes, cuando me pregunté por primera vez: «¿Qué hacía yo antes de tener a mi hijo?».

Ya no me imaginaba sin él. Ya casi ni recordaba cómo era mi día a día antes de ser madre. Aquello fue una revelación. Estaba feliz. Y ese estado de felicidad y de enamoramiento por mi recién estrenada maternidad duró mucho tiempo. Aún dura.

Así que, tras mi propia experiencia, mi visión cambió para siempre, marcando un antes y un después no solo en mí como mujer, sino en mi profesión como pediatra.

En la primera revisión del recién nacido suelo encontrarme con mujeres cansadas, pálidas, sin una gota de maquillaje, que además caminan lentamente apoyadas en el carrito. Miran a la silla como el que mira al enemigo, y las entiendo, porque para mí también era un suplicio sentarme sin mi inseparable cojín. Una vez acomodadas y sentadas de medio lado, siempre empiezan hablando del parto:

cuánto pesó, cuánto midió, etcétera. Pero, en el momento en que las sorprendo con un «¿Y cómo te encuentras tú?», muchas de ellas rompen en llanto. La inmensa mayoría de las veces son unas lágrimas contenidas, pero sentidas tan profundamente que hasta me llegan y me duelen a mí. Sé lo que sienten y sé cómo lo sienten. Y esto no se estudia en ninguna universidad. En esos casos hablo en voz de mi madre cuando intentaba consolarme.

«Sé cómo te sientes y no has de sufrir por ello —les digo—. No te sientas culpable. Estás cansada, dolorida, agotada, y en ocasiones lloras. Sé que no me vas a creer del todo cuando te diga que la próxima vez que te vea dentro de una semana vas a estar muchísimo mejor, y que en la revisión del mes de vida entrarás por esa puerta sonriendo, con tu bebé en brazos en lugar de en el carro, cantarina, y hasta te habrás maquillado un poquito.»

Ellas, con una media sonrisa, miran a sus parejas, y ellos, que tanto agradecen mis palabras, me ayudan con un «Claro que sí, cariño. Ya lo verás».

Entre los tres establecemos un vínculo especial. Por eso es tan importante que venga el padre del bebé a las visitas del pediatra. **Porque, en estos primeros días, todo el mundo piensa en el recién nacido, pero ¿y en la recién mamá?**

Tras muchos minutos de conversación, de resolver dudas, de arrojar luz a tus sombras, de saber cómo te encuentras realmente y no cómo esperan que te encuentres; después de haber intentado transmitirte la seguridad que necesitas para tener la certeza de que saldrás de ese oscuro túnel; después de todo ello, llega el momento de dar paso a tu bebé. El auténtico protagonista.

# 3

# ¿De visita al hospital? No, gracias

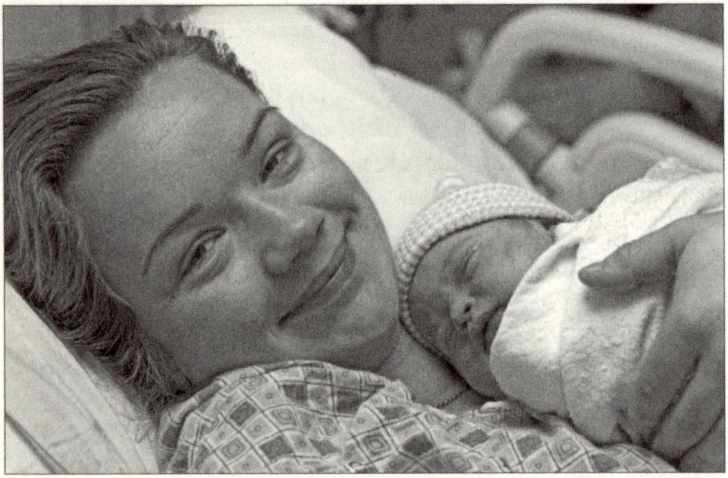

Agradezco tu intención, que no tu visita.

Cada mañana que me toca hacer el «pase de visita» en la planta de Maternidad, me encuentro con la misma situación: mamá que acaba de dar a luz, dolorida, agotada, exhausta en muchos casos, peleando por una lactancia que no es tan fácil como lo habían pintado en las clases de preparación al parto y rodeada por muchas, en ocasiones muchísimas, personas opinando, aconsejando, hablando..., en definitiva, molestando.

Recuerdo una escena imposible de olvidar. Al entrar en una de las habitaciones, sorprendí a una familia entera sobre la cama de la paciente haciéndose una foto con un palo de *selfie*. En el centro de la pantalla, la madre intentaba sacar de sus entrañas una sonrisa que se negaba a salir. Ya habían salido bastantes cosas de su cuerpo en las últimas horas... El recién nacido estaba enterrado en los brazos de la única persona que en esos momentos pensaba en él, su «recién mamá».

Mira, soy una mujer comprensiva, tolerante y amorosa, pero cuando yo misma di a luz no pude ser más clara, aun arriesgándome a ganarme alguna enemistad, que, afortunadamente, nunca llegó: «Por favor, no vengáis a verme al hospital ni a casa. Quiero disfrutar de los primeros instantes de la vida de mi hijo en la intimidad». Y así fue: papá y mamá y los orgullosos abuelos, desplazados cientos de kilómetros para compartir a nuestro lado el feliz momento. Nadie más.

Pero ¿qué es eso de estar de tertulia con la telebasura de ruido de fondo durante horas y horas frente a una madre que lo único que desea es que desaparezca el dolor, que su bebé se enganche de una vez al pecho y que se pueda dar una ducha tranquilamente sin el temor de que en cualquier instante pueda aparecer alguien con un «¡holaaaa! Ya estamos aquííííí»? ¿Nos podemos poner en la piel de esa mujer? A quien haya parido seguro que no le resulta nada complicado, sabe perfectamente de lo que hablo. Y a los hombres, si lo han vivido como padres, también les resultará sencillo.

Parir duele. Si es por cesárea, duele aún más. Generalmente, la noche anterior a tu visita no he dormido nada de nada. Además, he pasado miedo. Necesito descansar. Me han dicho que es muy importante que el bebé se enganche al pecho en las primeras horas; si estás delante de mí, con media docena más de personas, no puedo concentrarme. Además, no me apetece exhibirme de esta manera. No sé si te has dado cuenta, pero llevo un camisón ridículo, estoy prácticamente desnuda. Mi cuerpo chorrea... No paro de sudar, no paro de sangrar... Quiero ir al aseo y no encuentro el momento porque siempre estoy rodeada de gente que verá los restos de mi parto en las sábanas de mi cama. Cada vez que el bebé logra succionar, los famosos «entuertos» me recuerdan lo dolorosas que han sido las contracciones; ¡Dios mío, más de lo que me habían contado! Tengo ganas de llorar. Amiga, prima, tía, vecina, te quiero mucho, pero ahora no es el momento de que me cuentes tu próximo viaje, ni de que me des una clase magistral en crianza y apego. Ahora no. Así que agradezco tu intención, que no tu visita, pero, por favor, sal de la habitación y ya te avisaré dentro de unas semanas cuando esté recuperada. No vengas a casa, repito, yo te avisaré. Gracias. Ah, una cosa más, cierra la puerta al salir.

Si este capítulo te pilla tarde porque ya te han hecho la visita de rigor, espero que:

- Hayan silenciado su móvil al entrar.
- Hayan hecho una visita corta: no más de quince minutos.
- Hayan salido de la habitación con el resto de los acompañantes cuando entraban los médicos o el personal de enfermería. Eso se llama «respeto».
- No te hayan sacado una sola foto sin tu consentimiento, ni mucho menos la hayan subido a ninguna red social.
- Se hayan lavado las manos al entrar.
- No hayan insistido en coger al bebé a toda costa.
- No hayan fumado justo antes de entrar a la habitación.
- No hayan ido si estaban enfermos.
- No hayan hecho comentarios acerca de la mala cara que tienes, de la barriga que aún te queda o de lo pálida que estás.
- Y sobre todo que no hayan juzgado el tipo de alimentación que has elegido para tu hijo.

# 4

# Lactancia materna: ¿tendrá suficiente con mi leche?

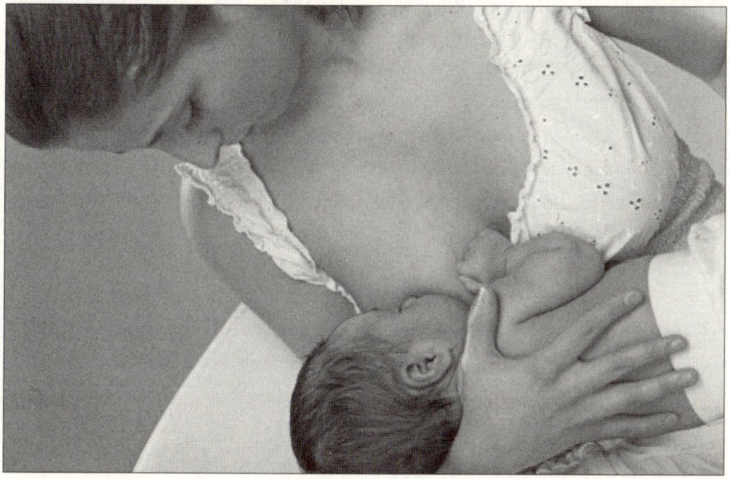

Dale lo mejor de ti en el mejor de los envases.

«¿Será buena mi leche?», me preguntan unas madres. «Mi leche no le alimenta —me dicen otras angustiadas—. Creo que tengo poca leche y, además, no controlo lo que está comiendo.» A las anteriores dudas se suman todas estas y más: «Mi pecho es demasiado pequeño»; «El mío, demasiado grande». «¿Cómo le va a entrar este pezón en la boca?» «Mi pezón está invertido.» «Mi leche está aguada.» «Pobrecito mío, seguro que pasa hambre.»

Pues bien, no hay leche mala ni leche «aguada». ¡Todas las leches son buenas! Solamente entre el uno y el cinco por ciento de las mujeres que dan el pecho tienen poca producción de leche (hipogalactia). En ese caso, será el pediatra quien valorará la necesidad de realizar aportes extras con leche adaptada.

Además, ahora sabemos que, salvo en situaciones excepcionales, las madres producen la cantidad exacta de leche que necesitan sus bebés. ¿Y eso cómo se consigue? Fácil, con la succión del pezón. La succión del pezón es el estímulo más poderoso para fabricar leche. Si el bebé se engancha frecuentemente y succiona en una posición adecuada, la mamá fabrica leche, casi sin excepción. El mecanismo de la lactancia es muy sencillo: cuanto más estímulo, más leche. Cuanto menos estímulo, menos leche.

La naturaleza es sabia, y las madres fabricamos la leche que necesitamos para amamantar a nuestros hijos. Y no solo nosotras, sino todos los mamíferos. Si la hembra tiene dos crías, fabricará para dos crías. Si tiene diez cachorros mamando todos a la vez, el animal fabricará leche para los diez.

## *¿Qué papel desempeñan las hormonas en la lactancia?*

En la producción de la leche intervienen fundamentalmente dos hormonas:

- La prolactina, a la que he decidido llamar la «hormona racional».
- La oxitocina, a la que denomino la «hormona emocional».

Y ahora explico el porqué. En el caso de la prolactina, el estímulo más poderoso para segregarla es la succión, de modo que, a más succión, más prolactina (es casi matemático: acción-reacción). Sin embargo, la oxitocina es algo más compleja; digamos que es más romántica, mucho más emocional. ¡Y eso me encanta! No cabe duda de que la succión también representa un poderoso estímulo para la fabricación de oxitocina, pero en su caso también entran en escena los estímulos sonoros, visuales y emocionales. A continuación, pongo algunos ejemplos.

Tuve la suerte de poder dar el pecho a cada uno de mis hijos durante un año, a pesar de haberme incorporado al trabajo a las dieciséis semanas de haber dado a luz. A los cuatro meses, mis hijos tomaban leche materna en exclusiva y hacían tomas cada dos o tres horas sin perdonar una sola. Ahora que ya sabes que, a mayor estímulo, mayor producción, no te sorprenderá que diga que yo era una auténtica y genuina fábrica de leche; de hecho, como me había ido de Asturias, mi tierra natal, para vivir en Alicante, me planteé montar una delegación en Alicante de la Central Lechera Asturiana.

Cuando estaba de guardia en el hospital, me extraía la leche con un sacaleches cada tres horas. Tras veinticuatro horas trabajando, volvía a casa con un litro cuidadosamente almacenado en frasquitos y bolsitas estériles. Para mí era una gran satisfacción volver con la mochila llena.

Pues bien, cuando durante la guardia me llamaban de la Unidad de Neonatos y entraba por la puerta, solamente el llanto de alguno de los bebés que estaban allí ingresados era estímulo suficiente para comenzar a sentir el maravilloso cosquilleo que precede a la eyección de la leche. Tal era así que los primeros días, hasta que me di cuenta, iba por el hospital con el pijama de la guardia adornado con dos misteriosos rodetes mojados a la altura de ambos pechos, lo cual, como es lógico, fue motivo de múltiples bromas y sarcasmos entre mis compañeros, especialmente entre el sector masculino, claro está. He de reconocer que, tras sentarme en el comedor por primera vez con semejante pinta y despertar las risas entre mis compañeros, en las siguientes ocasiones ya me cuidaba yo mucho de cambiarme el pijama de la guardia las veces que fuera necesario. ¿Y por qué cuento esto? Para que veas que solamente con escuchar el llanto de los bebés yo fabricaba mucha leche (estímulo sonoro).

Por otro lado, cuando lograba escaparme dos horas de casa e ir al cine, como saliera la escena de una madre amamantando a su hijo (estímulo visual), el efecto en mí era idéntico: cosquilleo, leche e, irremediablemente, camisa empapada. Utilizaba discos de lactancia, sí, pero en ocasiones ni servían estos, ni nada de nada. Mi oxitocina estaba desbocada y aquello era como las cataratas del Niágara.

Y, por último, como me emocionara demasiado en la consulta explicándole a una madre las maravillas de la lactancia materna y lo feliz que me hacía ver a mi hijo enganchado a mí todo el día (estímulo emocional), ocurría exactamente lo mismo, lo cual era bastante embarazoso cuando, además de la madre, estaba el padre de la criatura enfrente. Solución: doble disco, camiseta, camisa y bata de las gorditas.

Sin embargo, si el cerebro recibe señales negativas («No voy a ser capaz», «Mi pecho no vale», «No tengo leche», «Estoy perdiendo el tiempo», etcétera), la lactancia podría verse afectada. Por lo tanto, recuerda que una actitud positiva, relajada y feliz es determinante para conseguir una placentera y satisfactoria lactancia materna.

Muchas madres, cuando acaban de dar a luz y aún están ingresadas, me dicen: «Pues le doy biberón hasta que me suba la leche». Eso es un error, porque la leche no «sube» sola. Si no hay estímulo (la succión del pezón por parte del bebé o del sacaleches), no hay leche. Así que yo les digo a las «recién mamás»: «Aprovecha mientras estés en la Maternidad para ponerte al bebé con mucha frecuencia. Solo has de preocuparte de eso, de que el bebé mame. De lo demás nos encargamos nosotros».

En las primeras cuarenta y ocho horas de vida, el bebé se alimenta del calostro de su madre, la primera leche que se produce en la mama, rica en proteínas e inmunoglobulinas, que aporta muchas calorías en poco volumen. Sin embargo, pocas madres lo ven salir del pecho, incluso apretándoselo. Así que no hay que preocuparse, todas tenemos calostro. En los primeros días hay que ponerse al bebé con la mayor frecuencia posible, ya que el bebé estará más tranquilo y el estímulo de la lactancia será continuo.

### *Una vez que lleguemos a casa, ¿hay algún otro factor que favorezca la producción de la leche?*

Existe otro factor que favorece la producción de leche, y es el vaciado completo de la mama. El bebé ha de mamar de un pecho hasta el final, es decir, hasta que notemos el pecho blandito y vacío, antes de ofrecerle el otro. Intenta no cambiar constantemente de mama mientras le alimentas, sino ofrecer primero un pecho y, cuando esté vacío, el otro. Recuerda que el vaciado favorece el rápido llenado.

## ¿Cuáles son los problemas más frecuentes en los primeros días?

En primer lugar, la mala posición del niño o el mal agarre. El bebé debe abarcar con su boca lo más abierta posible la areola y el pezón. La barriga del bebé debe estar en contacto con la barriga de la mamá. Esta debe sentirse cómoda, con la espalda apoyada y, a ser posible, con un cojín o almohada bajo el brazo. Si no lo hacemos correctamente, aunque haya leche, el niño no la extrae completamente, por lo que la mama no se vacía del todo, dejamos de producir leche y, además, existe riesgo de mastitis.

Otro problema es que el bebé tenga un frenillo lingual corto. El bebé hará succiones poco eficaces, con chasquido muchas veces, estará mucho tiempo succionando con pocos resultados. La lactancia será dolorosa, y con seguridad aparecerán las tan dolorosas grietas.

También puede haber un mal asesoramiento. Cuando estás tumbada en el hospital, hecha polvo y dolorida, sobran muchos de los consejos que te dan tus familiares y amigos. Aunque se den con la mejor de las intenciones, a veces perjudican más que otra cosa. «Dale un biberón», «Mira cómo llora el pobrecito», «Seguro que está pasando hambre», «Se va a deshidratar». Todo esto te suena, ¿verdad? Ante la duda, pregunta a los profesionales, que para eso estamos. Recuerda que unos consejos adecuados los primeros días son vitales para conseguir una buena lactancia.

## ¿Cómo sé que mama lo suficiente si no sé lo que saca?

Esta es una de las preguntas estrella. El mejor parámetro para saber si come lo suficiente o no es el peso del bebé. Si aumenta de peso adecuadamente según los consejos de tu pediatra, no te preocupes. Si, además, hace seis o siete pipís al día y mama tranquilo y feliz, puedes estar aún más relajada. Si tu bebé no come suficiente lo sabremos porque su organismo ahorrará todo el líquido que pueda y por tanto comprobarás que moja escasamente los pañales a lo largo del día.

«Es que antes se tiraba mamando veinte o veinticinco minutos, y ahora en cinco minutos ha terminado», me dicen las madres muchas veces. Lo cierto es que, a medida que va creciendo, el niño tarda menos en hacer las tomas y extrae la leche con más eficacia. Como el cambio se produce de un modo brusco, muchas madres creen que no se alimenta adecuadamente o que deja el pecho pronto porque tienen menos leche. Insisto, si el niño está tranquilo y feliz, gana peso y moja de cinco a seis pañales diarios, es que está tomando la leche que necesita, aunque sea un Speedy González mamando.

«Creo que estoy teniendo un bache de lactancia», me dicen las madres también. Sí, efectivamente existen. El bebé ha crecido bruscamente y necesita más leche. La solución es ponerlo más al pecho para que aumente la producción de leche; así se superará el bache sin dificultad y, por supuesto, consultar con un profesional de confianza que identifique claramente que eso es un bache de lactancia y no otra cosa que pudiera interferir en ella.

A continuación te ofrezco mis consejos:

- Una vez que suba la leche, la lactancia es a demanda. El bebé tiene que mamar siempre que quiera, sin esperar a que llore desesperadamente.
- Da la vuelta a todos los relojes de tu casa. Olvídate de los minutos que está enganchado. ¿Crees que a él le importa el tiempo? Mi hija de seis años ni sabe leer las agujas del reloj ni le interesa. A un bebé, aún menos.
- Es importante que mame todo el tiempo que quiera del mismo pecho, porque la leche del final de la toma tiene más grasa, más calorías y sacia más. Si quiere más, se le puede ofrecer el otro pecho después.
- Ten en cuenta que, en climas muy calurosos, a veces piden por sed, y harán algunas tomas más cortas que otras (una de sed, una de hambre).
- Evita el uso del chupete las dos primeras semanas. La forma que tiene de succionar el chupete no tiene nada que ver con la forma de succionar el pezón, lo cual le puede generar confusión y hacer fracasar la lactancia.

## *¿Cuándo debo preocuparme?*

Es posible que el bebé esté tomando poca leche si moja menos de cuatro o cinco pañales al día (con los pañales superabsorbentes es más difícil de valorar), si la orina es muy concentrada, si el bebé está muy irritable y llorón, o por el contrario demasiado adormilado. En este caso sería conveniente consultar con tu pediatra.

## *Y no olvides que...*

Los bebés maman para alimentarse, pero también para consolarse, para sentirse protegidos y queridos. Para oler a su mamá, para saborearla. No abuses de perfumes ni de cremas hidratantes con olor; no te gastes el dinero. Tu bebé quiere olerte al natural, y si te «disfrazas» bajo un intenso perfume tu hijo no te reconocerá de la misma manera. Si alguna vez has tenido perro, habrás comprobado que, cuanto más tiempo inviertes en bañar al perro y perfumarlo, menos tiempo tarda él en buscar el charco más sucio y maloliente del barrio para rebozarse en él. ¿Y por qué lo hace? Para recuperar su olor. A los bebés les ocurre algo parecido.

Tampoco le pongas manoplas en las manos, ya que el bebé necesita el sentido del tacto para acariciarte, para tocarte, para agarrarte el pecho con sus diminutos dedos. No le prives de eso. ¿O acaso te pondrías tú guantes para acariciarle a él?

**Si le ofreces el pecho siempre que quiera, aunque no sea por hambre, no te equivocarás. Ante la duda: póntelo al pecho. Da a tu hijo lo mejor de ti en el mejor de los envases.**

Si hay algo en la crianza de mis hijos que más añoro es justamente esta experiencia: la repetiría una y mil veces. Es maravillosa e irrepetible.

# 5

# No le voy a dar pecho. ¿Por qué me siento culpable?

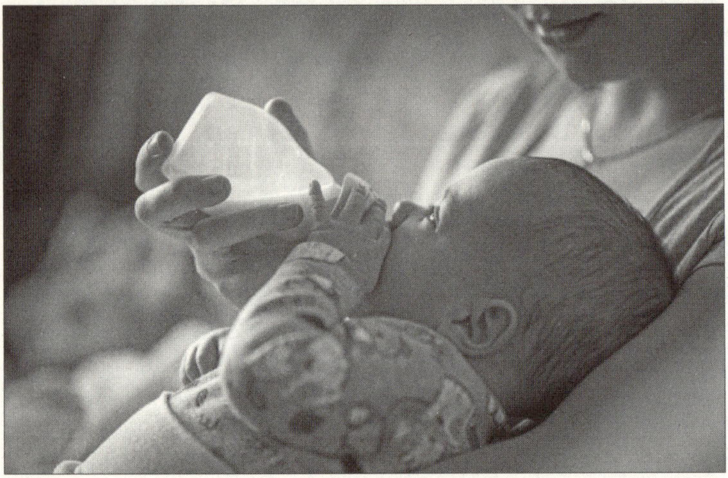

¡Si mamá está bien, todo está bien!

Cualquier decisión tomada por una madre desde el conocimiento y la madurez merece mi más absoluto respeto.

Si por decisión propia, decides no dar el pecho, habrá mujeres que te señalarán con el dedo, e incluso algunas te grabarán a fuego el ya conocido «mala madre». Si, por el contrario, le das pecho y tu pediatra te aconseja darle una ayuda y no se la das, de nuevo sobrarán los dedos que te apunten, y sin ninguna duda pasarás igualmente a formar parte del club de las malas madres. Si lo intentas, pero finalmente no lo consigues, o no cumple tus expectativas y decides abandonar la lactancia, una vez más te sentirás criticada y «atacada».

Sin embargo, si decides optar por la lactancia materna exclusiva hasta los seis meses como propone la Organización Mundial de la Salud (OMS), sin introducir un solo alimento, te mirarán como a un bicho raro y te tacharán de «hippy».

Si desde el principio, y ya en el paritorio, comunicas tu deseo de no amamantar, sentirás que el mundo se paraliza y todas las miradas se depositan sobre ti.

¿En qué quedamos? ¿A qué jugamos? ¿Por qué juzgamos? ¿Para qué juzgamos?

**La madre es libre de elegir el tipo de alimentación que quiere dar a su hijo.**

Como es libre de decidir la escuela a la que lo inscribirá, o si le quiere contar un cuento por las noches o bailarle una sardana. ¿Por qué tanto interés en criticar, culpabilizar y criminalizar a las madres?

Voy a decir lo que hago yo cuando conozco por primera vez a una «recién mamá». A lo largo de estos años he observado que se dan fundamentalmente tres situaciones.

### *Situación 1*

—Hola, Carmen, ¿cómo estás? Soy Lucía, la pediatra que está hoy de guardia. Dime, ¿tienes pensado darle el pecho?

—Sí, lo voy a intentar.

—¡Estupendo! ¡Lo vamos a intentar y lo vamos a conseguir! Ahora te ayudaremos a que se enganche al pecho y a partir de ahí te iremos dando truquitos. Recuerda que es muy importante que lo tengas al pecho el máximo tiempo posible. —Y casi sin darme cuenta le suelto todo el discurso de la lactancia materna que ya has leído.

### *Situación 2*

—Hola, Carmen, ¿cómo estás? Soy Lucía, la pediatra que está hoy de guardia. Dime, ¿tienes pensado darle el pecho?

—No. Voy a darle biberón —contesta decidida.

—Muy bien. Dime una cosa más solamente. ¿La decisión está tomada? —le pregunto con una sonrisa sincera.

—Sí, lo tengo claro. De hecho, el ginecólogo ya me ha pautado la pastilla para cortar la leche.

—Perfecto. Pues no te preocupes por nada. Ahora te explicaremos cuánto suelen comer en cada toma y te ayudaremos con los biberones. ¡Todo va a salir bien!

De una forma casi mágica, la actitud de la madre pasa de estar seria y a la defensiva, intentando justificar su decisión, a una actitud relajada y optimista, que al fin y al cabo es de lo que se trata.

## *Situación 3*

—Hola, Carmen, ¿cómo estás? Soy Lucía, la pediatra que está hoy de guardia. Dime, ¿tienes pensado darle el pecho?

—No, creo que no.

—Dime, ¿la decisión está tomada?

—No, la verdad es que no. No sé qué hacer aún. Me gustaría, pero tengo miedo de que no tenga suficiente leche porque con mi otra hija la experiencia fue muy mala. Lo pasé fatal —contesta angustiada.

—Bueno, Carmen, no te agobies, nunca hay dos experiencias iguales. Si quieres, lo podemos intentar a lo largo del día de hoy y ver cómo te encuentras y cómo se encuentra tu bebé. ¿Te parece bien?

Este tipo de madres quieren dar pecho, pero tienen mucho miedo. A veces lo consiguen y otras no, pero nosotros debemos acompañarlas en ese proceso y ayudarlas sea cual sea el camino que vayan a elegir sin juicios de valor ni reproches.

**No olvidemos que nuestra obligación como profesionales es apoyar a todas las madres sea cual sea su decisión y velar por el bienestar tanto físico como emocional de «nuestras mamás» para criar a sus bebés.**

Para que las cosas funcionen, la mamá tiene que estar bien. Y esto pasa por que ella se sienta libre de tomar sus propias decisiones y la gente que la rodee la apoye casi de manera incondicional, sobre todo en las primeras semanas, en que, como ya hemos visto, a veces el camino se hace cuesta arriba. Los profesionales estamos para ayudar, asesorar y dar información cuando las familias nos lo solicitan; nunca para criticar, juzgar ni culpabilizar.

**Si la mamá está bien, todo está bien.**

# 6

# Cuando no todo sale como esperamos: el bebé prematuro

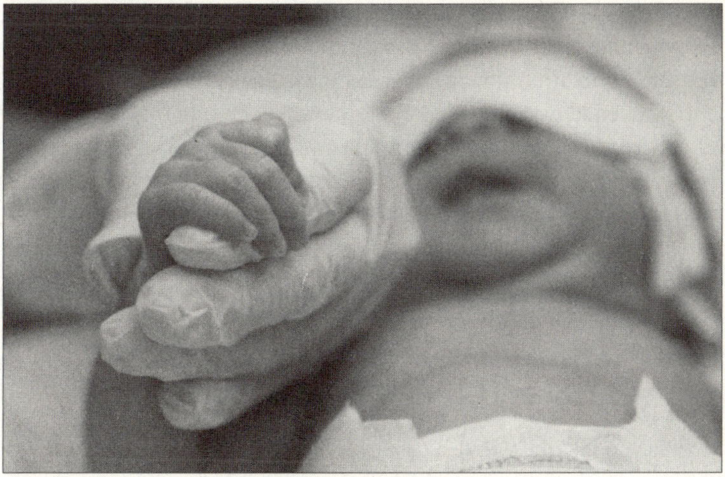

Nos turnábamos para tragar saliva.

En los últimos años estamos viendo un llamativo aumento del número de embarazos que, por muy diversos motivos, no llegan a las cuarenta semanas. Hablo de los prematuros.

Cuando era médico residente y me encontraba aún en mi periodo de formación como pediatra, viví una de las experiencias más intensas de toda mi carrera profesional. Y fue intensa no solo por lo que viví, difícil de encajar en mi situación, sino por lo que sentí y por cómo lo sentí. Por cómo me metí en la piel y en el alma de esa familia que aún hoy, ocho años después, permanece viva en mis recuerdos. Esto no es más que un pequeño homenaje a todas las familias que han pasado días interminables entre las paredes de una Unidad Neonatal viendo a sus hijos recién nacidos luchar por la vida.

Invierno de 2006. Estaba embarazada de veintiocho semanas y trabajaba en una Unidad de Cuidados Intensivos (UCI) Neonatales. Durante una de mis guardias ingresó una madre con una infección importante, motivo por el cual se desencadenó el parto antes de tiempo. Cristina, la paciente, también estaba de veintiocho semanas; era su primer hijo.

Igor nacía aquel frío mes de enero con algo más de un kilo de peso. Su situación era grave y tenía pocas posibilidades. La infección había hecho mella en él, y su prematuridad mermaba aún más sus fuerzas. Aquel niño no era un «caso más» para mí. Aquel niño tenía la misma edad que el mío, con la diferencia de que mi cordón umbilical era el que mantenía con vida a mi hijo y eran sus patadas las que golpeaban mi barriga. Igor no daba patadas, se abandonaba a un respirador que le aferraba a la vida. Igor pesaba lo mismo que mi hijo en aquellos momentos. Era el primer hijo de aquella pareja, como lo era también el mío. Irremediablemente, me sentía tan identificada e implicada con la familia que viví su historia como si fuese la mía propia.

Fueron unos días y unas noches muy intensas, largas, duras y dolorosas.

Días en los que volvía a casa con la esperanza de que a la mañana siguiente sería el día en que Igor le ganara la batalla a esa devastadora infección y pudiera respirar por sí mismo, pudiera pelear de verdad, gritar y llorar con energía. Noches en las que en el silencio de mi habitación escuchaba mi latido y sentía las patadas de mi hijo acariciarme los sentidos. Noches en las que daba las gracias por tenerle aún conmigo, sano y salvo. Eran momentos en los que pensaba: «Yo lo tengo dentro, Cristina lo tiene fuera. ¡Maldita ruleta rusa!». Pasé días, tardes y noches trabajando para que Igor sobreviviera. Mantuve breves conversaciones con sus padres en las que no había palabras de consuelo porque por vez primera no las encontraba. Y, mientras tanto, mi hijo me iba recordando que estaba ahí dentro, creciendo.

Mi compañera Manuela, con muchos años de cuidados intensivos a sus espaldas, también estaba conmovida. Bajábamos juntas a la habitación de la madre, donde aún permanecía ingresada, para informarla de la situación de Igor. Recuerdo cómo cogía aire instantes antes de tocar a su puerta mientras me acariciaba la barriga en un intento de sentir una vez más la vida de mi vida. Manuela y yo nos turnábamos para tragar saliva… Fueron momentos dolorosos, tremendamente dolorosos porque, por desgracia, Igor no superó las dificultades con las que se encontró fuera del vientre de su recién estrenada madre.

Hubo tiempo para despedidas. Aún recuerdo cómo le sacamos de su incubadora en sus últimos momentos para ponerlo en brazos de su padre e iniciar un duelo que jamás se olvida. Hicimos todo lo que estaba en nuestra mano, pero no pudo ser. De nuevo la maldita ruleta rusa.

Recuerdo llorar aquella despedida padre hijo mientras apretaba mis labios todo lo fuerte de lo que era capaz al tiempo que mis lágrimas surcaban mis mejillas y acariciaba mi barriga… Mi Carlitos lleno de vida ahí dentro y el pequeño Igor cerrando sus párpados agotados ya de tanto luchar.

Y, como se dice en estos casos, la vida sigue, ¿no? Sí, la vida sigue...

Un mes más tarde, en mi último día de trabajo en la UCI Neonatal antes de dar yo misma a luz, vinieron Igor y Cristina, los papás de Igor. Recuerdo su sonrisa al ver mi ya enorme barriga, recuerdo el abrazo en el que nos fundimos ambas madres. Ninguna de las dos teníamos a nuestros hijos en nuestro regazo, pero las dos éramos madres, así lo sentíamos y así lo seríamos para siempre. No nos dijimos mucho, la emoción me embargaba. El sentimiento era tal que de mi boca no salía una sola palabra. A mi lado estaba mi médico adjunto, un veterano de la neonatología, el doctor José Luis Tarazona. Él tomó las riendas de la conversación. Las dos madres nos mirábamos aún emocionadas. Venían a agradecernos lo que habíamos hecho por ellos; agradecimientos que le dan sentido a tu profesión, a tu esfuerzo, a tu frustración a veces. Agradecimientos que nunca se olvidan.

El tiempo pasó y yo tuve a mi primer hijo, Carlos, que iluminó mi vida.

Los años pasaron y una tarde, mientras miraba unos botes de pintura en unos grandes almacenes con Carlos de la mano, se acercó un hombre con una sonrisa apacible y tranquila. Era el papá de Igor, trabajaba allí. Me contaba que estaban intentando quedarse embarazados, que su mujer se encontraba mejor de ánimo, que estaban unidos. Su mirada me decía mucho más. Y, mientras escuchaba su voz pausada, yo apretaba fuerte la mano de mi hijo y de nuevo pensé en la maldita ruleta rusa. Me alejé por el pasillo con los ojos inundados de emociones. Reviví aquellos días interminables, aquella desgarradora despedida entre un padre y un hijo, aquel duelo. Y de nuevo me vi el día de mi parto, con mi hijo en brazos llorando y llenándose de vida. En ese momento, y rodeada de gente, me arrodillé y abracé a Carlitos tan fuerte como pude. Y él, ante tan inesperado abrazo, comenzó a dar saltitos de alegría, colmándome de besos y mostrándome una vez más las maravillas de la maternidad.

Los años siguieron pasando, yo terminé la especialidad, me quedé embarazada de nuevo y tuve a mi segunda hija, Covadonga. Aún más luz en mi vida. Trabajé en un hospital unos años, luego en otro, y hace tres años, mientras pasaba consulta con una de mis pacientes, tuvimos una curiosa conversación.

—Lucía, tengo que hacerte una pregunta. ¿Tú estuviste trabajando en la UCI Neonatal de Alicante el invierno de 2006?

—Sí, efectivamente —le dije intrigada.

—¡Eres tú! —me contestó emocionada.

Yo no lograba entender nada. No ataba cabos.

—Verás, yo soy muy amiga de los papás de Igor. ¿Los recuerdas? —me preguntó.

—¡Claro que los recuerdo! ¿Cómo están? —le pregunté con ansia de saber más de ellos.

Mi paciente sonrió y sus ojos empezaron a brillar.

—Están muy bien. Están muy muy bien. Después de varios años consiguieron tener un bebé. Han tenido una niña preciosa. Te advierto que te vas a emocionar —me adelantó—. Se llama Lucía.

# 7

# Si lo cojo en brazos cada vez que llora, ¿se acostumbrará?

Ya tendremos tiempo para educar.

Cada semana veo a varios recién nacidos que vienen por primera vez a la consulta. Tengo que reconocer que, aunque no hay dos familias iguales, las preguntas que suelen hacer son casi idénticas, lo cual me llama mucho la atención.

Por mis manos pasan madres ejecutivas que vienen con el tiempo justo, aceleradas y con las dudas apuntadas en el móvil; padres cuidadosos, tranquilos y sin prisa alguna que desvisten a sus bebés con una delicadeza maravillosa; mamás hippies que acuden con su bebé envuelto en un fular pegadito a su cuerpo y que, curiosamente, preguntan poco y sonríen mucho. Veo también a padres deportistas que, cuando el bebé tiene tan solo dos meses, me preguntan cuándo pueden llevarlo a la piscina o si son buenos los masajes. Tengo a madres solteras con la mirada perdida, acompañadas de las sabias abuelas. También a «madres metralleta» (lo digo desde el cariño, ya sabéis que os adoro), aquellas que en sesenta segundos son capaces de hacerme quince preguntas sin parar a tomar aire. Y que, cuando empiezo a contestar a la primera pregunta, ya me están haciendo la segunda, que además enlazan con la tercera. Y que incluso si intento nuevamente contestar me sueltan: «Déjame terminar que, si no, se me olvida todo y cuando llego a casa me da una rabia tremenda». Así que tomo aire, utilizo mis cinco sentidos para memorizar las quince preguntas y no perder detalle, y, cuando al fin terminan, respiro profundamente y digo: «Bueno, ahora me toca a mí». Veo también a padres sonrientes y conformistas a los que todo les parece bien. A madres negativas y pesimistas a las que todo les preocupa. La verdad es que veo de todo; me entretengo y a veces juego a las adivinanzas. Con aquellos papás que vienen con una hoja Excel con los mililitros de leche de cada toma y la hora exacta en que ha comido el bebé, no me puedo contener la curiosidad y les pregunto: «¿Eres ingeniero, informático o trabajas en un banco?». Ellos sonríen, y yo ¡casi siempre acierto!

Bueno, pues todos ellos, las hippies, las ejecutivas, las amas de casa, las madres solteras, los banqueros, los ingenieros, los deportistas, los maestros y, por supuesto, las «madres metralleta», me hacen la misma pregunta: «Si lo cojo cada vez que llora, ¿se acostumbrará a estar en brazos?».

Confieso que, en muchas ocasiones, dependiendo de la familia con la que esté tratando, explico las cosas de una manera u otra. Por ejemplo, a los papás de la hoja Excel se lo escribo todo muy clarito, con horarios y cantidades (¡les encanta!). A las madres que son un mar de dudas y están en plena depresión posparto les cuento las cosas de pie, junto a ellas, mientras exploro a sus bebés pidiéndoles su ayuda. Es importante que se sientan útiles, y no solo eso, sino también imprescindibles, y así se lo transmito. A las madres hippies da igual lo que les diga porque harán lo que les plazca, lo cual me parece estupendo, que para eso son las madres de los niños. Y, además, me lo confiesan con la mejor de sus sonrisas. Con las que tengo más confianza me adelanto y les digo: «Te voy a contar esto porque te lo tengo que contar, pero ya sé que no me vas a hacer ni caso», y terminamos las dos muertas de risa. En el caso de las mamás solteras, abrumadas y cansadas, me apoyo en las abuelas, y entre las tres solemos llegar a un consenso.

Pero, volviendo a la pregunta de si se acostumbrará el bebé a estar en brazos, ahí no hay profesión, ni estado civil, ni ideales que valgan. Ahí soy implacable. Y siempre digo lo mismo:

Tu bebé no acaba de nacer. Tu bebé no tiene quince días de vida. Tu hijo lleva nueve meses viviendo dentro de tu barriga, escuchando tu corazón, oyendo tus tripitas al hacer la digestión. Flotando desnudo en unas aguas calentitas. Oyendo la voz de mamá y, a lo lejos, la de papá. Sintiéndose protegido y feliz. Y así como te lo describo lleva toda su vida hasta hace escasamente quince días.

Ponte en su lugar: de pronto llega a nuestro mundo, siente frío, calor, le ponen ropa encima, le tapan la cabeza, incluso las manos; tiene hambre, una sensación nueva para él; tiene sed, gases; empieza con sus primeras digestiones, escucha ruidos extraños, ve luces cegadoras. Y, lo que es más importante, piensa:

«¿Dónde está el pum-pum-pum del corazón de mamá? ¿Y su voz? ¿Por qué no la escucho a todas horas?»

¿Qué puede hacer el bebé en ese momento? Solo una cosa: llorar. ¿Y qué puedo hacer yo?: cogerlo en brazos, achucharle, besarle, susurrarle, abrazarle. Póntelo desnudo sobre tu pecho desnudo. No hay mejor consuelo. No hay mejor calmante.

Durante las primeras semanas de vida de tu bebé, este solo tiene dos necesidades vitales y ninguna de las dos se las podemos negar: una es la comida, así que aliméntale siempre que te lo pida, y la otra es el afecto, así que cógelo en brazos, acaríciale, bésale y háblale despacito.

Ya tendremos tiempo para educar.

# EL PRIMER AÑO DE VIDA

# 8

# La fase de enamoramiento

La sangre compartida, la fuerza unida, una extensión de vuestras vidas, y esto, ocurra lo que ocurra, es para toda la vida.

Has sobrevivido al posparto. ¡Enhorabuena! Una tiene la sensación de haber salido al fin de ese oscuro túnel y encontrarse en un mundo diferente, luminoso, experimentando emociones nuevas y hasta el momento desconocidas. ¡Comienza la aventura!

A medida que tu hijo va cumpliendo meses, te das cuenta del cambio tan brutal que ha supuesto en tu vida. Es un antes y un después. Ya nada es como antes, ni volverá a serlo. De pronto cae sobre ti el peso de la responsabilidad de cuidar de una hermosa criatura que no es más que una extensión de ti misma. Sorprendentemente, y esto me sigue maravillando, a pesar del cansancio, del ritmo agotador del día en que nos pasamos las horas con el bebé en brazos, de las decenas de pañales que cambiamos, de los biberones que preparamos, de las papillas, del pecho y de las interminables y exhaustas noches en vela, las mujeres lo llevamos asombrosa y maravillosamente bien.

Esta fase en la que nuestro bebé ronda los cinco o seis meses hasta el año es realmente lo que yo denomino la «fase de enamoramiento» de tu hijo. Es como estar enamorada. Te sientes única y especial. No importa lo cansada que estés, ni siquiera importa que no hayas pisado la peluquería en los últimos meses ni que las largas jornadas de compras con tus amigas sean cosa del pasado (ya muy lejano...). ¡Da igual! ¡Eres feliz!

Cuando quedas con amigos, solamente hablas de tu bebé, de lo último que ha aprendido a hacer, de sus pequeños pero, para ti, gigantescos y maravillosos avances, del consejo revelador que te ha dado tu pediatra en la última visita, o del nuevo alimento que probarás la semana que viene.

—He descubierto que a Antoñito le dan gases los puerros. En cuanto añado uno al puré, ¡madre mía la que lía! Como si hubiera comido dos platos de fabada. ¡Me muero de vergüenza cuando vamos en el ascensor y el vecino se piensa que he sido yo!

—¡No me digas! Pues a mi Carlota le sienta divinamente. Sin embargo, la zanahoria no veas lo que la estriñe. La pobre hace bolitas de cabra y se pone roja roja. Tengo que decírselo a la pediatra la próxima vez que la vea.

Misteriosamente, solo te rodearás de amigos que estén en tu misma circunstancia. Ahora entiendes por qué, ¿verdad? Mirarás como si fuesen extraterrestres a aquellas parejas que aún no han tenido hijos y salen los fines de semana hasta el amanecer, estrenando todos los locales y restaurantes de moda de tu ciudad. Mientras ellos siguen hablando del último festival de música al que fueron, le susurrarás a tu pareja con media sonrisa:

—¿Y lo bien que estamos nosotros con nuestro bebé, que es lo más bonito de este mundo?

¿Irte de viaje sin tu retoño? ¡Imposible! Ciencia ficción.

—¡Yo me llevo a mi hijo allí donde vaya! —repites una y otra vez.

Esta fase de enamoramiento nos pone las pilas. No dormimos, pero no nos importa. Pasamos el día entero pensando en nuestro bebé, deseando llegar a casa para verle y cogerle en brazos. No hacemos un solo movimiento sin contar con él. La energía rebosa por cada poro de nuestra piel, estamos pletóricas y lozanas. No vemos un solo defecto, ni en nosotras ni, por supuesto, en nuestro hijo. Y que a nadie se le ocurra criticar nuestro nuevo estilo de vida porque nos lo tomaremos como una agresión en toda regla.

Sin embargo, cuando ya se acerca el primer cumpleaños, de pronto un día tu pareja reúne el valor necesario, se acerca a ti muy despacito y entre arrumaco y arrumaco te dice casi con los ojos cerrados por si acaso explota la bomba atómica:

—Cari, ¿y si dejamos al niño con tu madre y nos vamos un fin de semana por aquí cerquita tú y yo solos?

Ya está. Ya lo ha soltado...

Las reacciones son de todo tipo, colores e intensidades.

¿Mi consejo? El de casi siempre: ponte en su lugar. Nos echa de menos. Nuestra pareja nos echa de menos. La maternidad es una experiencia maravillosa e intensa, pero no podemos pretender que nuestras parejas lo vivan de la misma forma. No cometas el error de hacer el perfecto padre a tu medida, porque ellos ya son por sí mismos unos padres maravillosos. Respeta su espacio y sus momentos. Comparte, pero no exijas. Buscad el equilibrio, haced una alianza. ¿Cómo se hace una alianza? Fácil.

¿Qué necesito yo para disfrutar de mi nueva familia en armonía? Haceos esa pregunta y tomaos unos minutos para contestarla. Coged hoja y lápiz y empezad a contestar uno por uno y en voz alta mientras el otro escribe.

—Yo lo que necesito es poder disfrutar de ti, de mi mujer, al menos una noche a la semana. Necesito que busquemos la manera de dejar al bebé a cargo de alguien e irnos a cenar los dos solos.

Cuando escuches esto, sonreirás y aceptarás, porque no es más que un «te quiero», un «te necesito».

—Pues yo lo que necesito es que cuando llegues del trabajo, aunque vengas cansado, te encargues tú del momento baño. Yo también estoy cansada después de todo el día con el bebé.

Él te mirará dulcemente, se pondrá en tu lugar y pensará: «Tiene toda la razón. Hay días en los que no sé cómo aguanta tantas horas con el bebé, con el trabajo que da».

—Yo también necesito que, cuando el niño ya esté dormido, nos sentemos media hora los dos en el sofá a ver un rato la tele como solíamos hacer antes y charlar de nuestras cosas.

De nuevo sonreirás, de nuevo un «te necesito».

—Y yo, cariño, también necesito que los fines de semana hagamos algún plan los tres juntos, pensando en el bebé —le dirás.

Y él mirará a vuestro hijo y pensará: «Pues claro que sí, si en el fondo estoy deseando que llegue el viernes para estar con vosotros».

Y así sucesivamente iréis construyendo una sólida alianza que dejaréis por escrito y que bajo ningún concepto os debéis saltar. Y no lo haréis porque ha sido de mutuo acuerdo; porque todas y cada una de las necesidades han sido comprendidas por el otro y aceptadas. Porque están basadas y fundamentadas en el amor que sentís el uno por el otro y, por supuesto, en el amor hacia vuestro hijo, ese nexo de unión que os mantendrá unidos ya para siempre y pase lo que pase. No lo olvides. Es una unión que va más allá de las circunstancias, más allá del tiempo e incluso más allá de la muerte. Cuando no estemos, nosotros seguiremos siendo sus padres, y él, nuestro hijo. Él es la sangre compartida, la fuerza unida, una extensión de vuestras vidas, y esto, ocurra lo que ocurra, es para toda la vida.

# 9

# Soy pediatra y yo sí vacuno a mis hijos

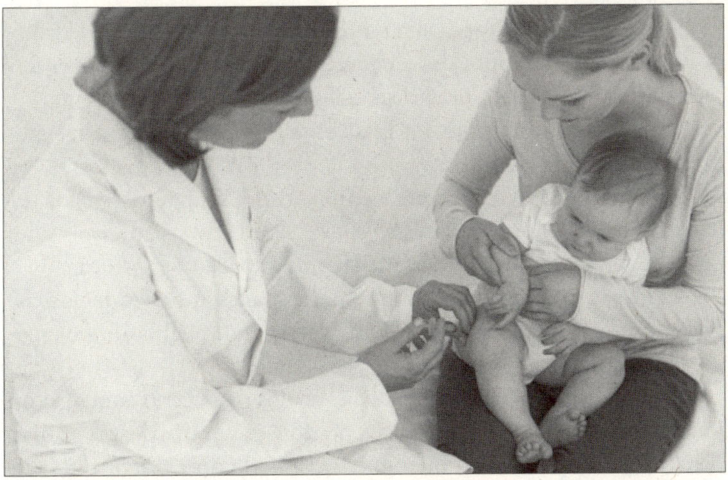

Vacuno a mis hijos porque, de no hacerlo, si enfermasen,
no me lo perdonaría.

El primer año de la vida de un bebé está marcado por las vacunas. En casi todas las revisiones le toca un pinchazo. Comprendo que algunos padres lo vivan con cierto miedo, a veces incluso con ansiedad; otros pocos con recelo y desconfianza. Por mis manos han pasado familias antivacunas, muchas familias provacunas, madres que no quieren, pero que después aceptan, e incluso familias que en un momento dado dejan de administrarlas. Los motivos son muy diversos y las opiniones respetables, pero este tema es uno de los pocos en los que no hay margen de error, en los que la evidencia científica es aplastante y en los que, ante la negativa de inmunizar a sus hijos, siempre les expongo mis razones. Y lo hago porque es mi responsabilidad ofrecer toda la información que está a mi alcance para que las familias sean capaces de tomar una decisión asumiendo todos los riesgos.

Vacuno a mis hijos porque, a lo largo de los años, las vacunas han evitado la muerte de millones de niños en el mundo. Exactamente han salvado mil quinientos millones de vidas.

Vacuno a mis hijos guiándome por todos los comités científicos nacionales e internacionales que trabajan a diario en la seguridad y eficacia de las vacunas.

Vacuno a mis hijos porque no hacerlo es un grave acto de irresponsabilidad y es exponerlos a padecer más de una decena de enfermedades mortales, con graves secuelas.

Vacuno a mis hijos porque mis conocimientos no pueden superar a la evidencia científica.

Vacuno a mis hijos porque, de no hacerlo, si alguno de ellos sufriese las devastadoras consecuencias de alguna de las enfermedades que pueden prevenirse, como madre nunca me lo perdonaría.

Vacuno a mis hijos porque las enfermedades graves todavía existen y sobrepasan las fronteras. Las nuestras también, aunque creamos vivir a salvo.

Vacuno a mis hijos porque los beneficios de hacerlo superan con mucho a las infrecuentísimas reacciones adversas graves de las vacunas.

Y ahora voy a aportar algunos datos. Cada uno, que juzgue por sí mismo.

## ¿Cuántos niños se morían de viruela, tos ferina, sarampión o poliomielitis en la era prevacunal? ¿Y después de la introducción de las vacunas?

Empecemos por la **viruela**. En la era prevacunal, en Europa, se estima que, solo en el siglo XVIII, la viruela mató a sesenta millones de personas. En el siglo XX, esta cifra se triplicó y llegó a alcanzar los trescientos millones de muertes en todo el mundo. Sin embargo, tras la obligatoriedad de la vacuna en 1929, se registraron solo dos muertes por viruela en España. Actualmente, y desde hace más de treinta años, la viruela está erradicada en todo el mundo. ¿Gracias a qué? A la vacuna.

Sigamos con la **poliomielitis**. En 1959 se notificaron 2.300 casos en España. En el año 2008, cero casos. Desgraciadamente, siguen declarándose focos en Pakistán, Afganistán, Nigeria, Somalia,

Camerún, Iraq, Siria y Etiopía. Por ello, aún no podemos hablar de erradicación, como ocurrió con la viruela.

En cuanto al **sarampión**, enfermedad que aún vemos y de la que hemos sufrido recientemente varios brotes en España debido a la existencia de niños no vacunados, produce una muerte por cada tres mil casos, y una encefalitis por cada mil, que puede ser grave y dejar secuelas neurológicas. Además, en uno de cada cien mil casos puede desarrollarse, al cabo de unos años, una panencefalitis esclerosante subaguda, enfermedad muy grave y limitante.

La gran eficacia de los programas de vacunación infantil ha conseguido disminuir los casos de sarampión del orden del 95 al 99 % en la mayoría de los países del mundo. En 2010 y 2011 se constató una elevación importante de los casos de sarampión en Europa, lo que ha obligado a la OMS a posponer el objetivo de eliminación del sarampión y de la rubeola en Europa para el año 2015. Actualmente existen focos epidémicos importantes no controlados en Países Bajos, Italia, Reino Unido, Alemania, Rumanía y España.

Se estima que gracias a las campañas de vacunación se ha reducido un 61 % la mortalidad por sarampión (1.237.000 muertes evitadas), un 69 % por tétanos (643.000), un 78 % por tos ferina (1.042.000), un 94 % por difteria (73.000) y un 98 % por polio (51.000 muertes evitadas).

### *«Yo no vacuno a mis hijos porque la propia vacuna les puede provocar enfermedades graves, incluso autismo»: falso*

Este tipo de argumentos los hemos oído todos los pediatras en nuestras consultas. Siento decir que, ante esto, soy implacable y trato de explicar de una forma clara y convincente que la vacuna frente a la difteria, el tétanos y la tos ferina puede provocar una encefalitis (en la mayor parte de los casos, leve) en uno de cada millón de niños vacunados. Sin embargo, sufrir cualquiera de las tres enfermedades por no estar vacunado puede ocasionar la muerte en uno de cada doscientos niños y producir una encefalitis (muchas veces grave e invalidante) en uno de cada veinte niños que la padezcan.

¿Por qué relacionan el autismo con la vacuna triple vírica? Todo empezó en 1998 cuando el médico británico Andrew Wakefield publicó un estudio en *The Lancet*, una prestigiosa revista científica, donde correlacionó la vacuna triple vírica y el autismo tras estudiar a doce pacientes. A raíz de esta publicación, miles de familias dejaron de vacunar a sus hijos en el Reino Unido, lo que trajo como consecuencia una elevación importante del número de casos de sarampión y, por tanto, de sus complicaciones. La corriente antivacunas creció como la espuma y las consecuencias fueron devastadoras. Años después se descubrió que el estudio de Wakefield había sido un fraude. La revista se retractó pidiendo disculpas públicamente y retiró el artículo original. El Colegio General Médico Británico descubrió que Wakefield recibía dinero de los abogados de unas familias pertenecientes al movimiento antivacunas, por lo que el conflicto de intereses era más que evidente. Se le retiró la licencia de médico, acusándole de actuar de forma deshonesta e irresponsable, reconociendo que las conclusiones y los métodos del médico británico eran falsos. Fue el mayor escándalo médico de la historia británica, pero, a pesar de haberse hecho justicia, el daño ya estaba hecho. Hasta la fecha, no hay evidencia científica alguna que haya correlacionado la administración de las vacunas con el desarrollo del autismo.

Comprendo a las familias que viven en primera persona este trastorno con uno de sus hijos, y comprendo los momentos de angustia y la necesidad de encontrar algo a lo que aferrarse que justifique por qué su hijo es así en lugar de ser como el resto de sus compañeros. Pero la realidad es que la ciencia nos dice que no hay relación ninguna.

### «No vacuno a mi hijo porque las vacunas contienen mercurio, que es tóxico para el desarrollo de su cerebro»: falso

Hoy en día, ninguna de las vacunas que se administran en España contiene timerosal (una sal que contiene etilmercurio). Pero, además, no se ha podido demostrar científicamente que este compuesto que llevaban algunas vacunas afecte al desarrollo neurológico de los bebés o de los niños ni que, por tanto, esté relacionado con el autismo o el retraso del desarrollo. Así que confía en los profesionales de la salud, que buscamos el bien de nuestros pacientes y de nuestros propios hijos. Déjate asesorar por gente realmente entendida en la materia, guíate por la opinión de los expertos. No hay intereses industriales ocultos en nuestras recomendaciones. Las vacunas han salvado y salvan cada año a millones de niños, y esa sí es una realidad.

En África, las mujeres caminan descalzas durante kilómetros bajo un sol abrasador con sus hijos a cuestas para recibir una vacuna. ¿Y en España hay entre un 3 % y un 5 % de familias que se niegan a vacunar a sus hijos? ¿Por qué en el continente africano no existe este debate, por ejemplo? Porque sus hijos se mueren de una gastroenteritis, de un sarampión, de una malaria, de una gripe. Y os lo digo con conocimiento de causa, porque yo lo vi, lo viví y lo sufrí en mis viajes a África con Unicef. Allí viven en primera persona el dolor desgarrador de perder a un hijo por una enfermedad que a unos cuantos miles de kilómetros más al norte puede prevenirse con un simple pinchazo en el muslo. Allí la muerte ronda sus casas, de día y de noche.

¿Qué ocurre en el mundo desarrollado? Que ya no nos acordamos de esas enfermedades, que ya nadie ha perdido a un hijo por el sarampión ni por el tétanos. Hemos perdido el miedo a enfermedades que ni conocemos ni pensamos que puedan volver a nuestros hogares. Pero, de pronto, una mañana cualquiera, te levantas, suena el teléfono y al otro lado tu amiga te dice entre lágrimas que un compañero de campamento de su hijo está ingresado en la UCI muy grave por una enfermedad llamada «difteria». Enfermedad que hacía treinta años que no existía en nuestro país. Y, además, se te parte el alma en mil pedazos cuando descubres que ese niño no estaba vacunado. ¿Y qué ocurre entonces? ¿Qué hiciste tú en ese momento? ¿Qué hice yo? ¿Lo recuerdas? Corriste al despacho a buscar la cartilla de vacunación de tu hijo para comprobar que no le faltaba ninguna. ¿Y qué ocurrió en mi consulta? Que decenas de familias acudieron para que fuera yo misma la que les dijera que, efectivamente, tenían el calendario al día. El miedo, la realidad, la vida te golpea a veces de una manera atroz e implacable y te recuerda que no somos inmortales.

Yo vacuno a mis hijos, ¿y tú?

El único momento bueno de esos días tan tristes y desoladores en los que unos padres enterraban a su hijo fue la mañana en la que recibí un correo electrónico de una de mis familias reacias a la vacunación: «Querida Lucía, somos los papás de Toni. Hemos decidido empezar con las vacunas. Nos gustaría que nos ayudaras en este proceso. ¿Nos puedes atender y así hablar tranquilamente de cómo y cuándo hacerlo?». A lo que contesté: «Por supuesto que sí. Mañana os espero. Un beso grande a los tres».

# 10

# Cuando dormir se convierte en una necesidad vital

Sigue tu instinto. Rara vez nos falla.

Durante los primeros meses de vida de nuestro hijo, todos sabemos que dormir no encaja de ninguna de las maneras en las veinticuatro horas que tiene el día. Y, como ya comenté, al principio parece no importarnos. Estamos en esa fase de enamoramiento en la que las endorfinas nos mantienen despiertos y con dormir cinco o seis horas con algún que otro despertar parece que nos basta y nos sobra. Pero el tiempo pasa, y llega un momento en que dormir se convierte en una necesidad vital. «O solucionamos este problema o a mí me va a dar algo», pensamos muchas de nosotras. Y es así. Vagamos por la casa como almas en pena, nos quejamos de lo poco que dormimos, de lo cansadas que estamos. Las madres acuden a la consulta desesperadas, se sientan y no me queda otra que mover los pies para no pisar sus ojeras.

Antes de nada, las comprendo. Las comprendo porque lo viví intensa y desesperadamente con mis dos hijos, uno detrás de otro, incluso, durante unos meses, solapados en el tiempo. Cuando mi hija pequeña nació, mi hijo mayor, con veinte meses, aún se despertaba al menos tres veces por la noche. Repetí errores, solucioné algunos. Leí todo aquello que caía en mis manos con respecto al sueño, asistí a cursos, consulté, probé, experimenté, lloré y, sobre todo, sentí. Y con esos sentimientos es con lo que me he quedado. Porque los pequeños detalles se olvidan (las pautas, las estrategias, los planes, los consejos, los conflictos, etcétera), pero lo que nunca olvidamos es lo que sentimos y cómo nos sentimos al poner en marcha todas y cada una de esas estrategias. Las emociones perduran. Y de sentimientos con respecto al sueño es de lo que quiero hablar.

Si pretendes que desarrolle «La guía perfecta para que tu hijo duerma», sáltate directamente el capítulo, porque no existe. Lo siento.

Respecto al sueño, hay tantos libros como peces en el mar. No solo libros, sino tendencias, teorías, sugerencias, opiniones, todas ellas respetables, pero sorprendentemente opuestas. Lo siento, pero en lo que al sueño se refiere los científicos, expertos y profesionales de la salud no nos hemos puesto de acuerdo. ¿Y por qué no?

Hemos sido capaces de erradicar la viruela en el mundo, de llegar a la Luna incluso, ¿y no hemos encontrado la fórmula para que nuestros hijos duerman toda la noche? ¿Tan difícil es? Se ve que sí. Lo es. ¿Y por qué lo es? Porque cada niño es diferente y porque cada familia y sus circunstancias son distintas.

Ahora bien, debemos comprender que los bebés durante el primer año de vida se despiertan una media de entre tres y cinco veces a la noche, y esto es lo normal. Quizá como sanitarios no hemos sabido transmitir a las familias que lo que no es habitual es que un bebé duerma toda la noche, no lo es. Lo habitual es que en los primeros seis meses de vida se despierte cada dos o tres horas. Y de los seis a los doce meses aún tenga dos o tres despertares. Además, la mayoría de los niños siguen teniendo uno o dos despertares hasta los tres años y esto no es en ningún caso un problema ni un trastorno del sueño; es el desarrollo habitual de los niños durante sus tres primeros años de vida.

Sin embargo, hay niños que, aun con todo, tienen despertares más frecuentes, y sin darte cuenta, tu hijo va cumpliendo meses, y lo que inicialmente no suponía ningún problema comienza a hacer mella. De pronto te ves ahí metida en una espiral de noche tras noche sin pegar ojo. Las noches van pasando una tras otra y tú sigues sin dormir. Tu desesperación va en aumento, el desgaste comienza a mermar tus fuerzas. De pronto un día no encuentras consuelo a lo que inicialmente asumías con fortaleza y con un «No pasa nada, yo puedo con esto, ya dormirá», y te dices a ti misma: «No puedo más».

Cuando todo el mundo que te rodea opina, y justamente opina lo contrario que tú. Cuando ellos creen saber más que nadie y hasta creen conocer mejor que tú las necesidades de tu propio hijo. Cuando parece que todos menos tú saben cómo solucionar el problema, entonces te preguntarás: «¿Lo estoy haciendo bien? ¿Qué se me escapa?». Y cuanto más te lo preguntes, menos soluciones encontrarás, ni tan siquiera el más mínimo haz de luz que ilumine, aunque sea un poquito, qué camino seguir. Llegará un momento en el que frenarás en seco y gritarás: «¿Qué puedo hacer? ¿Qué se supone que debo hacer?».

Pero profundicemos un poco más. Pregúntate: «¿Qué quiero hacer?». «¿Cómo me sentiría si hiciese eso?» Y, no me voy a centrar en el «hacer», sino una vez más en el «sentir»: «¿Cómo me siento ahora?». «¿Cómo me quiero sentir en el futuro?» Y, por último: «¿Qué creo que debo hacer para lograr sentirme así?».

Por supuesto que por mi mesita de noche pasó el *Duérmete, niño,* de Eduard Estivill, al que incluso fui a ver a una brillante charla. Confieso que, cuando lo leí, me dije a mí misma: «Lo vamos a hacer y va a funcionar». Para quien no lo conozca, Estivill propone un estricto método basado en tiempos de espera antes de entrar a consolar al bebé cuando este llora en la cuna. En el extremo opuesto se encuentra Rosa Jové con *Dormir sin lágrimas*, que contradice abiertamente la teoría expuesta por Estivill y echa por tierra los métodos de adiestramiento del sueño. Leí también su libro, lleno de actitud amorosa y colecho, y reconozco que al terminarlo me dije: «¡A la porra Estivill!». Sin embargo, tras varias semanas durmiéndome por las esquinas y poniendo mis cinco sentidos en la carretera para ir y volver del hospital, me volví a repetir: «¡Lucía, no puedes seguir así!».

Leí todo tipo de manuales y artículos de opinión, hasta entré en foros de madres. ¿Quién sabe? Quizá lo que no había descubierto la ciencia lo había descubierto alguna avanzada madre con superpoderes.

Un día cualquiera, mi hijo Carlos, ya con tres años y medio, durmió por primera vez la noche entera sin un solo despertar. Como corresponde, me levanté varias veces a comprobar que no le había pasado nada, deformación profesional. A esa noche le siguió otra y luego otra, y así hasta hoy. En ese momento lo agradecí, aunque no lo pude celebrar por todo lo alto porque mi hija pequeña, con año y medio, repetía los mismos patrones. Recuerdo aquella época como la película *Atrapado en el tiempo*, mi vida era el día de la marmota.

Finalmente, tras seis y ocho años, mis hijos duermen. Y ahora, con la perspectiva que me dan estos años de experiencia en crianza y los años de profesión a mis espaldas escuchando cientos de historias, he llegado a la siguiente conclusión: no hay dos familias iguales. Ni siquiera hay dos hermanos iguales. Mi hijo mayor tenía unas necesidades diferentes a las de su hermana pequeña y los motivos que le llevaban a no dormir eran distintos a los de su hermana, aunque el resultado final fuese el mismo: noches y noches en vela. He de confesar que a esta conclusión he llegado recientemente.

El método Estivill funciona. Sé que funciona. Pero ¿es lo que quiero hacer con mi hijo? ¿Es lo que él necesita? ¿Es lo que yo necesito? En mi caso particular no era ni lo que yo necesitaba ni lo que mis hijos necesitaban. Aun así probé, pero no pude continuar. No me gustaba lo que me hacía sentir. Y, como ya sabes que yo me muevo en función de lo que siento, en ese caso abandoné tras escuchar mi voz interior: «No me gusta lo que siento». Para mí era razón más que suficiente para no seguir adelante. Sin embargo, hay familias que sí es lo que necesitan. Que, de hecho, es justamente lo que necesitan. En él encuentran la horma de su zapato y vuelven a la consulta felices de la vida. Yo lo respeto profundamente y disfruto con ellos al verlos de nuevo realizados como padres, orgullosos y satisfechos por su logro. En el lado opuesto están las familias a las que jamás se me ocurriría mencionárselo, porque sé positivamente que no es lo que necesita su hijo, o que llevarlo a cabo supondría una lucha contra la propia naturaleza de la madre o del padre.

Así que, ¿qué hago habitualmente cuando acuden a la consulta con este problema? Primero averiguar si, efectivamente, supone un problema. Es decir, si el niño duerme con los padres en la cama, o en la habitación, y a pesar de tener ya dos años duermen felices, en armonía y sin conflictos de pareja, es evidente que aquí no hay ningún problema. ¡Viva el colecho! Pero, si tanto el padre como la madre coinciden en que no pueden seguir así, o uno de los dos no está de acuerdo en cómo se están haciendo las cosas, tenemos un problema encima de la mesa. Y es en ese caso cuando entre los dos me exponen lo que de verdad sucede y, sobre todo, cómo se sienten. A partir de ahí debemos ir desgranando poquito a poquito las necesidades del niño, de la madre y del padre, e intentar llegar a un punto de encuentro de mutuo acuerdo.

**No creo en los trajes de talla única; no pienso que debamos aplicar los mismos métodos con todos los niños.** No es lo mismo un hijo único que un niño que acaba de tener un hermanito. Pasan diferentes circunstancias y emociones por la piel de una familia monoparental, de una madre con depresión, de un padre autoritario o, por el contrario, de un padre muy permisivo. Ese traje que algunos pretenden que sea de una talla universal no le sienta igual a la madre trabajadora que llega a casa todos los días a las ocho de la tarde ni a ese niño que solo disfruta de su mamá dos horas al día. Tampoco es comparable un niño criado por unos abuelos amorosos con otro que pasa las horas en la escuela infantil. No es lo mismo. No tiene lógica aplicar el mismo método a ese niño que está sufriendo el divorcio de sus padres que a ese otro que cada vez que entramos en la habitación se parte de la risa. No planteo las mismas posibilidades a un bebé de nueve meses que aún toma pecho por las noches que a un niño de dos años que roza la tiranía. No puedo aplicar el mismo método a todos por igual: a padres, a madres y a hijos. **No puedo mirar en un manual si hoy toca caricia o no toca.**

Desde mi punto de vista, existen pocas reglas inquebrantables porque creo que la crianza es cambiante, evoluciona y es moldeable. Pero respecto al sueño, cuando padre y madre están de acuerdo en tomar medidas para conseguir mejorar la calidad de sus noches, recomiendo mantener unos buenos hábitos de sueño:

- Intenta salir a pasear por la mañana, que le dé la luz del día y mande esas señales a su cerebro. ¡Es de día!
- A partir de las siete de la tarde, luz tenue en casa, bajaremos persianas, ambiente tranquilo. Esto ayudará a su cerebro a identificar que llega la hora del descanso, y su melatonina, la hormona del sueño, empezará a ascender.
- Prohibidas las pantallas (tele, *tablet*, móvil) dos horas antes del sueño.
- Tampoco es momento de jugar al pillapilla o de saltar en la colchoneta dos horas antes de ir a la cama, porque estaremos mandando las señales equivocadas al cerebro: activación, en lugar de relajación y sueño.
- Elegir una misma hora para el baño.
- Una cena relajada, a ser posible en familia.
- Un ratito junto a papá y mamá con su cuento favorito, una canción quizá. Muchos mimos y caricias. Un buen beso sonoro de buenas noches y un «hasta mañana» siempre con la puerta abierta.

Piensa por un segundo en la siguiente situación: llegas del trabajo cansada y lo primero que piensas es: «A ver si hoy los niños se acuestan pronto y puedo relajarme un poco antes de dormir». ¿Verdad? Pues bien, si tú necesitas ese momento relajante antes de acostarte, ¿qué te hace pensar que tu hijo no lo necesita también? ¿O tú eres capaz de dormirte después de una fuerte discusión con tu pareja, por ejemplo? ¿Verdad que no? Habrás segregado tanto cortisol debido al estrés que la melatonina la tendrás por los suelos, imposible dormirse. Pues tu hijo igual.

Momento relajante de caricias y besos antes de dormir. No se lo niegues. Regálaselo. Relájate, leed un cuento juntos, ofrécele tiempo de calidad a tu hijo y que se acueste con la sensación de haber disfrutado de mamá o de papá plenamente.

Otro consejo es que, si se despierta, no le saques de la habitación. Acude a su llamada para explicarle que no pasa nada, que mamá o papá están ahí y que debe dormirse porque es de noche y todos duermen. No alargues ese momento, no permanezcas en la habitación más de dos o tres minutos. Sal con un «buenas noches» y una sonrisa. Y repítelo las veces que haga falta hasta que él compruebe por sí mismo que mamá o papá siempre están, que acuden a su llamada, por lo que no debe tener miedo a la soledad o al abandono; pero que ni le van a contar otro cuento cada vez que se despierte, ni le van a mecer en brazos hasta dormirse, ni le van a sacar de la habitación de paseo, ni siquiera le van a cantar una canción. A los pocos minutos ya sabe que mamá o papá se volverán a ir y no pasará nada.

No es abandonarlo al llanto, no. Es acudir al llanto y acompañarlo en el proceso de aprendizaje.

Sé que si estás leyendo estas líneas y eres de las que tienes un problema real con el sueño me dirás: «Sí, muy bien, entro, le sonrío, le doy un beso y me voy. Pero, cuando son las cinco de la mañana y aún no he pegado ojo y encima al día siguiente tengo que ir a trabajar, lo que menos me apetece es entrar pausadamente, sonreír y decirle que no pasa nada». Y lo sé porque a mí en esos momentos, que fueron muchos, lo único que me apetecía era suplicarle de rodillas que me diera una tregua, aunque solo fuera por una noche. En estas circunstancias perdemos los estribos fácilmente, estamos agotadas, discutimos con nuestras parejas; es un momento difícil, sí. Nadie dijo que esto fuera fácil, pero tienes que intentar mantenerte firme y ser igual de amorosa a las diez de la noche que a las tres de la mañana: visita corta, besito, caricia en el pelo, sonrisa y «buenas noches». Si a las tres de la mañana claudicas, lo coges en brazos, lo subes al carrito y le empiezas a pasear por la casa, o lo metes contigo en la cama mandando al papá al sofá, habremos perdido la batalla. Tu hijo aprenderá: «Bien, al final lo he conseguido». Y, a la noche siguiente, ¿qué crees que hará?

En estos casos en que los niños ya son más mayores y utilizan muchos recursos para no dormir solos, yo siempre pongo el mismo ejemplo: imagínate que todas las mañanas vas al despacho de tu jefe a pedirle que te dé mil euros más de nómina y te dice que no. Y al día siguiente, vuelves a pedírselos y te dice que no. Y al siguiente nuevamente regresas y nuevamente te dice que no. Pero el día número veintidós, tu jefe, harto de escucharte, te los da. ¿Qué harás al mes siguiente? Volver, ¿verdad? El estímulo de los mil euros ha sido tan grande que se te ha olvidado que estuviste veintidós días subiendo al despacho de tu jefe y aguantando sus quejas. Con estos niños que ya con año y medio o dos años se comportan insistentemente así, si al final los subes a tu cama y pasan el resto de la noche a tu lado, el logro habrá sido tan importante para ellos que se habrán olvidado de las cuatro horas previas en que te llamaron más de siete veces.

Si, por la circunstancia que sea, la primera noche no lo consigues, y la segunda o la tercera tampoco, no te castigues, no te culpes. No seas tan exigente contigo misma. Lo lograrás. Lo más importante es que has de tener la certeza de que con el tiempo tu hijo dormirá, porque el sueño, como casi todo en el desarrollo infantil, es un proceso evolutivo que en algunos niños llevará más tiempo y en otros, menos. Debemos ayudarlos y acompañarlos en ese proceso hasta que consigan conciliar el sueño ellos solos cada vez que se despierten por la noche. ¿Los métodos para conseguir ese aprendizaje? Ya los conoces, hay muchos. Mi opinión es que te sientes con tu pareja, expongáis el problema, habléis de lo que necesita cada uno, busquéis puntos de encuentro, acordéis un plan y lo llevéis a cabo juntos. Si en mitad de la noche te embargan las dudas y el desánimo, sigue tu instinto. Rara vez falla.

Ahí va un truco de madre: los niños, cuanto más pequeños, más instintivos son, y por ello responden ante estímulos primarios como pueden ser los olores. Te habrás dado cuenta de cómo olisquean los bebés a sus madres, ¿verdad? Cuando mis hijos eran bebés, descubrí que una de las cosas que más los tranquilizaba cuando estaban en la cuna o en el carrito y no se podían dormir era frotarse la cara con un trapito que yo utilizaba para dar el pecho. Era una gasa blanca que descansaba sobre mi pecho al mismo tiempo que ellos mamaban. El olor quedaba impregnado como si de un buen perfume se tratara. A los pocos meses de vida, cuando ya eran capaces de coger con ambas manos la gasita, observaba cómo ellos solos se frotaban la cara con la gasa hasta caer dormidos. Era un momento realmente tierno y dulce. Los años han pasado y todavía, hoy por hoy, hay noches en que mis hijos, con ocho y seis años, me piden que les preste la camiseta de uno de mis pijamas. Eso sí, no puede ser un pijama recién lavado y sacado del armario.

—Mami, dame tu pijama de ayer, por fa...

Disfruto al ver sus caras cuando se lo doy. Lo primero que hacen es cerrar los ojos, olerlo profundamente y suspirar. A veces se lo ponen encima del suyo, otras veces simplemente se acarician la cara con él. Cuando me acuesto y entro a su habitación para verlos dormir (me encanta hacerlo), los descubro abrazados a mi pijama con una expresión de absoluta paz y serenidad. En ese momento, los arropo, les doy un beso silencioso y esta vez soy yo quien los huele en un intento de llevarme su olor para que vele mis sueños.

Olores que se van y vuelven…

# 11

# El primer catarro de mi hijo. ¿Y si le baja al pecho?

Seguíamos sumando minutos que restaban vida.

La primera infección por la que pasa un niño suele ser habitualmente un catarro de vías altas o un resfriado común, y no es infrecuente que ocurra en el primer año de vida. En invierno, las madres y los padres acuden preocupados tanto al Servicio de Urgencias como a la consulta «por si los mocos le han bajado al pecho», con el miedo de que desemboque en una temida bronquiolitis. Todos conocemos en nuestro entorno a algún vecino, sobrino o hijo de algún amigo que haya padecido una bronquiolitis, o que incluso haya tenido que ingresar en el hospital durante varios días.

Estas infecciones son temidas no solo por los padres, sino también por los profesionales. Todos los pediatras y enfermeras pediátricas llevan a sus espaldas algún caso con nombre y apellidos grabado a fuego. Yo también. Se llamaba Miguel. Fue por él por el que decidí abrir una consulta de Pediatría y tomar distancia de las unidades de cuidados intensivos.

Antes de ser madre me gustaban los cuidados intensivos neonatales. Pasé mucho tiempo trabajando en esas unidades durante mi formación como pediatra, e incluso me veía como una joven promesa de la neonatología. Al nacer mi hijo Carlos, toda mi vida cambió. Sin embargo, no fui consciente hasta que Miguel se cruzó en mi camino.

Mi hijo Carlos acababa de cumplir cuatro meses y yo me incorporaba a mi plaza de médico residente de Pediatría. Me quedaban apenas seis meses para terminar la especialidad y decidir qué quería hacer. Tenía varias opciones: trabajar con neonatos, permanecer en un hospital con el ritmo frenético de guardias interminables, probar en un centro de salud, abrir una consulta y hacer alguna guardia esporádica, etcétera. Las posibilidades eran varias y diversas. En esa encrucijada me encontraba cuando Miguel ingresó en el hospital. Era un lactante de dos meses con dificultad respiratoria. Se le diagnosticó bronquiolitis.

«Lucía, antes de bajar a comer, pásate por la habitación a ver al bebé que hay ingresado en la 101 con una bronquiolitis», me dijo uno de mis compañeros.

Y eso hice. Entré en la habitación y me encontré a un bebé precioso mamando del pecho de su madre, con la respiración algo agitada, aunque parecía feliz. Inmediatamente me acordé de mi hijo, que tenía casi su misma edad, y pensé: «¿Se estará tomando los biberones que le he dejado preparados de mi propia leche? ¿Me estará echando de menos?». Comprobé sus constantes, necesitaba un poco de oxígeno, pero se encontraba estable. Su madre estaba tranquila, aunque preocupada, porque había dejado a sus otros cinco hijos en casa a cargo de su padre.

Fue una guardia con bastante trabajo. Entre mi adjunta Ruth Gilabert y yo fuimos sacando todo adelante sin mayores complicaciones. Lo peor estaba aún por llegar. A las ocho de la tarde nos sonó el busca a las dos a la vez: «Acuda urgente a planta». Ambas sabíamos lo que significaba aquel mensaje de cuatro palabras. No era un «llame a planta» o «acuda a planta», sino un contundente «acuda urgente a planta». Pocas cosas urgentes hay en Pediatría, y esta era una de ellas.

Ruth y yo nos miramos con ese gesto que lo dice todo, con esa mirada de «juntas podemos», con esa fuerza de «vamos a por ello», y salimos corriendo. Subimos los cuatro pisos por las escaleras. Siempre me he resistido a coger el ascensor en una situación de urgencia (¿y si se estropea y me quedo encerrada?). Nuestros peores presagios se habían hecho realidad: parada cardiorrespiratoria. Miguel. No había tiempo para preguntas. En unos segundos, un equipo de cinco personas comenzamos a practicar una reanimación cardiopulmonar como así estábamos entrenadas a hacerlo. No era la primera vez ni sería la última. Pero esos instantes eran, y son, de máximo estrés.

—Pero si estaba enganchado al pecho... —decía su madre entre sollozos, asombrosamente contenidos—. Si parecía que estaba mamando y de pronto le vi sin fuerza, pálido, azul. ¿Qué está pasando?

Una de las auxiliares la acompañó al pasillo para que no tuviera que presenciar tan impactante momento en el que su hijo luchaba entre la vida y la muerte mientras nosotras nos dejábamos la piel en esa batalla. No hubo una voz más alta que otra, no hubo desorganización ni descontrol. Éramos cinco personas trabajando en torno al cuerpo de un bebé de apenas cinco kilos que parecía no querer quedarse con nosotros. ¿Por qué? ¡Cuántos porqués me he hecho en mi carrera profesional y cuántos sin respuesta!

Los minutos iban pasando, el ritmo de la reanimación iba aumentando, la tensión crecía, las preguntas aumentaban. Cada uno de nosotros estábamos concentrados en nuestra misión: uno había intubado al bebé para poder oxigenarle adecuadamente, otro le masajeaba su pequeño corazón sin vida, otro preparaba medicación, otro administraba cada dos minutos la adrenalina que le debía devolver a la vida, otro nos relevaba cuando las fuerzas flaqueaban... De pronto, en un instante y por primera vez, nuestras miradas coincidieron. Yo intentaba robarle un poco de esperanza a cada uno de mis compañeros porque la mía estaba abatida. Pero no la encontraba en ellos tampoco. Miré a los ojos de cada uno de ellos buscando desesperadamente ese aliento, esa chispa, esa pequeña pero viva luz al final del túnel. Pero no la encontré. Seguíamos sumando minutos que restaban vida. Y es que en una reanimación cardiopulmonar, si sumas minutos, restas vida.

—Tenemos que informar a la familia —dijo un valiente en un momento determinado.

Ruth y yo no lo dudamos. Salimos en busca de los padres mientras la rueda de reanimación seguía trabajando sin descanso, sin tregua, ya que, una vez que se empieza, únicamente se para ante dos situaciones: la vuelta a la vida o la llegada a la muerte; no hay más.

Mi compañera y yo mantuvimos el tipo como pudimos. Desde que nos sonó el busca a la vez, ya no nos separamos.

—La situación es complicada. Miguel está en parada cardiorrespiratoria. Parece que quiere reaccionar, pero a los pocos segundos o minutos su corazón vuelve a pararse. Estamos haciendo todo lo posible por sacarle adelante.

Eso fue todo lo que pudimos decir antes de consolar a una madre que se abrazó a Ruth en un llanto desconsolado y a un padre que me cogió de las dos manos y me apretó fuerte. Me apretó tan fuerte que aún lo recuerdo, aún me duele, aún lo siento. Y, con esas manos robustas aferradas a las mías, me miró fijamente y me dio las gracias. ¡Las gracias! Su hijo se moría y él, al decirle que estábamos haciendo todo lo humano para salvarle la vida a su hijo, me daba a mí las gracias.

Menuda lección de vida con la muerte mirándote de frente.

Nos dimos la vuelta. Mi brazo derecho descansaba sobre el hombro de Ruth y yo me tapaba la boca con la mano izquierda en un intento de contener el llanto. La miré, su mano también sellaba sus labios, sus ojos lloraban mi pena. Cogimos aire y volvimos a entrar. Nuestros compañeros necesitaban relevo.

Tras muchos minutos de masaje, muchos más de lo que ponen en los libros, de nuevo un valiente dijo lo que nadie se atrevía a pronunciar:

—Es momento de parar.

Esto es, sin ninguna duda, lo peor de mi profesión. «Es momento de parar.» ¿Cómo que es momento de parar? No quieres, pero sabes que debes. Lo has hecho todo, pero quieres hacer más. Te has hecho todas las preguntas, pero te faltan respuestas. Has tomado muchas decisiones, pero falta la más difícil, la más dura, la que se graba a fuego, la que no solamente cambiará la vida de una familia, sino también la tuya.

Miguel moría la noche del 29 de noviembre de 2007. Esa misma noche me dije: «No quiero ver morir a más niños». Y mi vida cambió.

Aquella noche no dormimos. Ruth y yo habíamos empezado el día juntas y lo terminaríamos juntas. Y no solo el día, sino ya el resto de nuestra vida porque seguimos trabajando juntas, puerta con puerta, porque sigue llorando mis penas y celebrando mis alegrías.

Era ya de madrugada cuando vimos aparecer a nuestro querido doctor Manolo Claver, jefe de Servicio de Neonatología, quien se convirtió en mucho más que un jefe. ¿Sabéis por qué? Porque Manolo vino única y exclusivamente para darnos un abrazo y mostrarnos su apoyo incondicional en una profesión que a ratos es terriblemente cruel e injusta. Jamás olvidaré ese gesto de Manolo, que en paz descanse... Porque estos gestos son los que diferencian a los buenos médicos de los extraordinarios, y él lo era. Mientras Ruth hablaba con el padre, yo entré en el lugar donde aún descansaba el cuerpo de Miguel y presencié una de las escenas más desgarradoras de mi vida. En el fondo de la sala, a lo lejos, en la penumbra, había una mamá sentada, con un sollozo tan tenue que casi no se oía. Me acerqué muy despacio. Tenía algo en sus manos. ¿Qué era? ¿Estaba haciendo lo que creía que estaba haciendo? Sí. No tuve valor de seguir adelante. Me apoyé en la columna y lloré amarga y silenciosamente. Era la madre de Miguel sacándose leche. Una leche que jamás alimentaría a su hijo, una leche llena de vida, una leche que necesitaba sacar, una leche con sabor a despedida.

## ¿Qué es la bronquiolitis?

Es una infección respiratoria en niños menores de veinticuatro meses producida por diferentes virus (virus respiratorio sincicial, rinovirus, adenovirus, metaneumovirus, influenza, parainfluenza y bocavirus, entre otros). En los adultos no deja de ser un resfriado común sin mayor repercusión, pero, en los niños pequeños, el virus no se aloja únicamente en la nariz y la garganta, sino que baja hasta los bronquios y provoca su inflamación y obstrucción, con el consiguiente cuadro de tos y dificultad respiratoria. Las paredes del bronquio se inflaman, se llenan de moco y no se consigue hacer un adecuado intercambio gaseoso, por lo que algunos niños precisan de oxígeno para recuperarse.

### ¿Por qué nos preocupan tanto estas infecciones?

Nos preocupan porque, cada año, un 10 % de los lactantes padecerá una bronquiolitis. Además, entre el 2 y el 5 % de los niños menores de doce meses precisará hospitalización. Afortunadamente, la mortalidad es baja, inferior al 1 %.

### ¿A quiénes afectan fundamentalmente?

Afecta a los niños menores de dos años, con un pico máximo entre los dos y los seis meses. Es especialmente peligroso en los menores de seis meses y en niños prematuros, con inmunodeficiencia, con enfermedad pulmonar crónica o con cardiopatía congénita. No hay que olvidar otros factores de riesgo, como son la asistencia a la guardería, tener hermanos mayores, ser del sexo masculino, el tabaquismo pasivo y la exposición al tabaco durante la gestación.

### ¿Se tratan con antibióticos?

No. Al tratarse de un virus, no se trata con antibióticos.

### Si un niño lleva varios días acatarrado, ¿cómo se sabe que está empezando con una bronquiolitis?

Esto es lo que más interesa a los padres, cómo saber cuándo su hijo está empezando a padecer una bronquiolitis tras llevar varios días acatarrado. Cuando veo a un lactante pequeño con un cuadro catarral en un invierno en el que la epidemia de las bronquiolitis está en pleno apogeo, siempre les digo que vigilen los signos de alarma:

- Si tiene respiración agitada. Si respira como un perrito, ¡ojo!
- Quítale la ropa y obsérvalo con el pecho descubierto. Si al respirar hunde las costillas y levanta el abdomen, esto es un claro signo de dificultad respiratoria. Los pulmones no son ca-

paces de hacer por ellos mismos el trabajo y se ayudan de toda la musculatura abdominal e intercostal para llenar y vaciar los pulmones.
- Si el niño está muy decaído, apático, pálido y sudoroso.
- Si rechaza las tomas, es decir, si come menos de la mitad de lo que solía comer.
- Si tiene accesos de tos continuos que le impiden el descanso o le provocan el vómito.

Atención especial merecen los lactantes menores de dos meses, sobre todo aquellos que no han cumplido el mes de vida. Estos niños empiezan con síntomas leves de catarro de vías altas (un poco de moco y algún estornudo) y, directamente, si el catarro evoluciona a una bronquiolitis, pueden comenzar a hacer apneas (pausas respiratorias) sin apenas toser. A estas edades es preciso ingresarlos para su monitorización y vigilancia estrecha.

### *Si un niño ha tenido una bronquiolitis, ¿significa eso que será asmático?*

Esta es una pregunta frecuente que me hacen los padres, y la respuesta es negativa. Sin embargo, en torno al 50 % de los niños que han tenido una bronquiolitis tendrán episodios de sibilancias (pitos) recurrentes en los meses o años posteriores. Digamos que, en la mitad de esos niños, en próximos catarros tendremos que estar atentos por si empiezan de nuevo con tos, sibilancias o dificultad respiratoria.

### *¿Puedo hacer algo para evitar que le baje al pecho y haga una bronquiolitis cuando el niño está acatarrado?*

Esta es otra pregunta estrella. Desgraciadamente, en este caso puede hacerse poca cosa más que lavados nasales si hay mucha congestión y asegurarse de que esté bien hidratado. Ojalá hubiese alguna medicación que evitara complicaciones. Por eso es tan importante conocer los signos de alarma para acudir al pediatra si se observa alguno de ellos.

## *¿Cuál es la medida más eficaz para prevenir la bronquiolitis?*

Si tienes un bebé menor de seis meses y algún miembro de la familia está acatarrado, estornudando o tosiendo, no lo acerques a él. Recuerda que, en los adultos, estos virus se comportan como un resfriado común, pero al lactante pueden jugarle una mala pasada. Y, por supuesto, evita el contacto con el humo del tabaco.

De todos modos, la medida más eficaz para la prevención es el lavado frecuente de las manos. Nuestras manos son la vía de transmisión de la inmensa mayoría de las infecciones. Hace mucho tiempo que desistí de tener unas manos bonitas. Lavarme las manos tras cada niño que veo me lo impide. Gajes del oficio.

# 12

# Desterrando mitos

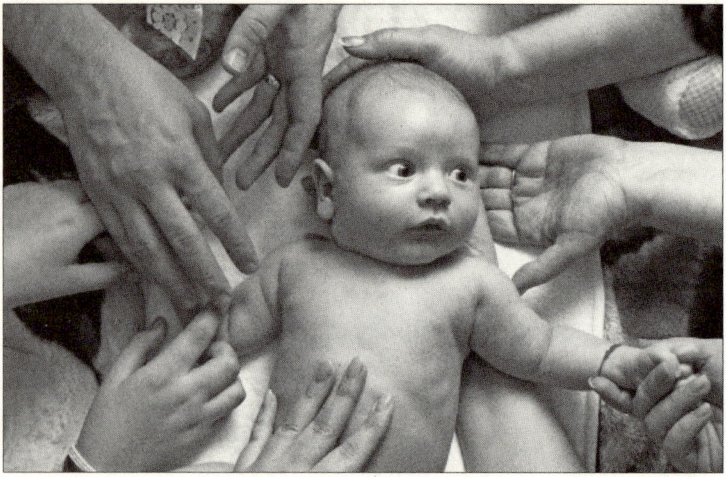

Si ya lo decía yo...

Existen muchos momentos divertidos en la consulta de una pediatra, como aquellos en los que vienen las familias con conocidas creencias populares que se han transmitido a lo largo de los años. Es curioso como en apenas cinco minutos desmonto toda una teoría que a nuestras abuelas les ha costado generaciones mantener viva.

Si la abuela está presente, tengo que reconocer que me cuesta varias visitas convencerla. Casi siempre me gano un «Estas cosas modernas que inventan ahora yo no las entiendo». Sin embargo, las madres y los padres son muy receptivos, y, si encima lo que les cuentas va en contra de lo que dice la suegra, ya me los gano para toda la vida.

En estos primeros meses de vida de nuestros bebés existen numerosos mitos que desterraremos en las próximas páginas, excluyendo la lactancia materna, de la que ya hemos hablado extensamente y respecto a la que nos ha quedado claro que no hay ni «leche mala» ni «leche aguada», y que lo de «tu leche no le alimenta» es falso.

¿Qué me dices de los dientes? Si es un niño de cinco meses que babea, «serán los dientes». Que está rabioso, «serán los dientes». Que hace las cacas líquidas, «serán los dientes». Que tiene el culete irritado, «serán los dientes». Que se despierta por la noche, «serán los dientes». Que se mete los puños en la boca, «serán los dientes». Que tiene fiebre, «serán los dientes»... ¡Qué cosas! Nunca una parte del cuerpo de un bebé había tenido tanto protagonismo.

Siempre hemos escuchado a nuestro alrededor que la erupción de los dientes es dolorosa. Sin embargo, no existe ningún estudio científico de rigor que avale esta creencia; es más, el sentido común y la experiencia demuestran que no es así; en todo caso, en ocasiones puede generar una molestia ligera y puntual.

Los partidarios de la teoría de que los dientes duelen mucho argumentan que a la edad a la que empiezan a salir los primeros dientes (en torno a los seis meses), los bebés no hablan y no nos lo pueden decir. Sin embargo, entre los quince y dieciocho meses, cuando tienen una otitis, claramente les escuchamos decir «pupa» mientras se llevan la mano a la oreja, y no así cuando a esa misma edad continúan saliendo piezas dentales, ¿verdad?

Quizá puedan tener un ligero malestar o en casos concretos dolor, pero, si se presenta, es puntual y leve. Es más, a los cinco o seis años, cuando se caen los dientes de «leche» y aparecen los permanentes, lo celebramos por todo lo alto, incluidos los niños. Tanto lo celebramos que viene el Ratoncito Pérez y hasta lo publicamos en Facebook o en Instagram con nuestro niño desdentado y con una sonrisa de oreja a oreja. ¡No me digas que no! Casi todos lo hemos hecho con el primer diente. Yo también, lo confieso.

En ese momento, ninguno de los niños dice tener dolor ni al caerse los dientes ni al salir los nuevos. Y eso que los permanentes son bastante más grandes y tienen que abrirse camino por la encía. Cierto es que puede existir alguna molestia, pero no lo suficientemente importante como para afirmar que es la causa del llanto o de la fiebre. Cuando esto sucede, hay que buscar otro motivo. ¡Los dientes no dan fiebre!

La única excepción es la muela del juicio, que aparece al final de la adolescencia o en la edad adulta y que, en ocasiones, resulta dolorosa. Debido a la falta de espacio, empuja a su predecesora y duele. Seguramente este ha sido el argumento para hacernos pensar que la dentición del lactante debería ser dolorosa.

Veamos algunas de las frases que dicen las mamás en mi consulta: **«Lucía, es que mira cómo se lleva la mano a la boca continuamente, está desesperado»**. Te suena esta frase, ¿verdad? En los primeros meses, los lactantes se llevan las manos a la boca y las chupan. Esto no significa que vaya a aparecer la dentición. A los cuatro meses se descubren los puños y es por ello que se los chupan, única y exclusivamente porque les resulta placentero. Lo mismo ocurrirá unos meses más tarde cuando se descubran los pies e intenten del mismo modo metérselos en la boca.

Otra frase habitual es: **«Le he comprado mordedores, pero no me parece que le funcionen»**. Desde mi punto de vista, esta costumbre de ofrecerles mordedores para aliviar el dolor y ayudar a que salga el diente no tiene mucho sentido. Cuando nos duele una parte del cuerpo, todos evitamos el contacto con esa zona, así que, si la encía está inflamada y duele, ¿qué explicación tiene que para calmar el dolor les demos algo de goma semidura para que lo pongan sobre la encía inflamada y presionen para morderla con fuerza? Si realmente doliese, ¿les calmaría el presionar la encía? Yo esto no lo tengo muy claro, francamente. Y son pocos los niños que veo en consulta a los que les funcionen los mordedores.

Vamos con otra pregunta habitual: **«Está con fiebre, ¿serán los dientes?»**. Dejemos claro que, en la época de la dentición, de los seis meses en adelante, es bastante frecuente que cojan algún tipo de infección, la mayor parte de las veces víricas. Uno de los primeros síntomas de las infecciones, como sabes, es la fiebre. Si tu hijo tiene temperaturas persistentemente superiores a 38 ºC, no debemos escudarnos en los dientes, hay que buscar otro origen.

**«Mira, mira cuánta baba. Eso es que le están saliendo los dientes.»** La saliva da mucho juego, sí, sin duda. El babeo es un proceso independiente de la dentición, sin ninguna relación pero con un desarrollo paralelo. La saliva aparece en el recién nacido como consecuencia de la actividad de la glándula sublingual, pero en poca cantidad. No es hasta el cuarto mes cuando empieza a funcionar la glándula parótida, situada a ambos lados de la cara, que al ser la de mayor tamaño produce gran cantidad de saliva. Saliva que se hace muy evidente en los niños a esta edad y que hasta entonces no fabricaban.

Además, a los cuatro meses, el reflejo de la deglución sigue bastante inmaduro y no se realiza de una manera eficaz, lo cual contribuye a que el exceso de saliva en la boca no se trague con frecuencia y algunos niños «babeen». Ocasionalmente, y en esta época, aparece precozmente algún diente; sin embargo, no es lo habitual y no guarda relación con la salivación. En ese caso, sintiéndolo mucho, tendrás que escuchar el típico comentario de la abuela: «Si ya lo decía yo que era la boca».

Por todo ello, deja que tu hijo se chupe los puños y los pies, y ponle un babero si babea mucho. Utiliza el chupete, los relaja. Ten un poco de paciencia en esas noches que atribuyes a los dientes, porque es muy probable que no sean sus dientes, sino cólicos, hambre, calor o simplemente ganas de que le cojas y le achuches. Si te preocupa mucho, consulta con tu pediatra.

Pero ahí no acaba el tema de los dientes; también sale con frecuencia el de los dientes y la comida. Según las creencias populares, cuando les van a salir, resulta que están muy molestos, y muchas madres dicen que comen menos. Pero es que cuando aún no tienen dientes, o tienen tan solo un par de ellos, y a los 7-8 meses animo a las madres a empezar a dar trocitos, muchas me dicen con cara de espanto:

—¿Ya? Pero ¡si no tiene dientes!

—No pasa nada —contesto con una amplia sonrisa—. Los bebés mastican con las encías. No hace falta que tengan dientes para comenzar con trocitos.

¿Y por qué empezar a los siete meses y no antes? ¿A los cuatro meses, por ejemplo? Pues por una razón muy sencilla. ¿Te has fijado alguna vez en que, si le ofrecemos un trocito o incluso una cucharada de una papilla espesa a un bebé de cuatro meses, este saca la lengua y lo tira todo? «Le he dado a probar un poco de papilla de frutas e inmediatamente ha sacado la lengua y lo ha tirado», me comentan las madres decepcionadas. No es que no le guste, como me dicen muchas, sino que es el reflejo de extrusión presente hasta los cuatro o cinco meses de vida. Ese es el motivo por el que todo bebé por debajo de esta edad, al notar algo más o menos sólido en su boca, lo expulsará con la lengua de forma automática. Puro instinto de supervivencia para no atragantarse. ¿Qué te parece? La naturaleza no dejará nunca de sorprenderme.

Los recién nacidos están preparados para deglutir líquido desde el mismo instante en el que nacen; sin embargo, el reflejo de extrusión les impide tragar o masticar alimentos más sólidos hasta los cinco meses o más. Al mismo tiempo que su cerebro va madurando y son capaces de sujetar la cabeza, comienzan a mantenerse erguidos sentados o son capaces de reírse a carcajadas (¡qué mágico momento!), al alcanzar entre los siete y nueve meses, ya están preparados para masticar. Los movimientos masticadores reflejos aparecen entre el séptimo y el noveno mes de vida, así que debemos ayudarlos en ese proceso ofreciéndoles trocitos blandos y observando cómo se manejan. Con dientes o sin ellos, ¡si les enseñamos, aprenderán!

Sin dientes, mastican con las encías y saborean con la lengua; en el caso de mis hijos, hasta ponían los ojos en blanco del gustito que les daba probar el jamón de york con un poco de pan y aceite. Así que pierde el miedo, no pretendas darle triturados hasta que sea capaz de pedirte un bocata en tres idiomas. Siéntate a su lado, ofrécele trocitos y obsérvale. Si se desenvuelve bien y encima disfruta, ¡adelante! Si, por el contrario, con siete u ocho meses lo ves un poquito perezoso, e incluso hace ademán de atragantarse, haz un paréntesis y el mes que viene lo vuelves a intentar.

Y, lo más importante, la crianza es un continuo ensayo-error. Si no te funciona un método, hay otros muchos por probar. No desesperes, no anheles el momento en que coma él solo, o duerma sin despertarse, o sea capaz de desenvolverse por sí mismo. Disfruta de cada etapa, de cada día, de cada instante. Los momentos malos desaparecerán y los olvidarás, y los buenos permanecerán en tu memoria para siempre, así que disfrútalos con intensidad, vívelos con los cinco sentidos.

Hablando de los cinco sentidos, hace un par de años, mi hijo mayor me preguntó:

—Mamá, ¿qué son los sentidos?

—Pues, verás, tenemos cinco sentidos: el sentido del gusto, el olfato, la vista, el tacto y el oído.

A juzgar por su cara, no parecía convencerle mi respuesta, así que le expliqué detenidamente cada uno de los sentidos con distintos y divertidos ejemplos. Tras escuchar atentamente mis explicaciones, me miró fijamente y me contestó con cierto tono de enfado:

—¡Pero, mamá! ¡Se te ha olvidado uno! El más importante. ¡El sentido del humor!

# MI HIJO CRECE Y CRECE

# 13

# ¿Conoces a tu hijo? ¿Tienes paciencia?

Los niños no tienen prisa, ni necesitan hacer muchas cosas a la vez; ni siquiera necesitan hacerlas bien.

Esas preguntas son casi un insulto para una madre. «Por supuesto —contestamos todas las madres—. ¿Cómo no voy a conocer a mi hijo si lo he parido? ¿Cómo no voy a tener paciencia?» Sin embargo, perdemos la paciencia habitualmente y nos damos cabezazos contra la pared mientras repetimos una y otra vez las tan conocidas frases: «¿Por qué no haces caso a la primera?». «¿Cuántas veces tengo que repetir las cosas?» «¡Date más prisa, que es para hoy!» «¿Por qué tienes que discutírmelo todo?» «¿No comprendes que mamá necesita descansar?» Seguro que te reconoces en alguna de ellas. Pues bien, antes de volver a perder la paciencia, recuerda lo que estás a punto de leer. Te confieso que yo misma me lo repito muchas veces al cabo de la semana.

Los niños no son adultos, no los trates como tal. Los niños son niños y por eso no hacen las cosas a la primera, por eso tenemos que repetirles las cosas varias veces, por eso también se resisten a llevar a cabo todo aquello que les cuesta un esfuerzo extra. **Y, como son niños, hacen cosas de niños.** Parece lógico, ¿no? Abrir cajones, jugar a todas horas, toquetearlo todo, pintar donde no deben, saltar encima de la cama… ¿Y por qué lo hacen? Porque les resulta divertido. Porque lo que para ti es una necesidad, como puede ser mantener la casa ordenada, para ellos no lo es. Es así de sencillo. Quizá deberíamos saltar sobre la cama con ellos de vez en cuando, sería una buena terapia para olvidar nuestros problemas.

**Los niños reclaman nuestra atención continuamente.** Si se la damos, fenomenal, todos contentos. Si no se la damos, harán todo lo posible para conseguirla, ya sea por las buenas o por las malas. Si se portan muy muy bien, los papás estarán muy contentos y mostrarán su alegría y aprobación con ellos, pero si mamá o papá están ocupados con el teléfono, con el ordenador o recogiendo la casa, una manera sencilla que tienen de llamar su atención es portándose mal, con lo que la respuesta será instantánea: «Mamá o papá dejará de hacer lo que esté haciendo y será todo mío», piensan muchos niños. Y así es. Créeme cuando digo que a los niños no les importa demasiado si estamos enfadados con tal de que estemos encima de ellos.

Es preferible pasar con ellos un tiempo de calidad, jugando o simplemente escuchando con atención todo aquello que quieren decirnos, que no pasar media tarde a su lado inmersos en nuestro mundo de mayores lleno de problemas y preocupaciones y sin conectar con ellos. Ellos no entienden esa forma de estar, ni la quieren entender. Es más, yo tampoco la entiendo. Cuando estoy frente a una persona, quiero que esté presente, presente de verdad. No conectado al teléfono, escribiendo en el ordenador o pendiente de la conversación de la mesa de al lado. ¿Qué te hace pensar que ellos se van a conformar con menos? ¿Que como son más pequeños sus necesidades son también más pequeñas? Es evidente que no.

Los niños no tienen prisa, ni necesitan hacer muchas cosas a la vez; ni siquiera necesitan hacerlas bien. En ellos, esa perfección no existe. Ellos hacen las cosas a su ritmo, que evidentemente no es el nuestro. Para ellos, hacer varias cosas al mismo tiempo es misión imposible; hacen una y de la forma en que ellos consideran que hay que hacerla, aunque para ti resulte un desastre. Es su manera, es la manera de un niño. Ahí entra nuestra responsabilidad como padres de ayudarlos en el proceso de recoger lo que se tira, ordenar los juguetes, no pintar en las paredes, etcétera. En definitiva, debemos educarlos y establecer unos límites firmes y proporcionados a su edad.

Nuestros hijos nos necesitan y sus necesidades son diferentes a las nuestras. Ellos no comprenden lo que ocurre en nuestro trabajo, ni saben interpretar nuestro cansancio, ni siquiera se imaginan los problemas por los que podamos estar pasando en esos momentos. Ellos necesitan a sus padres cerca y en exclusiva. Son niños, es normal. Necesitan sus momentos de juego con su papá, los mimos de mamá, las caricias, los besos, los abrazos. Necesitan meterse en nuestra cama y acurrucarse una mañana de domingo. Son niños, no lo olvides.

¿Y el gustito que da que se cuelen a primera hora de un fin de semana en tu cama y te abracen con sus manos aún tan pequeñas? Son placeres sencillos que no durarán para siempre. Yo aún recuerdo cuando tenía cinco años y me subía a la cama de mis padres. Ellos se hacían los dormidos en un intento de arañar unos minutos más de sueño a la mañana del sábado tras una larga semana de trabajo y madrugones. De vez en cuando pillaba a mi padre abriendo un ojo, y era entonces cuando gritaba: «¡Ahhhh, papi, estás despierto!». ¡Y empezaba la fiesta! Si yo lo hacía, ¿cómo voy a pretender que mis hijos no lo hagan conmigo? Así pues, deberíamos retroceder más veces en el tiempo; de ese modo, comprenderíamos mucho mejor a nuestros hijos.

Los niños no tienen un razonamiento elaborado y complejo como los adultos, sino que son impulsivos y se mueven por emociones. Aún no tienen desarrollada la corteza cerebral, que es la parte del cerebro encargada del juicio, el raciocinio y el autocontrol, por lo que en sus decisiones predomina el «cerebro inferior», término desarrollado ampliamente por Daniel J. Siegel y que corresponde al cerebro emocional e instintivo (una parte del cerebro llamada «amígdala»). Sin embargo, en los adultos predomina el «cerebro superior», la razón sobre los instintos. Nuestra corteza frontal nos ayuda a tomar decisiones; nos está diciendo casi continuamente cómo tenemos que comportarnos, qué decir y de qué manera; nos avisa de cuándo inhibirnos. Esta parte del cerebro es la encargada de la percepción personal, la empatía y la moralidad.

En los adultos, el cerebro inferior, el encargado de las emociones, predomina pocas veces sobre el cerebro superior, el encargado de la razón. Una de esas excepciones en que el cerebro inferior se hace con el mando es cuando nos enfadamos mucho y perdemos el control de lo que decimos. De ahí la frase: «Si me enfado mucho, digo cosas que en realidad no pienso», y así es. Esto es lo que Daniel Goleman, padre de la inteligencia emocional, denominó «secuestro emocional», cuando el cerebro inferior toma el control y… ¡sálvese quien pueda!

Pues así como en nosotros esas «bajadas» al cerebro inferior son ocasionales y puntuales, y la mayor parte del tiempo funcionamos con nuestro cerebro racional, nuestros hijos, sobre todo los más pequeños, viven en un secuestro emocional casi continuo, viven en su cerebro emocional. Sus emociones predominan sobre la razón:

—Cariño, está nevando, no puedes ponerte sandalias.

—Me da igual, me gustan y me las pongo.

Los niños son el aquí y el ahora. Deseo puro. Cerebro emocional en su máximo esplendor. Aunque tú, desde tu cerebro racional, intentes explicarle que es invierno y no puede ponerse las sandalias, él no lo entenderá. Todavía no porque su corteza prefrontal, ese cerebro racional, aún no está formado.

Claro ejemplo de estos «secuestros» son las famosas rabietas. Por mucho que intentes explicar a tu hijo tirado en el suelo del supermercado, gritando y pataleando, que esa no es la manera de conseguir lo que quiere, no conseguirás hacerle cambiar de opinión. Él seguirá preso de sus emociones y será incapaz de razonar con su cerebro superior lo que pretendes explicarle, y no será capaz porque todavía no lo tiene desarrollado. Así que no le exijas tanto, ya que ese cerebro superior se va construyendo a lo largo de toda la infancia, incluso en la adolescencia, cuando de nuevo nuestros hijos pasan por momentos difíciles y por abundantes secuestros emocionales. No es hasta los veinte años, incluso más, cuando esa parte del cerebro está completamente desarrollada y predominará sobre las demás. Por ello, no podemos pedirle a un niño de tres años que razone determinadas cosas, porque, simplemente, esa parte de su cerebro está aún en formación.

Y, por último, no son solamente nuestros hijos los que necesitan nuestro amor incondicional, nuestro tiempo y nuestra paciencia, sino que nosotros también los necesitamos. Nos ayudan a desarrollar nuestra empatía hacia los demás, a ser más tolerantes y comprensivos, a ser generosos y desinteresados. Nos enseñan a colorear nuestros días oscuros, a reírnos sin motivo, a volver a jugar al veo-veo. Nos recuerdan que las cosas importantes en la vida, las de verdad, son muy poquitas. En definitiva, nuestros hijos, con su inocencia, ingenuidad y entrega, nos ayudan a ser mejores personas y nos animan a luchar por un mundo mejor.

Y hablando de inocencia y de ingenuidad, de falta de inhibición y de vergüenza, hace unos meses, mientras exploraba a un niño que había venido con su padre a la consulta, se le escapó un «pedete» al sentarle sobre la camilla.

—¡Pero, chico! ¿Qué ha sido eso? ¡Un pedete! Hombre, aquí no es el lugar para tirártelos —le dije entre risas y bromas.

El niño se puso muy serio.

—Pues ¿qué pasa? —me dijo ni corto ni perezoso, mirando a su padre—. Mi padre se los tira todos los días en el sofá de casa y nadie le dice nada.

El padre no sabía dónde meterse. Yo, por más que lo intenté, no pude evitar soltar una sonora carcajada que hizo que el niño se riera aún más. El padre en cuestión deseó con todas sus fuerzas que se abriera una grieta en el suelo para que se lo tragara, pero no sucedió, así que tuve que reconducir la situación como buenamente pude. Hoy por hoy, cada vez que viene hago verdaderos esfuerzos por no recordar aquel momento, porque irremediablemente me entra la risa floja.

# 14

# Las primeras rabietas. Te sientes mal. ¿Y él cómo se siente?

Los niños son niños y hacen cosas de niños. No lo olvides.

Todos sabemos que las rabietas forman parte del desarrollo normal de un niño, pero… ¿todos sabemos qué hacer ante ellas? ¿Dónde están los límites? Si es que hay límites. «¿Hasta qué punto es algo normal?», me preguntan muchos. Las rabietas, sí, ya sé… No hay que hacer ni caso. Eso es lo que te han contado, ¿verdad? A mí también. Pero tras vivirlo por partida doble en mi propia piel, el «no hacerles ni caso» me resultó absolutamente insuficiente. No es que no haya contado hasta diez, es que he contado «hasta el infinito y más allá».

Suena el despertador, es lunes. En menos de cinco segundos ya estás en funcionamiento. A esas horas, Speedy González a mi lado es una tortuga con tres patas. Una ducha rápida, me visto, un poco de rímel, colorete… Me miro al espejo. ¿Estoy mona? Sí, estoy mona. Despierto a los niños, con un besito, eso sí; los ayudo a vestirse y bajamos a desayunar. En el momento en que me doy la vuelta para coger un vaso de agua y cuando todo parece ir sobre ruedas, ¡zaca! Sin darme cuenta y en décimas de segundo, todo se tuerce y el niño tiene una rabieta. Miro el reloj, hago un cálculo rápido y pienso: «No puedo llegar tarde hoy al trabajo». Mientras evalúo la situación, observo manotazos sobre la mesa, la taza de desayuno en el suelo, su camiseta hecha un asco, mi vestido blanco ilustrado de pronto con un bonito cuadro de Miró «al Cola Cao». ¡Qué horror! ¡Tenía que ser justo hoy! Pues sí. En el momento más inoportuno e inesperado, nuestros niños la lían.

¿Y por qué lo hacen? Aunque no es consuelo cuando los padres acuden a la consulta desesperados, es importante resaltar que se trata de una fase del desarrollo normal por la que pasan la mayoría de los niños entre los dos y cuatro años. A estas edades empiezan a definir ya su carácter (algo que es maravilloso), a tomar sus propias decisiones (lo que también es fantástico) y a tener sus preferencias; en definitiva, comienzan a ser personitas forjando su individualidad. Insisto, es muy positivo que esto se produzca. Mucho me preocupan los niños que alcanzan los cuatro años sin haber tenido una sola rabieta ni haber mostrado nunca su temperamento. Miedo me dan los comentarios de algunos padres que dicen: «Es buenísimo. No dice que no a nada. Todo le parece bien».

Por el contrario, cuando los padres se quejan de que su hijo es muy cabezota, de que les parece increíble el carácter que tiene con lo pequeño que es, les digo: «Eso es fantástico. Llegará lejos. Tiene su propia personalidad y, como aún no conoce bien el terreno, la quiere imponer a toda costa. Tiene seguridad en sí mismo y pelea por lo que quiere. Y, si ya lo hace con dos años, imagínatelo con veintidós». Inmediatamente, la expresión de los padres cambia. Nunca lo habían considerado desde ese punto de vista. Ahora bien, debemos estar atentos y reconducir las distintas situaciones en las que se vean inmersos, porque del niño temperamental y decidido al niño tirano no hay mucho recorrido. Por ello, debemos abrir los ojos e ir rectificando determinados comportamientos.

Existen dos tipos de rabietas que debemos diferenciar al minuto uno de saltar todas las alarmas: las primeras son las rabietas anunciadas, y las segundas, las inesperadas. En el primer caso, tu hijo anuncia que «la va a montar». El niño comienza a negociar contigo, a retarte, a amenazarte. Sí, sí, te amenaza, y lo hace con plena conciencia de lo que está haciendo.

—Si no me das el helado, tiro todo lo que está en la mesa —te dice mirándote descaradamente.

«¿Será posible que este "ratón" de tres años me esté desafiando?» Sí, es posible. Es evidente que te está echando un pulso. Aquí no hay negociación que valga; es más, te está pidiendo a gritos unos límites.

—Sé que te encantan los helados, cariño —le dirás con la mejor de tus sonrisas—, pero ahora vamos a comer. Si tiras todo lo que hay en la mesa al suelo, tendrás que recogerlo todo de nuevo y a lo mejor no nos da tiempo a comernos el helado porque a las cinco hemos quedado en el parque. Si, por el contrario, te sientas con el resto de la familia y te lo comes todo, tomaremos el helado de postre. ¿Te parece bien?

- En primer lugar, calma: no utilizamos el mismo tono que él ha utilizado, sino el contrario. Cuanto más grite él, tú más tranquilo estarás. Recuerda que nosotros somos los adultos, nosotros tenemos todos los recursos emocionales y culturales para manejar situaciones mucho más complejas que esta.
- Segundo, ponte en su lugar, empatiza: «Sé que te encantan los helados, a mí también».
- Tercero, marca un límite: «No tires el helado, ahora vamos a comer». Y para esto no hace falta gritar ni enfadarse, solamente poner un tono más serio, mirarle a los ojos y utilizar una frase corta que pueda comprender.
- Cuarto: le darás a elegir entre dos alternativas. Y se lo dirás en un tono amable y sereno. No tirar el helado de la mesa, comer con todos y disfrutar del helado posteriormente en compañía, o lanzar el helado por los aires y que su comportamiento tenga una consecuencia directa por lo que ha hecho (recoger lo que ha tirado). Le hemos puesto unos límites claros. «Cariño, si tiras el helado al suelo, tendrás que recoger-

lo todo, pero si ahora nos tranquilizamos y comemos todos juntitos, luego nos tomamos el superpostre que hemos traído. ¿Vale, cariño?»

- Quinto: elija lo que elija, lo llevaremos hasta el final. Si opta por no tirar el helado y sentarse a la mesa, le daremos un beso grande y le reconoceremos el esfuerzo tan grande que ha hecho y lo contentos que estamos todos. Pero si lo lanza al suelo, evidentemente tendrá que recogerlo todo (sin gritos ni dramas por tu parte; recuerda que tú eres el adulto) y, si no lo hace, no podrá tomar el helado, porque justo después de comer nos vamos al parque. Y si papá y mamá tienen que recoger todo lo ensuciado, ya no dará tiempo a tomar el helado porque, insisto, nos vamos al parque. Le hacemos responsable de sus actos. Y su consecuencia directa es no tomar el helado. Ahora bien, el resto de los planes no tienen por qué verse afectados. No tenemos por qué dejar de ir al parque o suspender una tarde de cine y afectar al resto de la familia. Vamos a ir al parque porque así lo habíamos decidido, pero, debido a la demora de limpiar, a lo que no dará tiempo es a comer el helado. La consecuencia debe estar íntimamente ligada al acto, mismo espacio y tiempo. Desordenas, ordenas. Ensucias, limpias. Insultas, pides perdón.

Toda acción tiene una consecuencia. Y esto es así con dos años, con 12, con 22 y con 60 años. ¿O no?

El segundo tipo de rabieta son las que nos pillan por sorpresa. Llega la hora de la cena. Los días que hay arroz blanco solía añadir salsa de tomate porque a mi hijo le encantaba. Pues como todos los días, ingenua de mí, me dispuse a añadirle la cucharada de salsa de tomate sobre el arroz y ¿cuál fue mi sorpresa?

—Noooooo —empieza a gritar como un energúmeno. Le da un manotazo al plato mientras yo, atónita, pienso: «Pero ¿qué pasa? Está poseído».

—¡Hoy no quería tomate! —grita.

«Vaya, hombre, justamente hoy no tenía la bola de cristal a mano para preguntarle. Y mira tú por dónde que me he equivocado y le he echado tomate», pienso.

Sí, son reacciones exageradas, desproporcionadas, a veces violentas. Esto mismo puede ocurrir (y te ocurrirá) en el supermercado, en la cola del cine, en mitad de la calle, en cualquier lugar. ¿Qué puedes hacer en este segundo caso? No intentes negociar, no le amenaces con castigarle, no entres en su juego, ni le grites, ni pierdas tú también los papeles. En esos minutos, el niño no es capaz de nada más que de gritar. Recuerda los dos cerebros, el superior (razón) y el inferior (emoción) descritos por Daniel J. Siegel. En esos momentos, tu hijo tiene un secuestro emocional; su cerebro inferior está al mando y no hay razonamiento posible.

- Si hay peligro de que se haga daño, retira todo lo que le pueda dañar, bájale de la silla si está sentado y asegúrate de que no le puede pasar nada.
- Mantén la calma. Intenta tranquilizarle, agáchate a su altura y acariciale. Los niños responden rápidamente al contacto físico con sus padres. Las caricias, los abrazos y los besos tienen un gran impacto en nuestros niños. (¡Y en los adultos! ¿A quién no le gusta que le besen, le acaricien y le abracen?) Notarás cómo conecta contigo inmediatamente. En el momento en que esté un poco más tranquilo puedes decirle:

  —Cariño, no sabía que hoy no querías tomate; tranquilo. La próxima vez me dices: «Mamá, no quiero tomate», y arreglado. Ahora entre los dos vamos a recoger.
- Si sigue con la misma histeria, incluso te pega o te muerde al acercarte a él, tranquilízate, cuenta hasta diez y déjale un ratito solo, a unos pasos de ti. No has de encerrarle en ningún sitio ni sentarle en la silla de pensar, simplemente has de darle un poco de espacio. El espacio que necesita para salir de su secuestro emocional. A los pocos minutos vendrá a buscarte. Su llanto cambiará de intensidad, empezará a sollozar. Parece que está saliendo de su secuestro y siente la necesidad de solucionar este conflicto. Si viene a buscarte reclamando una caricia, no se la niegues, todo lo contrario, es fantástico que quiera reconducir la situación. No seas rencoroso, recuerda que está aprendiendo. Cógelo en bracitos y recíbele con todo tu amor. Aprovecha la situación para explicarle lo que ha he-

cho mal y para buscar la solución. Si habla aceptablemente, puedes incluso preguntarle qué ha pasado. Hay ocasiones en las que nos sorprenden sus respuestas.

- Intenta no dar nada por hecho, no juzgues. Pregúntale y escucha con atención. Una vez que te haya explicado qué ha ocurrido, pregúntale qué podéis hacer para solucionarlo. Mírale a los ojos y sonríe. Le harás pensar y, mientras piensa, usará su razón (cerebro superior) y, de este modo, sus emociones bajarán de intensidad (cerebro inferior). ¡Bien! Habrás conseguido que el cerebro superior de nuevo recupere el mando.

¿Y qué hay del azote? Está fuera de lugar. «Lo que se merece es un cachete bien dado»; rotundamente no. Evítalo siempre. Después de pegar a nuestro hijo, acabamos con cualquier otro recurso de educación, negociación y aprendizaje. ¿Qué hay después de eso? Nada. Y, además, de nada sirve. Lo único que conseguiremos es que o bien genere miedo (nefasto para un niño), o bien que él por imitación nos pegue o abuse de la fuerza con otros niños y en otras circunstancias («Como mi mamá me pega, yo pego»).

## ¿Qué podemos hacer para evitar las rabietas?

A continuación, te doy algunos consejos. En primer lugar, no lo vivas como algo dramático y agotador en la crianza de tus hijos, aunque reconozco que hay temporadas que lo es. Entiéndelo como una oportunidad para seguir educándole. **Cada conflicto es una oportunidad de aprendizaje,** recuérdalo. Quizá dándole un azote y encerrándole en la habitación acabes antes, pero eso no significa que sea mejor ni para ti ni para su desarrollo.

Háblale con tranquilidad, escúchale. Anímale a que exprese sus deseos. Dale la capacidad de elegir, desde muy pequeño («¿Qué camiseta prefieres hoy, la azul o la blanca?»). Pregúntale si lo que le das le gusta o no, ofrécele alternativas.

Hay cosas que son innegociables: las tijeras cortan, los enchufes queman…, y ahí has de ser tajante. Pero no llenes su vida de excesivos límites y normas estrictas. Ahí va una confidencia: hay una situación relativamente frecuente en la consulta que me pone muy nerviosa. Se trata de los padres que entran, se sientan con su hijo en brazos y, en cuanto el niño intenta coger los lápices de colores que tengo encima de la mesa, su padre o su madre le agarra las manos y le dice con un tono un tanto autoritario:

—¡No toques eso!

Si en ese momento no les digo nada, el niño, que como todos los niños del mundo lo que quiere es jugar, irá a por los cochecitos que también están sobre mi mesa. Antes de que los haya tocado siquiera, sus padres ya le habrán censurado nuevamente:

—Que te he dicho que no toques nada.

—No te preocupes —intervengo en ese momento—. Están para eso. Coge los lápices, Pablete, y píntame un sol.

Al ratito, a Pablete se le caerá el lápiz al suelo, y con un poco de mala suerte se le caerá también la libreta. Es un niño, recuerda.

—Pero, Pablo, ¿cómo tiras eso al suelo? —le reprimirán duramente sus padres—. Ya te dije que no tocaras nada.

—No pasa nada —intervengo de nuevo—. No tiene ninguna importancia. No te enfades con él. Se le ha caído, es normal. Es un niño. Mira, ponle en el suelo a jugar con el avión y así hablamos tranquilamente.

Algunos padres pensarán: «¿En el suelo? A ver si va a ir a un enchufe, o va a abrir algún cajón…, ¡a saber lo que se le ocurre! ¡Es que este niño no inventa nada bueno!».

Moraleja: pocas normas, pero claras. No pintes sus días con un «no». Elige tus batallas. Insisto, los niños son niños y hacen cosas de niños. No lo olvides. No le digas que no a todo. Deja que explore y ofrécele alternativas adaptadas a su edad. Ponte en su lugar y no le exijas que se comporte como un adulto. ¡Es un niño!

Por último, sé flexible. Los niños, como tú y como yo, tienen días mejores y días peores; también tienen horas malas. No pretendas que, tras haberte acompañado al supermercado o a la oficina, tras haber aguantado la cola de la pescadería y la conversación con los amigos que te has ido encontrando por el barrio, llegue a casa, cene como un hombrecito y se vaya él solo a dormir con una sonrisa de oreja a oreja. Sé comprensivo y…, si se avecina tormenta, respira, respira profundo, que serás madre, serás padre, toda la vida.

# 15

# Establecer límites: la asignatura pendiente

Confío en ti. Sé que puedes, y por eso te exijo y te enseño.
Reconozco tu esfuerzo y, por ello, te felicito.

Mientras escribía este libro, organicé unas jornadas de psicopediatría con mi buen amigo el psicólogo infantil Juanjo Saval, y este empezó la conferencia de los límites con una imagen, que en mi caso resultó reveladora. «Mirad esta fotografía y decidme qué camino preferís tomar», dijo Juanjo.

En la pantalla podían verse dos imágenes: una bonita pradera verde, inmensa e infinita. Y otra imagen con esa misma pradera igual de maravillosa, pero surcada por un camino de tierra que te guiaba los pasos hacia el horizonte. No hizo falta que ninguno de los asistentes contestara. Lo teníamos claro.

Con los niños ocurre lo mismo.

## *¿Por qué los niños necesitan límites?*

Necesitan límites porque les da confianza, seguridad y autocontrol saber qué camino tomar. Porque caminar por un campo sin señalización ni trazado alguno resulta desconcertante. Porque en ese caso habrá momentos en los que estén perdidos, en los que den vueltas sobre sí mismos y no sepan hacia dónde dirigirse. Porque los límites los ayudan a forjar su personalidad y fortalecer su autoestima.

Porque necesitan que sean los adultos los que les marquen el camino. Pero adultos serenos y tranquilos, con autocontrol. Que quiten las ramas si es necesario, que enciendan una luz si la noche les impide ver por donde pisan y les ofrezcan abrigo si hace frío.

Porque aprender a desenvolverse por la vida les dará seguridad en sí mismos, y porque, si nosotros no establecemos los límites, lo harán ellos en función de las necesidades de cada momento, corriendo el riesgo de convertirse en tiranos y autoritarios. Porque si no lo haces, si le sobreproteges y le permites actuar sin límites, lo único que conseguirás es un niño dependiente, inseguro, con baja tolerancia a la frustración, egoísta e irresponsable.

## *¿Por qué siendo tan importante para ellos nos cuesta tanto?*

Porque no sabemos cómo hacerlo. Porque no nos sentimos capaces. Porque tenemos miedo a defraudar a nuestros hijos, a adoptar el papel del «malo de la película». Por miedo a su reacción exagerada, a la rabieta, al conflicto, a que «la líe» una vez más. Porque a veces es más fácil mirar para otro lado y seguir como si nada. Porque posteriormente quizá te sientas culpable e inseguro.

Ahora hazte la siguiente pregunta: ¿Qué ocurre si tu hijo llora varios minutos seguidos? ¿Crees que le ocurrirá algo? ¿Y crees que es bueno para su desarrollo futuro conseguir todo aquello que se le antoje llorando? Sin duda tomarás un buen atajo si se lo das en cuanto abre la boca, pero, sinceramente, ¿crees que es positivo para él?

## *¿Cómo se ponen los límites?*

Los límites han de ser firmes, cálidos y adaptados a su edad.

**No se trata de juzgar al niño, sino su comportamiento, su conducta.** Imagina que entras en la habitación y están todos los juguetes tirados por el suelo. Sin preguntar, sin parar a tomar aire siquiera, dices gritando: «¡Eres un auténtico desastre!». Acabas de juzgar a tu hijo y no al desorden. Debes desaprobar la conducta, no al niño. Darle la oportunidad de explicarse. Preguntarle con curiosidad. No gritar. Si le gritas, te contestará gritando o llorando. ¡Contrólate! «La habitación está desordenada», que es muy distinto. Los niños no son unos lentos, unos torpes o unos desastres. Basta ya de etiquetas, por favor. Que mucho nos quejamos de las etiquetas que ponen a nuestros hijos en el colegio y a veces somos nosotros los primeros que, sin darnos cuenta, etiquetamos a nuestros hijos de por vida.

**Expresa lo que sientes.** Los niños empatizan rápidamente con nuestras emociones. «Jo, Ramón, ver la habitación así de desordenada me pone triste.»

**Pregúntale con curiosidad.** No grites.

—¿Qué ha pasado, Ramón, cariño? —le preguntarás pausadamente.

—Nada... —te responderá, agachando la cabeza y mirando a su alrededor.

—Parece que la habitación está muy desordenada —le dirás, observando lo que ves, pero no juzgando a su persona.

Aquí van unos consejos para poner límites:

- Dile lo que sientes, exprésale tus emociones: «La verdad es que no me gusta ver tu cuarto así. Me entristece ver que has pintado en la pared con un rotulador. Eso cuesta mucho limpiarlo».
- Nunca jamás le humilles, ni le ridiculices, ni le compares con frases del estilo: «Tu hermano nunca haría esto. Nunca aprenderás. Eres muy malo, eres torpe, mamá no te querrá si no lo recoges». Por nada del mundo le amenaces con tu cariño. El amor no se negocia. Se da. Siempre.
- Ofrécele alternativas: «¿Qué se te ocurre que podamos hacer?». Mantén el silencio. Deja que piense un poco. Es capaz

de hacerlo. Solo has de darle la oportunidad. Si tu tono es cordial y amistoso, querrá solucionar lo que ha hecho. Solo has de ayudarle. Hazle pensar.

- Sé positivo. En lugar de sentenciar con un «Cuando salgas, no quiero volver a ver la habitación hecha un basurero», le dirás: «¿Qué te parece si guardas todos los juguetes y me ayudas a limpiar la pared para que quede de nuevo blanca y bonita?». Cualquier actividad que hagas con tu hijo, aunque sea limpiar la pared, le resultará divertida. Aprenderá, además, a solucionar lo que ha hecho y se sentirá útil. Le estarás educando.
- Enséñale a esperar. Imagina que estás volviendo del colegio y te faltan unos escasos siete minutos para llegar a casa cuando tu hijo te dice:

  —Tengo sed. Quiero agua.
  —Vale, cariño. Ahora, cuando lleguemos a casa, bebes.
  —No, tengo sed, tengo sed, tengo sed.

  No tienes que entrar en el primer bar que veas o en el supermercado de la esquina a comprarle un botellín de agua. No pasa nada porque espere unos minutos a llegar a casa. No va a deshidratarse ni le va a dar un golpe de calor. No estáis escalando el Everest. No. Así que le repetirás: «Ya sé que tienes sed, lo he oído la primera vez. Pero aquí no tengo agua. Así que lo que podemos hacer es caminar un poco más deprisa para llegar antes a casa». Y ya está. Es sencillo. No hace falta que dejes de hacer lo que estás haciendo para atender inmediatamente las necesidades triviales de tu hijo. Enséñale a esperar. Díselo de una forma amorosa y comprensiva. ¿Qué es lo que pretendemos? ¿Tener hijos tiranos, maleducados, impacientes, arrogantes y groseros? ¿O educar a niños que sepan desenvolverse en la vida real y no en la vida-burbuja que estamos creando?

## *¿Qué ocurre cuando poner límites no funciona?*

Habitación hecha un estercolero. Se niega a recoger. Le ofreces tu ayuda, pero no funciona. Le preguntas qué ha pasado y no contesta.

Te desafía tirando incluso más juguetes delante de tus narices. Te está retando y lo sabes. Sí. Estás a punto de perder el control de la situación. Te amenaza con tirar al suelo una caja más grande que él mismo, llena de cientos de miles de diminutas piezas de lego. En ese momento no hay largas negociaciones. El límite debe estar claro. El mensaje debe ser corto y conciso. Nada de utilizar un «Mira, cariño mío, no tires la caja porque eso no está bien y luego a mamá y a papá les va a costar mucho recogerlo porque son muchas piezas y bla, bla, bla…». Tu hijo habrá desconectado tras la cuarta palabra, te lo aseguro. En lugar de sermonearlo, le mirarás a los ojos y le dirás un rotundo y contundente: «No tires la caja». Punto. No hay más que decir. No te excedas en tus explicaciones porque perderás la fuerza de la orden.

Si tira la caja, habrá una consecuencia en ese preciso momento y en ese mismo lugar. La consecuencia, además, tendrá que ver con la acción. De nada sirve: «Te quedas sin cenar». «No jugarás con tu juguete favorito en dos días.» «No saldrás al parque.» «No verás la tele esta tarde.» La consecuencia ha de ser en ese mismo instante y, además, ha de ser vinculante, es decir: «Ahora lo vas a recoger todo y no saldrás de la habitación hasta que no lo recojas». Y lo dirás tranquilo pero serio. Intentarás no alterarte. No gritarás. ¿Qué habrás conseguido con esto? **Cambiar tu necesidad por su necesidad.**

Me explico: recoger la habitación es tu necesidad. Tú necesitas ver la habitación limpia. A tu hijo realmente eso le da igual, no necesita que esté ordenada. Sin embargo, si le dices que, hasta que no recoja la habitación, no saldrá de ella, entonces harás que sea su necesidad. Porque él quiere salir y hará lo que haga falta para conseguirlo. Y la necesidad es lo que hace que se mueva. Pero ha de ser suya. Recuérdalo.

Si hay una consecuencia, ha de ser vinculante, en el mismo lugar y en ese mismo momento. Una vez que esté tranquilo y haya recogido, entonces sí puedes sentarte con él y, en función de su edad, explicarle qué ha ocurrido, qué ha hecho mal y qué ha hecho bien. Ahora sí puedes extenderte. Y, por supuesto, le darás la enhorabuena por haberlo resuelto.

Todo se resume en: confío en ti. Sé que puedes y, por eso, te exijo y te enseño. Reconozco tu esfuerzo y, por ello, te felicito.

# 16

# ¿Le apuntamos a la guardería?

Los tres primeros años de su vida serán los únicos en que no tenga que madrugar. ¡Deja que disfrute!

—Nos estamos planteando llevar al niño a la escuela infantil. En casa se aburre. ¿Tú qué opinas? —me preguntan muchos padres en la consulta.

«Ay, si el niño hablara...», pienso con media sonrisa.

Piensa en esto: si pudiéramos preguntarle a Miguelito lo siguiente, ¿qué crees que contestaría?

—Dime, Miguelito, ¿qué prefieres, levantarte cada día a la hora que te plazca o madrugar todos los días para salir de casa llueva o granice? ¿Qué prefieres, que la abuelita te dé la comida sentado en tu trona como un señor o esperar el turno junto con otros doce niños a que te traigan el puré? ¿Qué te gustaría más, dormir la siesta en tu cunita tranquilo o acostarte en una habitación con otros diez niños?

Es un tema controvertido, cierto, pero no por ello no vamos a hablar de él. Antes de que sigas leyendo este capítulo, quiero dejar muy claro que las guarderías y las escuelas infantiles realizan una maravillosa función cuidando de nuestros hijos cuando nosotros no podemos hacerlo. Es una alternativa respetable, segura y de calidad. Son profesionales en la materia y saben cómo hacerlo. Y, por supuesto, elegir esta opción jamás de los jamases te convierte en una peor madre o un peor padre.

Es evidente que el mundo laboral en el que estamos inmersos las mujeres y los hombres es cada vez más fiero. A los cuatro meses, una se tiene que incorporar a su puesto de trabajo. Con las pocas facilidades que tenemos para conciliar nuestra vida familiar, no nos queda más remedio que poner a nuestros hijos en manos de otras personas. Pero mi pregunta es: ¿cuál es la mejor opción? Esta pregunta, que la inmensa mayoría de los padres se han hecho, yo también me la planteé en su día, y me la hice porque yo también soy madre. Porque yo también tengo las mismas dudas, temores e inseguridades que tienen los padres. Mi profesión me ha ayudado mucho en la crianza de mis hijos, qué duda cabe; pero el sentimiento de responsabilidad como madre es universal, te dediques a lo que te dediques. El desear lo mejor para tus hijos e intentar ofrecer lo mejor de ti es un anhelo común a todos nosotros. Pues bien, en esta búsqueda de si apuntamos al niño a la guardería o no, hay tantas opiniones como colores.

¿Qué opinan los pediatras? Los pediatras son contundentes en sus recomendaciones y no aconsejan escolarizar a los niños antes de los dos años.

—Me da pena que esté en casa, que no juegue con niños —me dicen muchos padres.

—Los niños hasta los dos años, incluso más, no tienen ningún interés por socializar —les respondo yo siempre—. Nos encontramos en los años más importantes de su desarrollo emocional. Estos años son vitales para asentar unas buenas bases afectivas. Durante estos meses de vida, lo único que necesita el niño es ver todos los días a sus padres. Necesita sus rutinas, su casa, sus horarios, sus besos y abrazos, en definitiva, necesita sentirse parte de un «minimundo» maravilloso que cubra todas sus necesidades. No tiene ninguna necesidad de saber qué hay ahí fuera.

¿Que tú necesitas que el niño esté con otros niños porque te gustaría que jugase e hiciese talleres de MasterChef? Esa es tu necesidad, pero probablemente no la del niño. A este no le interesan los otros niños, ni siquiera los otros adultos que no sean sus familiares más cercanos. ¿Sabes qué pasa si ponemos a un niño de doce meses en una habitación con otros diez niños de esa edad? Que cada uno irá a su aire; es más, lo más probable es que sientan angustia al perder de vista a su madre o a su padre y se pasen parte del tiempo mirando a la puerta a ver en qué momento reaparecen.

Así que, aunque no sea lo que quieren oír algunos padres, les digo dulcemente:

—No sufras porque esté en casa. Alégrate de que tengas a alguien de confianza que lo pueda cuidar a él solito en exclusiva. O siéntete afortunada de ser tú misma la que puedas llevarle al parque para disfrutar de él y del entorno.

**«Sé que se pondrá malito más a menudo, pero así, cuando empiece el cole, ya estará inmunizado.» ¿Verdad que te suena?**

Los niños que van a la escuela infantil tienen una media de entre ocho y diez procesos febriles al año. Teniendo en cuenta que las infecciones acontecen fundamentalmente en los meses fríos de invierno, eso supone que cada dos o tres semanas estarán enfermos. Además, estos niños tienen el doble, e incluso el triple, de posibilidades de enfermar que un niño que no va a la guardería. Hablamos de otitis medias, resfriados, conjuntivitis, gastroenteritis, bronquitis y neumonías. Evidentemente, tomarán más antibióticos y de forma más temprana que el resto.

No hay estudios contrastados que defiendan la teoría de que posteriormente se inmunizarán. Se han descrito más de doscientos virus como causantes de infecciones respiratorias; sería imposible inmunizarse frente a todos ellos. Yo me pregunto: ¿qué es preferible, que Óscar a sus cuatro años no pueda ir un día al cole por estar enfermo con fiebre y sin querer comer ni beber, o que esté así de malito pero con diez meses?

Además, la inmunidad infantil no está del todo desarrollada hasta los dos o tres años de edad, por lo que los niños se defienden mal ante las infecciones. El ejemplo más claro lo tenemos en la bronquiolitis. El virus causante de esta infección, en un alto porcentaje de casos, es el virus respiratorio sincicial. En un niño mayor, incluso en un adulto, el virus se alojará en la nariz y la garganta y producirá un vulgar y corriente resfriado común. Este mismo virus en un lactante de seis meses lo puede llevar directo a una habitación de hospital, al haber alcanzado sus bronquios y no ser capaz de eliminarlo por sí mismo. En el caso más extremo, como puede ser un neonato de veinticinco días de vida con su hermano de cinco años que ha venido del colegio estornudando, le puede jugar una muy mala pasada y suponerle un ingreso en una UCI Neonatal. Un mismo virus, muy diversas enfermedades.

**«En la guardería se espabilan rápidamente.»** Esa es otra frase estrella que me encanta rebatir. Se trata de puro instinto de supervivencia.

«En la guardería le quitaron el pañal, le enseñaron a coger los cubiertos y a comer de forma ordenada, aprendió los colores y los números, y hasta hacen talleres de cocina.» Cuando escucho todo esto, sonrío y pienso: «Si no va a la guardería, ¿no aprende a comer con cubiertos? ¿También es imposible quitarle el pañal sin que haga pipí por todas las esquinas de la casa durante meses? ¡Dios mío! ¿Tampoco aprenderá nunca los colores ni los números? Y, lo que es más importante, ¿qué será del niño sin haber hecho uno de esos talleres de MasterChef?». Es evidente que todos los niños sanos aprenden este tipo de cosas; solo tenemos que enseñarles.

No hay estudios científicos que demuestren que los niños que han acudido a la guardería tienen más habilidades sociales o éxito profesional en el futuro. Al año de estar todos en el colegio, apenas se encuentran diferencias significativas entre los que han ido y los que no.

Las guarderías y las escuelas infantiles son una excelente solución a un problema muy concreto: «No tengo con quién dejar a mi hijo cuando me incorpore al trabajo». Efectivamente, si no tenemos quien se encargue de nuestros hijos, ¿quién mejor que una serie de profesionales expertos en la materia? Ahí estamos de acuerdo. En ese momento buscaremos la mejor de las opciones, visitaremos las guarderías o escuelas infantiles, preguntaremos cuántos niños hay por cuidador, valoraremos las instalaciones en su conjunto (jardines, áreas de recreo y de descanso) e intentaremos que el niño esté las menos horas posibles.

También en casos concretos, con niños con dificultades en sus habilidades sociales, en su lenguaje o con sospecha de trastorno del espectro autista, habitualmente recomendamos la escolarización temprana, porque consideramos que los beneficios en su neurodesarrollo serán muy beneficiosos.

No obstante, si hablamos de un niño o una niña sin ninguna dificultad y tenemos la posibilidad de que se críe de forma natural, sin exposición a infecciones, sin horarios tan estrictos, con la comida casera y los paseos matutinos al parque de la mano de un familiar o de alguien de confianza, mejor. Ya tendrá tiempo de madrugar y asumir responsabilidades cuando empiece el colegio.

He de confesar que mi experiencia personal fue muy positiva; ninguno de mis hijos fue a la guardería porque ya entonces pensaba igual que pienso ahora. Tuve la suerte de contar con alguien de confianza que cuidara de mis hijos mientras yo trabajaba. Fue duro separarme de ellos cuando tenían solo cuatro meses, pero las actuales exigencias laborales no nos ofrecen demasiadas alternativas. Cuando cumplieron los tres años, entraron en el colegio sin problemas, felices y contentos, asumiendo su nueva situación («Ya soy mayor») y con ansia de explorar el mundo escolar que los rodeaba. Mucho me temo que esa «ansia» por explorar el colegio ya ha desaparecido, y, tras varios años de madrugones y deberes, lo que desean de verdad es recuperar la libertad que les dan las vacaciones. *C'est la vie!*

# 17

# Los dos años, la edad de las despedidas: ¡adiós, pañales!, ¡adiós, chupete!

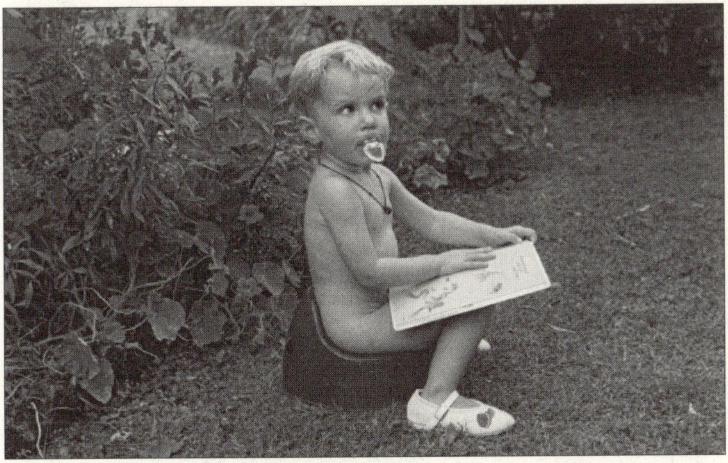

Aprendiendo a escuchar las señales del cuerpo.

Tu hijo acaba de cumplir dos años y son muchos los cambios que se avecinan. ¿Es el momento de retirar el pañal? Pues en la mayoría de los niños sí, pero en otros muchos no. Quitar los pañales no solo depende de la edad, sino también de su grado de desarrollo psicomotor. La mayoría de los niños suelen conseguirlo alrededor de los dos años, pero hay niños que tardan más, lo cual no significa que tengan algún problema. Otros han cumplido los dos años, pero sus padres prefieren esperar a que no haga tanto frío (por eso de que se pasan el día cambiando mudas) o a que en la guardería les echen una mano (gran ayuda para muchos padres). Por lo tanto, tranquilidad: entre los dos años y los dos años y medio nos pondremos manos a la obra.

Tenemos que enseñar a nuestro hijo a que reconozca las distintas partes de su cuerpo y lo que ocurre con ellas. Por eso hay que familiarizarle con los términos «pipí», «caca», «váter» y «orinal». Le ayudaremos a tener conciencia de sus necesidades, a identificar si tiene ganas de ir al baño. Cuando veamos señales claras, debemos preguntarle: «¿Te estás haciendo pipí?», «¿quieres hacer caca?». Es importante también enseñarle la diferencia entre estar limpio y seco, o sucio y mojado, y, por supuesto, nunca reñirle si se ha hecho pipí o caca encima sin avisar.

Los niños viven según sus propias experiencias. Por mucha teoría que les intentemos dar, si no han vivido esa experiencia, difícilmente la van a asimilar. Si se queman el dedo con una cafetera, no intentarán tocar la cafetera de nuevo, al menos no lo harán en una buena temporada. Con el pipí ocurre algo similar: para saber qué es «hacerse pipí», antes deben hacerse pipí encima, sin pañal, sentir la humedad y ver el charco en el suelo. Igual de importante es que vean la reacción de mamá, que, como poco, pondrá una cara de entre sorpresa y resignación. En ese momento serán conscientes de lo que ocurre si no avisan. Con el paso de los días (la mayoría de las veces, muy pocos días), ellos ya son capaces de «escuchar» las señales de su cuerpo: «Tengo ganas de hacer pipí. Si no aviso, me hago pipí encima y me mojo el pantalón. Y mamá pondrá esa cara rara de que ha pasado algo». Todo esto es un proceso, así que, paciencia.

¿Cómo podemos ayudar al niño? En primer lugar, yendo con tu hijo a comprar un orinal, y que lo elija él. Se lo presentaremos como algo estupendo y «de niños grandes». Dejaremos que se vaya familiarizando con él, que se siente, aunque sea vestido, que vea que no pasa nada. Sin embargo, en mi experiencia, hay niños que no quieren saber nada del orinal, así que no insistas; los hay que prefieren empezar directamente en el váter. En estos casos puedes comprar un adaptador.

Mis hijos salían corriendo solo de ver el orinal. Encima, se me ocurrió la brillante idea de comprar uno con forma de coche que emitía el sonido de una sirena de policía. El primer día que mi hijo lo vio, se acercó a él con cierta curiosidad, se bajó los pantalones, pero al levantar la tapa empezó a sonar una sirena, y hasta yo salí corriendo. ¡Qué escándalo! ¡Qué estampa! Mi hijo con el culo al aire corriendo por toda la casa y yo detrás de él. ¿Cómo pretenden que hagan pipí con semejante estruendo? Luego se me ocurrió que se sentara directamente en el váter, pero me di cuenta de que obtendría un rotundo fracaso al ver su reacción al levantar la tapa del váter. Carlitos se asomó, me miró y, señalando el fondo, dijo con una rotundidad pasmosa: «¡Uy, uy, uy, esto tiene un peligro!».

Aprovecha las ocasiones en que uno de los miembros de la familia, como mamá, papá o los hermanos, va al baño para que el niño os vea; para que él mismo compruebe que es algo normal y natural, y que «no pasa nada». Enséñale a utilizar la cisterna y que él mismo compruebe cómo el agua se lo lleva todo. Despídete de la caca: «¡Adiós, caca, adiós!». Sí, ya sé que suena un poco ridículo, pero ¡esto es lo que hay! Aunque te resulte extraño, los niños de esa edad son muy reacios a desprenderse de su caca; les gusta hacerla en el pañal, es parte de ellos, es «su caca». Entre la opción A, «Me hago caca encima, viene mi mamá y me limpia el culito mientras me cuenta algo divertido», y la opción B, «Me siento en esa cosa rara y dejo caer mi caca por ese agujero», la elección está clara, ¿no crees?

Intenta que el niño se siente en el orinal sin pañales. No le metas prisa. ¿Alguno de nosotros podría hacer caca con otra persona enfrente diciéndole: «Venga, hombre, acaba ya»? ¿Verdad que no? Pues ellos tampoco. No esperes resultados inmediatos, pero, si sucede, muestra alegría y satisfacción: «¡Qué bien que has hecho una caca graaande! ¡Qué contenta estoy, hijo!». Otra vez suena un poco ridículo, pero es que ha de ser así.

Debemos enseñar a nuestros hijos a «escuchar» las señales de su cuerpo. Para llamar la atención del niño, pregúntale durante el día: «¿Tienes ganas de hacer caca?». Si vemos que tiene ganas, le llevaremos al baño, le ayudaremos a quitarse la ropa y esperaremos un rato allí sentados. Lo haremos sin forzar y durante el tiempo que el niño considere. Alabaremos el éxito, pero nunca debemos criticar si no lo ha conseguido: «Bueno, tranquilo, esta vez no ha salido. ¡La próxima vez seguro que lo conseguiremos!».

Es muy importante reforzar los pequeños logros que vayamos obteniendo: «Ya eres un niño grande». «Lo haces tan bien como mamá.» «¡Lo has hecho tú solito!» Es muy estimulante para ellos ver las pegatinas que podemos poner sobre un mural en el baño cada vez que lo consiga. Será «el mural de las cacas».

Siéntale siempre a las mismas horas en el orinal, preferiblemente después de las comidas, y no más de diez minutos si no desea continuar. Llévale al baño con frecuencia, sobre todo al principio.

Compra libros con dibujos sobre la retirada del pañal. Les encanta sentirse protagonistas de su propio cuento.

Cuando tenga un «accidente», pon cara de desaprobación, pero no de enfado. No montes ningún drama; no habrá gritos, ni castigos, ni reprimendas. Debes hacerle entender dónde se hace el pipí o la caca: «¿Dónde se hace el pipí, cariño?». «Avisa a mamá o a papá cuando tengas ganas, que ellos siempre te acompañarán.» Además, el niño debe colaborar para quitarse la ropa mojada y sucia, y ayudarnos a enjuagarla. Es importante hacerle responsable de sus actos, pero todo con un tono cariñoso, comprensivo y agradable. Lo más importante en todo este proceso es tener paciencia, celebrar todos y cada uno de los pequeños avances, y nunca reñirlos, castigarlos o avergonzarlos por los pequeños accidentes que, sin duda, tendrán. Porque, como les dije recientemente a mis hijos volviendo del cole, mientras mi hijo mayor lloraba desconsoladamente:

—Cariño, en esta vida, todo tiene solución.

—Noooooooo —saltó su hermana pequeña mientras él se secaba las lágrimas—. Mamá, todo no tiene solución.

Enseguida pensé que me sacaría el tema de la muerte o la enfermedad, que últimamente le inquietaba bastante, pero no; como siempre, me dejó clavada en el asiento con su respuesta.

—No todo tiene solución. Porque, por ejemplo, cuando haces caca y tiras de la cadena, ¿qué? ¿Eh? ¡No tiene solución!

Imaginas mi cara, ¿verdad?

—Efectivamente, amor, eso no tiene solución —le contesté con el mismo dramatismo y pena con el que me contó su reflexión.

**¿Y qué ocurre con el chupete?** Pues que a los dos años ya no deben usarlo. Ha llegado el momento de despedirse de él. A casi todos los padres los pilla por sorpresa la noticia. «¿Ya? Pero si es muy pequeñito aún», me dicen muchos. Parece que todos estamos mentalizados para retirar el pañal cuando cumplen los dos años, incluso algún atrevido empieza antes, pero a la hora de abandonar el chupete, nos cuesta mucho más. Quizá porque es el último vestigio de un bebé y, una vez abandonado, ya no volverá a ser el mismo. Ya será un niño mayor. Así que lo primero que tenemos que preguntarnos es: «¿Quién está más enganchado al chupete, el niño o los papás que se lo ponemos ante cualquier amago de llanto, rabieta, sueño o malestar?».

No cabe ninguna duda de que el chupete tiene grandes beneficios: es una excelente herramienta de consuelo y alivio durante el primer año de vida. Asimismo, el uso del chupete disminuye el tan temible síndrome de muerte súbita del lactante, debido a la succión continua durante la noche. Sin embargo, no se puede utilizar para siempre, y en ningún caso hay que prolongarlo más allá de los dos años.

Y bien, ¿qué podemos hacer? Propongo un par de ideas. De nuevo hay que recalcar que los niños se mueven por experiencias. De nada sirve que le expliquemos a nuestro hijo que una vez retirado el chupete no lo va a volver a ver más porque ni siquiera él sabrá la avalancha de emociones y sentimientos que tendrá cuando compruebe por él mismo que no se lo das: rabia, enfado, frustración. Es mejor y mucho más efectivo mostrarle de forma muy visual que, una vez que le digamos adiós al chupete, este no volverá.

Inicialmente, ve preparándole. Retira las tetinas de los biberones y comienza a utilizar una pajita, les divierte mucho. Sí, ya sé que «enchufarles» el biberón por la mañana es comodísimo porque en quince segundos se ha bebido trescientos mililitros de leche sin despeinarse. Vamos, que ni se despeina él ni nosotros, que estamos acelerados porque llegamos tarde al trabajo. Pero inténtalo, al menos alguna mañana.

Habla con él y dile que ya es mayor, que los niños mayores no usan chupete, ni duermen en cuna. Los niños mayores duermen en cama y «hacen cosas de mayores».

Dibuja con él un calendario bonito y señala una fecha con un círculo rojo; dentro de una semana, por ejemplo. Cuando paséis por delante del calendario, recuérdale que ese día dejará de usar chupete. Una vez que llegue el día señalado, te propongo dos planes.

El plan A es que vayas a comprar una caja bonita con tu hijo y hagas que introduzca todos sus chupetes dentro. No te quedes con ninguno, así no tendrás tentaciones. Una vez que los hayáis guardado, id a casa de una vecina, una amiga o un primo que tenga un bebé pequeñito. Entre los dos le regalaréis la caja llena de chupetes al bebé. Celebradlo como un gran acontecimiento: «¡Qué bien que Carlitos ya es mayor y le ha dado todos sus chupetes a Pepito! ¡Muy bien, cariño!». En ese momento, estará encantado de haber sido el protagonista y de haberse llevado todos los halagos. Pero luego vendrá la noche y pedirá el chupete, no te quepa la menor duda. En ese momento debes recordarle la cajita de sus chupetes, cómo se los entregó a Pepito, qué contentos estuvimos todos y lo mayor que es él. Recordar lo sucedido le ayudará a entender lo que está pasando, le ayudará a asumirlo. Eso no quita que quizá llore y tenga una de sus rabietas. Ya sabes cómo manejarlas; tranquila, respira profundo y no claudiques. Pase lo que pase, no le des el chupete. Mantén la calma. No le grites, no te enfades. Ponte en su lugar. Sustituye el chupete por algún otro ritual nocturno: un cuento inventado por mamá, un peluche, una canción (con baile si hace falta). Serán dos o tres días malos; si siempre mantienes la misma actitud, lo conseguiréis.

El plan B es mi favorito. El día señalado en el calendario iréis a comprar un globo de helio, ya sabes, de los que se escapan volando si soltamos la cuerda. Id a la playa, a la montaña, al parque, o salid al jardín de casa. Ata todos los chupetes a la cuerdecita y, cuando estéis todos juntos, haz una cuenta atrás: diez, nueve, ocho, siete... Pon tanto entusiasmo como si estuviese despegando el Apolo 11 y, por supuesto, en cuanto se vaya alejando el globo, grita: «¡Adiós, adiós, adiós!». De nuevo, cuando se le pase la emoción y pida su chupete, recuérdale la escena, la fiesta que hicisteis, y que ya no podrán volver los chupetes del cielo. Recréate en los pequeños detalles, en cómo volaban, en lo alto que subieron, en el color de los globos, etcétera. ¡Has echado a volar sus chupetes, ahora echa a volar su imaginación!

# 18

# Mi hijo no come

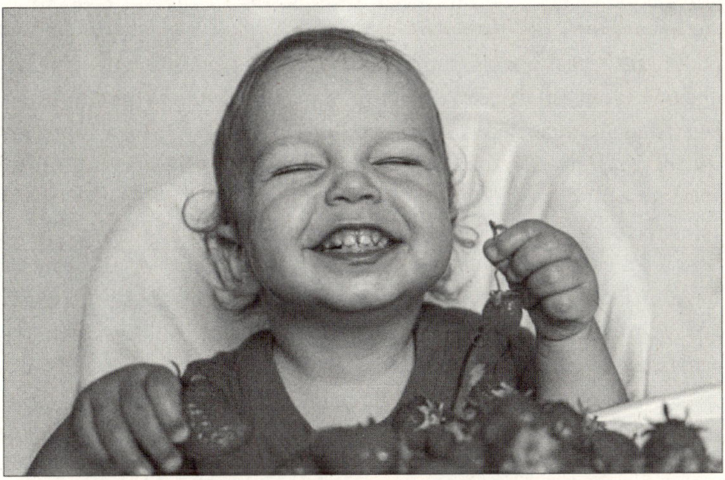

Tu hijo solo necesita una cosa para comer: hambre.

«Estoy desesperada, mi hijo no come nada. Ya no sé qué hacer. Pierdo los nervios todos los días al ver los platos enteros de comida que tiro a la basura.» Este es uno de los motivos de consulta más frecuentes. «El que duerme bien come mal, y el que come mal duerme bien», dicen algunos padres. Los más desafortunados tienen niños que ni comen ni duermen. Los comprendo. Llega un momento en que la crianza se hace tan cuesta arriba que no es que no veas la salida, es que ni siquiera ves el camino por donde debes caminar.

Este es un tema muy amplio y, en ocasiones, complicado. Voy a partir de la base de que hablamos en todo momento de niños sanos que, aunque delgaditos, no tienen ningún problema de salud; incluso sus pediatras ya les han dicho a los padres que es un niño menudito, que sigue su curva, aunque siempre está por debajo de la media. Y, efectivamente, la inmensa mayoría de las veces nos encontramos ante niños delgados pero fuertes y sanos. Son niños que nunca han estado en percentiles altos de peso, pero que tampoco se han desviado de su curva de forma alarmante. Tal vez estén en un percentil diez o quince. ¿Es el caso de tu hijo? Pues bien, no es que estos niños no coman nada, sino que no comen todo lo que a los padres les gustaría que comiesen.

¿Qué necesitan los padres? Los padres necesitan que su hijo coma. Lo necesitan porque, si no, se preocupan, pierden los estribos cada noche, piensan que va a enfermar, que no va a crecer, que quizá tenga alguna enfermedad. ¿Y el niño qué necesita? Vamos más allá, ¿qué necesita el niño para comer? ¿Necesita ver la tele? ¿Necesita jugar con sus coches mientras está en la mesa? ¿Necesita un castigo para que abra la boca? ¿Necesita ver a su madre llegar al límite, incluso traspasarlo muchas veces, ante su negativa? No, es mucho más sencillo. Para comer, el niño solo necesita tener una cosa: hambre.

Aquí van unos consejos:

- Primer punto: si tu hijo es «mal comedor» y quieres que coma aceptablemente a la hora de la cena, no le des una merienda abundante que consista en zumos envasados, bollería o galletas. Un zumo envasado a las siete de la tarde es más que suficiente para que no pruebe bocado a la hora de la cena. Dale una merienda ligera, como una pieza de fruta a trocitos o medio bocadillo de jamón, por ejemplo. Los zumos envasados multiplican por dos el riesgo de caries y elevan el riesgo de padecer obesidad y diabetes *mellitus* en la edad adulta. La única fruta que llevan los zumos envasados está en la foto de la etiqueta. Has de dar ejemplo: «Si mis papás comen sano, yo como sano». Estoy cansada de ver en la consulta a padres que se quejan de que sus hijos no comen nada y, mientras me lo están contando, su hijo se está chupando los dedos de los restos de chocolate de las galletas que tomaba mientras esperaba. Lo mejor para que tu hijo coma sano es que solo haya alimentos saludables en casa. Si estamos enseñándole a comer fruta y verdura y tenemos la despensa llena de aperitivos salados, chuches, refrescos y comida precocinada, estamos mandando un mensaje contradictorio a nuestro hijo.

- Segundo punto: si se niega a merendar, no pelees; no habrá comida hasta la cena. Recuerda: ¿qué necesita tu hijo para cenar? Hambre. Respeta su apetito.
- Tercer punto: cuando vas a un restaurante, te gusta que te presenten las cosas de una forma bonita y apetecible, ¿verdad? Entonces, prepara los platos atractivos porque los niños también comen por los ojos. No le des de comer a tu hijo lo que tú no te comerías.
- Cuarto punto: si tuvieses que probar algo por primera vez, ¿qué preferirías, una montaña hasta arriba de ese alimento nuevo, o una muestra pequeña, una *delicatessen*? Raciones pequeñas, en plato de postre. No le pongas una pirámide de acelgas en un plato más grande que su cuerpo. Eso desanima a cualquiera.
- Quinto punto: no le obligues a comer. Convertir la hora de la comida o de la cena en una auténtica lucha de poder con malas caras, gritos e incluso lágrimas no conduce a nada bueno. Es más, provoca aversión por la comida. En cuanto se acerque la hora de la comida, tu hijo cerrará la boca y se negará a abrirla. Habrá generado un rechazo absoluto con tan solo ver el mantel y los cubiertos. ¿Qué ocurría cuando el profesor gruñón del colegio, el que más gritaba y castigaba, entraba por la puerta? ¿Lo recuerdas? Yo sí. Antes de que pronunciase la primera palabra yo ya estaba temblando. Eso se llama «ansiedad anticipatoria». Si tenemos un problema con la comida, no le hables continuamente de comida, ni mucho menos le amenaces con ella en otros escenarios. Si a ti no te gustan las arañas, ¿te agradaría que te estuvieran hablando todo el día de arañas?
- Sexto punto: a los niños les gusta negociar, aunque a los adultos nos ponga nerviosos. Entra en su juego, es más, convierte el momento de la comida o de la cena en un rato divertido, relajado y cordial. Nuestro éxito no es que se coma el plato entero de merluza, nuestro éxito es que pruebe; que cada día pruebe cosas diferentes. ¡No tires la toalla!

¿Sabías que para que nuestro cuerpo acepte un sabor como bueno y seguro ha de probarlo al menos 10-15 veces? Es decir, la primera vez que probamos un alimento con un sabor muy extraño que se aleja de lo que estábamos acostumbrados, de forma instintiva nuestro cerebro lo rechaza. ¿Por qué? Por puro instinto de supervivencia, por si acaso esa sustancia es tóxica. Sin embargo, si ese sabor entra en contacto con nosotros 10-15 veces en momentos diferentes, nuestro cerebro interpreta que es un alimento seguro y lo aceptamos. Es por eso que a ninguno de nosotros nos gusta la cerveza cuando la probamos por primera vez o el café, o las anchoas cuando somos niños, y a medida que vamos probando y probando, la mayoría de las veces nos termina gustando. Pues en los niños en ocasiones no esperamos las veces necesarias y eliminamos ese alimento de su dieta sin haberles dado la oportunidad de probarlo al menos 15 veces. El paladar se educa, no lo olvides.

Recuerda que nuestro éxito es que pruebe, y que pruebe mientras estamos relajados y tranquilos; no a la fuerza.

El ejemplo educa, nosotros estaremos comiendo lo mismo que él mientras alabamos lo rica que está la comida. Si decide probar el alimento nuevo, ¡estupendo! De eso se trata. ¡Ya hemos ganado! Haremos muchas fiestas; que se sienta reconocido. Y no te preocupes tanto por la cantidad; es mucho más importante que pruebe. Y, por supuesto, que pruebe alimentos de calidad. Recuerda: **tú decides la calidad, y él, la cantidad.**

¿Y si solo quiere leche y leche y más leche? En ocasiones nos encontramos con niños que llevan lo que llamamos una «**dieta blanca**», es decir, se alimentan a base de leche, yogures y queso, desplazando al resto de los alimentos y provocando verdaderas anemias por pobres aportes de hierro. En estos niños mayores de un año, lamentándolo mucho, que empiecen a comer de una forma equilibrada y saludable pasa por retirar los lácteos. Si un niño de dos o tres años se toma cuatro biberones de 250 ml de leche, no necesita mucho más para sobrevivir, pero ¿está bien alimentado? La respuesta es no. Comienza a quitarle biberones y verás cómo se estimula el apetito y empieza a comer.

Si a la cena se niega en rotundo porque exige su leche y le das la leche, nunca hará el esfuerzo por cenar. Prueba a no darle leche, aunque te cueste unas rabietas durante unos días. De verdad que merece la pena.

«¿No quieres comer? Bueno, tranquilo, mañana volveremos a intentarlo. Hale, cariño, vámonos a dormir.» Y le acariciarás e incluso le besarás la frente. Tu hijo alucinará en colores. «Han cambiado a mi mamá», pensará. Le acostarás sin cenar y no le pasará nada. Es más, se levantará con un hambre voraz y aprovecharemos para darle un buen desayuno con su plato de fruta variada, cortada a trocitos, con una tostada de pan integral, por ejemplo, con un poquito de aceite de oliva virgen extra y un poco de leche.

Creedme, a ningún niño con comida a su alcance le pasa nada por no cenar unas cuantas noches. Cuando tenga hambre, comerá. Es lo único que necesita, tener hambre, estar tranquilo, no percibir tensión en casa, que le ofrezcamos distintos alimentos, con distintas formas y texturas y, por supuesto, lo que necesitan nuestros hijos es que confiemos en ellos.

Te aseguro que, si te mantienes firme, no claudicas, no pierdes la paciencia ni descargas tu frustración o enfado sobre él, lo conseguirás. ¿Lo intentamos?

# 19

# Mamá, no me grites

Si no hago lo que me pides a gritos, ¿qué vas a hacer, mamá? ¿Gritarás aún más fuerte?

Eran las cuatro de la tarde y Alicia llegaba a casa después de una extenuante jornada de trabajo. No había comido. Lo único que llevaba en el cuerpo era el café de las siete de la mañana. Después de varios años debería estar acostumbrada a las malas caras de su jefe y a la falta de educación de su compañero de oficina, pero parece que a esas cosas una no termina de acostumbrarse. El día había sido horrible; bueno, más bien la mañana. Aún quedaba toda la tarde por delante.

Alicia abrió la puerta mientras leía los doce mensajes que le habían llegado al móvil en los últimos minutos antes de entrar en el garaje. Cuando estaba a punto de enterrar el teléfono en el bolso, harta de tantos problemas comprimidos en tan pocos caracteres, unos juguetes de Sofía se cruzaron en su camino, por lo que tropezó torpemente y aterrizó en el suelo con fatal desenlace: se acababa de torcer el tobillo.

—¡Lo que faltaba! ¡Pero qué hacen estos juguetes aquí tirados! ¿Es que nadie ve este desorden? ¿A nadie le molesta? ¿No os dais cuenta de que, si ninguno de vosotros recogéis lo que hay en el suelo, soy yo la que lo tiene que recoger? —gritó a la nada, sin saber aún quién la podría estar escuchando.

—¡Mami, ya estás aquí! —Sofía apareció tímidamente con su hermano Jorge, dispuestos a darle un abrazo de bienvenida.

—Sí, ya estoy aquí —añadió Alicia con el ceño fruncido mientras se quitaba violentamente la gabardina—. Y vosotros sin vestir aún. Pero ¿esto qué significa? —Su tono de voz era cada vez más alto—. ¿Son las cuatro de la tarde y aún estáis en pijama? ¿Qué habéis hecho toda la mañana? Vale que hoy no tengáis colegio, pero, hombre, esto no. Mirad a vuestro alrededor, esto parece el basurero municipal. ¿Y esas galletas tiradas en el sofá? ¿Y los rotuladores sin tapón sobre la alfombra? ¡Llego agotada de trabajar, sin comer, y ahora tengo que ponerme a limpiar, cocinar y recoger vuestro desorden! ¿Por qué me hacéis esto? ¿No os dais cuenta de que mamá está cansada? ¿Nadie piensa en mí?

Sofía y Jorge no entendían lo que estaba sucediendo. Miraban a su madre con los ojos llenos de lágrimas. Solo escuchaban gritos y más gritos. Veían a mamá mover mucho los brazos y llevarse las manos a la cabeza y de nuevo gritos...

Fue en ese momento cuando Sofía, abatida, aturdida y confundida, se sentó en el suelo y se tapó los oídos con sus pequeñas manos.

«Mamá, no me grites. Mamá, no me grites más. No me gusta. Siento miedo cuando lo haces. Cuando me gritas, dejo de oír lo que me dices, me vuelvo sorda y solo veo tu cara de ira. No funciona.

»Mamá, si me gritas con frecuencia, pronto dejaré de escuchar los gritos. Pronto dejarán de asustarme.

»Si no hago lo que me pides a gritos, ¿qué vas a hacer, mamá? ¿Gritarás aún más fuerte?

»Mamá, acabas con mi autoestima si me gritas, haces que me sienta culpable. ¿Será que todo lo hago mal? No te veo contenta. Se me olvida el buen rato que acabamos de pasar juntas si terminamos el día gritando. Es nefasto para mí. Cuando des el portazo y salgas de mi habitación, jugaré con mis muñecas y, si no me obedecen, les gritaré también.

»Mamá, a pesar de tus gritos, te quiero mucho, lo sabes, ¿no? Eres la mejor madre del mundo. Y como dicen que este amor es incondicional, seguiré siempre a tu lado. Y como dicen también que somos lo que vosotros los padres sois, cuando tenga hijos, también les gritaré, porque es lo que tú me has enseñado.

»Mamá, los gritos hacen que pierda el control, como lo pierdes tú. Dime una cosa, mamá, si tu jefe te pidiera las cosas a gritos, o simplemente te levantase la voz solo o en compañía, ¿cómo te sentirías? Piénsalo por un instante. Te lo diré: te sentirías muy mal, la rabia y la frustración te invadirían, tendrías ganas de gritarle también o incluso de pegarle, aunque no lo harías porque él es superior a ti. Quizá lo pagues con el resto de tus compañeros o con tus amigos. Harías lo que él te ha pedido que hagas, pero de mala manera, sin optimismo, sin ilusión ninguna. Y encima creerías que, si te grita a ti, es porque no eres lo suficientemente buena y tu autoestima se estrellaría, ¿verdad? Pues todo eso y mucho más es lo que yo siento si me gritas. Mucho más porque tú eres mi mamá, y madre no hay más que una. Eso dicen, ¿no?»

«Hija, voy a intentar dejar de gritar. Voy a hacer un esfuerzo porque comprendo todo lo que me estás diciendo y tienes razón. Me tienes que ayudar, ¿vale? Vamos a hacer un pacto. Asumiré que aún eres una niña y que a los niños les repetimos las cosas muchas veces. Sí, así es. Sois niños y forma parte de vuestra propia naturaleza. No conozco una sola pareja que les diga las cosas a la primera a sus hijos y la hagan sin rechistar. Lo comprendo. Voy a utilizar todos los recursos que están a mi alcance (y no al tuyo, porque tú eres una niña) para controlarme. Si ves que me estoy enfadando y desaparezco unos minutos, déjame. Necesito ese ratito para parar, respirar profundo y contar hasta diez.»

Una pediatra amiga mía, que además tiene un blog, me decía que ella, cuando sus hijos la llevaban al límite, se encerraba en el baño cinco minutos, ponía música bien alta y, cuando se tranquilizaba, salía renovada. Sus hijos la miraban atónitos. Al principio ellos, un chico y una chica, aporreaban la puerta para que mamá saliera. Ahora ya saben que si mamá pone la música a tope y se encierra en el baño, es que se han portado fatal y es momento de parar. Voy a hacer lo mismo.

«Mis recursos son muchos y no puedo limitarme a los tuyos, que son pocos o inexistentes. Y, además, ¿sabes, hija?, cada vez que consigamos terminar una discusión sin gritar, tú aprenderás conmigo. Descubriremos juntas que hay otras maneras. Te pediré perdón si he traspasado el límite. Tú también lo harás.»

Mi amiga pediatra me contaba también que ella, cuando estaban de nuevo al borde del precipicio, se arrodillaba a su altura y les decía: «¿Empezamos de cero?». Ellos casi siempre respondían con un abrazo o con una sonrisa; a veces incluso lloraban emocionados. Sois niños y necesitáis que nosotros os demos ese puente, esa vía, esa mano para salir del ciclón en el que en ocasiones os metéis y nos arrastráis. Ahora mi amiga dice que son sus hijos los que, de vez en cuando, si ella está muy enfadada, le dicen: «¿Mami, empezamos de cero?», y mi amiga sonríe, no lo puede evitar. Los quiere tanto.

«Tienes razón con lo de mi jefe. ¡Qué bien sienta que te llame tu jefe y te diga lo bien que has hecho el trabajo y lo orgulloso que se siente! Aunque eso, hija, ya lo aprenderás, pasa muy poquitas veces. Yo no soy jefa, soy tu madre, que es mucho mejor, y por eso aplaudiré todos tus logros, potenciaré tus puntos fuertes, verás lo contentísima que estoy cuando haces las cosas bien. Eso te animará a seguir haciéndolas porque las dos estaremos felices.

»Escucharé todo lo que tengas que decirme, te dejaré hablar e intentaré ponerme en tu lugar. Eso se llama "empatía".

»Si he tenido un mal día en el trabajo, hago el firme propósito de dejar los problemas en el maletero del coche. ¡Y lo voy a hacer! Y me lo repetiré todos los días antes de entrar en casa. Como me repetiré una y otra vez que debo dar ejemplo porque tú serás, y ya eres, lo que yo soy.

»Así que, hija, ¿qué me dices? ¿Empezamos de cero?»

# 20

# Llegan los catarros, la fiebre, la diarrea y los mocos verdes. Desterrando mitos

Pero ¿cómo no va a estar todo el día enfermo si siempre va descalzo por casa?

Se han identificado cerca de doscientos virus como causa de los catarros de nuestros hijos, siendo el más frecuente el rinovirus. En nuestro sistema respiratorio siempre hay moco, el cual representa la primera línea defensiva del organismo para «atrapar» los gérmenes que vienen del exterior. En ocasiones, si la infección progresa, empezaremos a fabricar un exceso de moco que comenzará a ser evidente. «Siempre va con las velas colgando», dicen muchas madres ante los continuos «chorretones» de moco.

Si la inflamación tiene lugar en la nariz, será una «rinitis». Si la inflamación se produce en la garganta y, además, tiene dolor, estaremos ante una «faringitis». Si los virus inflaman principalmente la laringe y el niño presenta afonía o tos perruna, hablaremos de una «laringitis». Y si la infección progresa y desciende a los bronquios, hablaremos de «bronquitis»: «Doctora, creo que los mocos le han bajado al pecho». En las bronquitis, el niño tendrá tos, no solo por la mucosidad que se encuentra dentro de los bronquios, sino porque estos se cierran (broncoespasmo) y el niño no puede respirar con normalidad: «Le oigo pitos». En este último caso hablaríamos de una «infección respiratoria de vías bajas».

Muchas madres dicen: **«Estoy preocupada porque cada mes está enfermo»**, y así es. Entre septiembre y junio, un niño en edad escolar padece una media de cinco a seis catarros de vías altas. En los más pequeños, la cifra se eleva hasta los siete u ocho episodios. Durante estos procesos presentan fundamentalmente mocos, tos, estornudos, a veces dolor de garganta y fiebre. La fiebre no suele durar más de tres días. Los mocos los tienen durante una semana, y la tos a veces se prolonga hasta dos semanas. Esta es la evolución natural de un catarro sin complicaciones.

Con el paso del tiempo tendrán menos catarros. Por un lado, se van inmunizando y su sistema inmunitario va madurando. Recuerda que, durante los tres primeros años de vida, el sistema inmunitario es muy inmaduro y los niños se defienden mal ante cualquier infección. Y, por otro lado, los niños mayores no establecen un contacto tan íntimo como los pequeños, que comparten juguetes, botellas de agua y hasta mordiscos.

**«Estaba mejor del catarro, pero ha salido al recreo sin el abrigo y se ha vuelto a resfriar»**, me dicen muchas madres. Los niños no enferman por salir a jugar desabrigados. Los niños enferman en el aula junto a los veinte compañeros, de los cuales la mitad están acatarrados. Es verdad que en los meses fríos hay más virus respiratorios y más posibilidades de contagiarse, pero eso no significa que enfermen «por una corriente de aire» o «por salir a jugar sin la chaqueta». Los virus se transmiten por el contacto directo a través de las microgotitas de saliva al hablar, por los estornudos, por nuestras propias manos, por los besos, e incluso por los juguetes. De ahí la importancia de un lavado de manos frecuente.

**«¿Cómo no va a estar enfermo todo el día si siempre va descalzo por casa?»**, es otra frase habitual. A ver si nos queda clara una cosa: los virus no entran por los pies. Uno no se resfría por ir descalzo. Los virus no atraviesan nuestra huella plantar, suben por la pierna, esquivan a los intestinos y se meten directamente en los pulmones. No. Los virus, una vez más, se contagian por el contacto directo de persona a persona.

**«Pero ¿no hay nada para quitarle estos mocos?»**, me dicen. Sintiéndolo mucho, no. Los catarros, como ya he comentado, son infecciones víricas, por lo que los antibióticos no tienen nada que hacer. Son absolutamente inefectivos. «Pero, si se cura el cáncer, ¿cómo no se van a curar los mocos?», me dijo en una ocasión una madre. Y no le falta razón. La medicina actual tiene muchos tratamientos efectivos para las infecciones bacterianas, para las infecciones por hongos e incluso para las infecciones por parásitos, pero para los virus, desgraciadamente, no tantos.

Los tan utilizados mucolíticos, antitusígenos, anticongestivos, anticatarrales y antihistamínicos no han demostrado su eficacia en los catarros en los menores de seis años. No existe evidencia científica que avale su uso, por lo que no debemos utilizarlos. Lo que sí ha demostrado su utilidad y alivia los síntomas es el paracetamol, el ibuprofeno y los lavados nasales con suero fisiológico, con aspiración de secreciones si es preciso (sobre todo en los lactantes antes de las tomas, ya que comerán más tranquilos y despejados). Me consta que a muchas madres les «sabe a poco». Llegan a la consulta esperando que les demos varios jarabes que les eliminen los tan molestos mocos, y algunas se van decepcionadas: «Otra vez me ha dicho que lavados nasales y ya está».

Pero la realidad es que en docenas de estudios realizados con niños a los que se les daba este tipo de medicación no se observó ninguna mejoría con respecto a los niños a los que únicamente se les hacían lavados nasales. No solo eso, sino que, además, los primeros presentaban efectos secundarios, en ocasiones graves.

Los efectos indeseables de este tipo de medicamentos están ampliamente documentados en la bibliografía científica, sobre todo en niños menores de seis años. Entre los efectos adversos de los medicamentos anticatarrales predominan las arritmias y los trastornos cardiovasculares. Los mucolíticos cambian la consistencia del moco, por lo que conllevan una serie de efectos indeseables que podrían resultar peligrosos, como son la broncorrea, la dificultad respiratoria, la agravación o prolongación de la tos y el broncoespasmo, entre otros. Además, es muy importante resaltar que este tipo de medicamentos no deben utilizarse en asmáticos. Por su parte, los antitusígenos se relacionan con vértigos, mareos, nerviosismo, náuseas, vómitos e intranquilidad; en un menor número de casos aparecen alucinaciones, disminución del nivel de conciencia y encefalopatía.

## *Para la tos, ¿es efectivo algún jarabe, la cebolla partida o la miel?*

La tos, al igual que la fiebre, es un mecanismo de defensa natural de nuestro cuerpo. Ayuda a eliminar las secreciones. Es una respuesta positiva de nuestro organismo que mejora la oxigenación de nuestros pulmones y expulsa las secreciones que pueden llegar a impactarse en el árbol bronquial. Por todo ello, no conviene utilizar antitusígenos. Únicamente podrían utilizarse bajo prescripción del pediatra en aquellas toses secas que impiden el descanso por la noche.

La cebolla partida es un remedio casero que siempre será bienvenido, pero que, hasta la fecha, no ha demostrado unos beneficios claros sobre el placebo. Aunque yo siempre les digo a los padres: «Si creéis que os funciona, adelante».

Respecto a la miel, recientes estudios demuestran que una cucharadita de miel antes de dormir (siempre en mayores de dos o tres años) es más efectiva que el placebo para aliviar la tos por el efecto emoliente que tiene, pero eso sí, hay que cepillar muy bien los dientes a continuación porque la miel es altamente cariógena, es decir, produce caries por su alto contenido en azúcar (la miel es un 85 % de azúcar) y por su consistencia pegajosa que se adhiere a las muelas.

No debería tratarse la tos en sí, sino el origen de la tos. Es decir, si el niño es asmático o tiene un broncoespasmo y tose, a nadie se le ocurriría darle un antitusígeno para eliminar la tos. En este caso, el niño tose porque no puede respirar bien; el aire entra, pero se queda atrapado en sus pulmones y no puede salir. Si encima le damos un antitusígeno que le inhiba el mecanismo de la tos, lo más probable es que empeore bruscamente. A este niño lo que habría que darle es un broncodilatador para «abrir» los bronquios y que todo el aire que le entra pueda salir sin dificultad («sin pitos»).

Pongamos otro ejemplo. Si tenemos a una niña afónica y con tos perruna, muy probablemente estemos hablando de una laringitis aguda. La niña tose porque tiene la laringe tan inflamada que el aire no entra; en este caso, la niña necesitará un antiinflamatorio (ibuprofeno o, en algunos casos, corticoides) para reducir la inflamación de la laringe y así abrir el paso del aire.

## *Si el niño tiene mocos verdes, ¿hay que darle un antibiótico?*

¿Qué ocurre con el color de los mocos que nos obsesiona tanto? Cuántas veces han venido a la consulta y me han dicho: «Lucía, he venido porque los mocos ya son verdes y quizá necesite un antibiótico». Aclaremos algunos conceptos: el color no determinará si el niño necesita o no antibióticos.

Las infecciones más comunes en la infancia pueden ser víricas o bacterianas. Las infecciones víricas son las más frecuentes (resfriados, gripe, etcétera), suelen ser leves y no desaparecen con antibióticos. Las infecciones bacterianas, por el contrario, suelen ser más agresivas (otitis medias, amigdalitis pultáceas, neumonías...) y, en este caso, sí son útiles los antibióticos. Ya sabes que las infecciones respiratorias de vías altas o los catarros están causados por más de doscientos virus diferentes; por lo tanto, los antibióticos no son efectivos, aunque utilicemos doscientos diferentes.

Inicialmente, los mocos son transparentes. A medida que pasan los días, se van volviendo blanquecinos. Si la infección sigue inflamando la mucosa, observaremos que adquieren un color amarillo pálido. A las especialistas en las distintas tonalidades les diré que, si la infección dura unos días más, se volverán amarillo mostaza y terminarán siendo de color verde botella, casi musgo. Y esta es la evolución natural de las «velas» de nuestros hijos en la nariz.

Veamos por qué los mocos cambian de color. Cuando un virus ataca nuestra mucosa nasal, nuestro organismo se defiende y entran en juego los neutrófilos. Estas pequeñas células son las encargadas de eliminar todo agente extraño que ose poner en peligro nuestra salud. Los pequeños neutrófilos fabrican una potente enzima llamada «peroxidasa», que es muy rica en hierro y confiere a los mocos ese color verdoso. Así que el color verde que vemos es el resultado de una «guerra» en toda regla entre virus y defensas (neutrófilos). Tras semejante lucha, qué menos que dejar algún rastro, ¿no? Pues el rastro es precisamente ese, el color verde.

En esta batalla campal se cuela a veces alguna bacteria (la *Staphylococcus aureus*, que es dorada, o la *Pseudomonas*, que es verde), pero eso no significa que esa bacteria predomine frente al virus. Como tampoco significa que el niño se beneficie de la toma de antibióticos. Lo mismo ocurre con los hematomas, que van cambiando de color a medida que pasan los días y no por ello nos alarmamos, ¿verdad?

Así que ahora ya sabes que, cuando los mocos son verdes, lo único que quiere decir es que nuestro organismo lleva ya varios días luchando con todas sus fuerzas para combatir el virus. Y la inmensa mayoría de las veces nosotros salimos victoriosos.

## *Si el niño tiene diarrea, ¿qué puedo darle?*

«¿Puedo darle Coca-Cola?», me preguntan. La respuesta es no. «¡Pues a mí mi madre me daba Coca-Cola a sorbitos y me iba bien!»

«¿Puedo darle Aquarius?» La respuesta vuelve a ser negativa. «¿Y por qué no puedo darle Aquarius, si un médico me dijo que iba estupendamente?» Porque esas bebidas no tienen nada que ver con las soluciones de rehidratación oral (el suero oral) que recomendamos cuando hay riesgo de deshidratación. Esas bebidas tienen un alto contenido en azúcar y bajo en sodio, algo que al cuerpo de un niño con diarrea no es que le siente muy bien que digamos. De hecho, le puede empeorar la diarrea por un fenómeno que llamamos «diarrea osmótica»: al tomar un líquido rico en azúcar, nuestro cuerpo arrastra el agua presente en nuestro organismo para intentar diluir ese líquido tan concentrado que acabamos de ingerir y, por tanto, empeora la diarrea aumentando aún más el riesgo de deshidratación.

«¿Y si le doy agua solamente?» Resulta insuficiente. Para recuperar las pérdidas, el intestino, además de agua, necesita sales para mantener el agua dentro del cuerpo. Por ello, si solo le damos agua, según la ingiere, la volverá a expulsar, no será capaz de retenerla. Necesita de su sodio y potasio para permanecer dentro del organismo.

«¿Y zumos?» Pues tampoco. El exceso de azúcar de estas bebidas empeora la diarrea, por el mismo mecanismo que con el Aquarius, la «diarrea osmótica». Ese exceso de glucosa en el intestino arrastra aún más agua del organismo, por lo que la diarrea empeora y, con ello, el riesgo de deshidratación.

«¿Entonces qué le doy?» Pues suero oral. En la farmacia venden unas bebidas que tienen la cantidad exacta de agua, sodio, potasio y azúcar que necesita el niño para recuperarse y para no sufrir las complicaciones de una deshidratación, que en ocasiones pueden ser muy graves.

Si nuestro hijo es un lactante, ojo, tiene más riesgo de deshidratación. Si toma pecho, póntelo con frecuencia; haz tomas cortas pero frecuentes. Y no esperes a llevarlo al pediatra. Si al segundo día no lo ves mejor, consulta con tu médico.

Si toma biberón, deberás seguir dándole la misma fórmula de leche, salvo que tu pediatra te diga lo contrario. En estos casos, el «consulte con su farmacéutico» no me vale. Con todo mi respeto a los farmacéuticos, colegas de profesión y excelentes profesionales. En estos casos, consulta con tu pediatra.

## *Si el niño tiene diarrea, ¿hay que tenerlo en ayunas durante todo el día tomando solo líquidos?*

La respuesta es un no rotundo. Este es otro mito que vamos a tirar por la borda. En cuanto el niño tolere cuatro o cinco sorbitos del suero hay que empezar a ofrecerle comida (alimentación precoz): un trocito de pan, una cucharada de yogur, un poco de queso, un trocito de plátano, lo que le apetezca al niño. Para entonces, ¡horror!, ¿qué es ese olor en toda la casa? La abuela ya le habrá preparado un puré de patatas, zanahorias y agua de arroz para los próximos quince días. Pero tampoco hay que darle eso. Siempre digo a los padres que no den de comer a sus hijos lo que ellos no se comerían. Está demostrado que, cuanto antes coman los niños su dieta habitual y variada, antes se recupera la mucosa intestinal. Hay que evitar, eso sí, dulces, azúcares y grasas.

Las recomendaciones ante una gastroenteritis han cambiado de forma importante en los últimos años, y lo que antes se recomendaba ahora ya no se aconseja, o no debería aconsejarse. Confieso que todavía hay algún colega despistado que se ha quedado por el camino. Sí, es un lío, lo reconozco, pero es así. Las indicaciones que aquí expongo son las aceptadas por todos los comités científicos y son las que debemos seguir. Ni Aquarius, ni Coca-Cola, ni zumos, ni ninguna bebida para deportistas si el niño está con diarrea.

Cuando se recupere y vuelva a ser el que era, salid a pasear y sentaos en una terracita a tomar el aperitivo. ¡Entonces sí! Y si es con unas aceitunas, mejor.

Hablando de aperitivo, hace unos años estaba sentada con mis hijos en una terraza de verano cuando se acercó el camarero y preguntó:

—¿Qué van a tomar?

Antes de que yo pudiera contestar, mi hijo Carlos se había adelantado.

—Un agua, por favor —dijo con la madurez de un hombre de cuarenta años, a pesar de tener cinco años recién cumplidos.

Al camarero le resultó gracioso, así que le siguió la corriente.

—¿Del tiempo o fría? —le preguntó el camarero.

Carlos dudó unos segundos.

—Del tiempo —contestó finalmente muy serio.

Cuando por fin se la trajo y la probó, dejó el vaso sobre la mesa y dijo, frunciendo el ceño:

—Esta agua está tan caliente que no es del tiempo de hoy; es del tiempo de ayer.

# 21

# Descubriendo su sexualidad

—Cielo, ¿por qué lo haces?
—Porque me gusta.

«Estamos preocupados porque se toca mucho», me comentan muchos padres. Algunos vienen realmente alarmados, incluso les cuesta iniciar la conversación porque consideran que sus hijos o hijas son demasiado pequeños para empezar con esos temas. Pero no lo son.

A los cuatro meses de vida, todos los niños se descubren los puños y se los chupan, ¿verdad? ¿Y por qué lo hacen? Porque les resulta placentero. Un poquito más adelante se descubren los pies, que también se meterán en la boca. ¿Y por qué lo hacen? Básicamente, porque les gusta, les divierte. El tiempo va transcurriendo y en su afán por descubrir cosas nuevas, al año de vida, la mayoría de ellos ya se habrán encontrado con lo que hay debajo del pañal. Y ¿qué hacen? Se lo tocan. ¿Y por qué se tocan? Porque les gusta.

Cuando es un lactante varón el que descubre sus genitales, muchos padres me dicen:

—¡Pero mira qué tirones se da cuando le cambio el pañal! ¡Se va a hacer daño!

—Tranquilos, que daño no se hacen. Y acostumbraos, porque esto no es más que el principio. Empiezan ahora y ya no lo dejan nunca —sentencio sonriente.

Denominamos «masturbación en preescolares o infantil» a la autoestimulación de los genitales por placer. Es rara antes de los seis meses. Se desarrolla a lo largo de la infancia, desde los doce meses hasta los cinco o seis años, edad en la que empiezan a ser más reservados y, si lo hacen, lo harán en la intimidad.

«Lucía, ¿es normal esto que hace?», me preguntan los padres un tanto inquietos. Es normal. Es natural. Y no hay que alarmarse.

«Es que se frota con muñecos», me dicen algunos padres. «A veces con el borde de la mesa o con el apoyabrazos del sofá», me explican otros. Sí, así es. Desde muy pequeños empiezan a descubrir sus genitales y a estimularse con distintos objetos (juguetes, cojines, peluches). A partir de los dos años, algunos niños comienzan a utilizar su propia mano para tocarse de forma rítmica. Generalmente, a partir de los cinco o seis años disminuye la frecuencia y, si continúan haciéndolo, lo harán en la intimidad de su habitación o en el baño. Ya en la adolescencia, la masturbación es casi universal, y tampoco hay que reprimirlos por ello.

Durante esos momentos, y aunque sean muy pequeños, nos encontraremos al niño o niña sudoroso, con respiración agitada, acalorado. Al finalizar, puede estar cansado, incluso agotado y con ganas de dormir. Es por ello que en ocasiones se han llegado a confundir con crisis epilépticas. Es evidente que nada tiene que ver con la epilepsia.

Cuando los padres acuden a la consulta con sus hijos por este motivo y estos ya tienen cerca de los tres años, aprovecho la oportunidad y les pregunto a los propios niños:

—Cielo, ¿por qué lo haces?

—Porque me gusta —me contestan todos de un modo simple y aplastante.

Y así es. Porque les gusta. Está más claro que el agua.

### ¿Hay diferencias entre niños y niñas en la autoestimulación?

Desde el punto de vista médico, no las hay. Sin embargo, en la práctica parece que todos los padres tienen asumido que si sus hijos son varones y se tocan la pilila es normal, incluso les resulta divertido. Pero, si son las niñas las que con dos años se frotan con el borde del sofá, se asustan y piensan que hay algo anormal en su hija. Pues no. Las niñas, como los niños, también tienen mucho que descubrir. Es normal. Sea niño o niña.

Un tercio de los niños que exploran su cuerpo descubren la masturbación, y si continúan haciéndolo periódicamente es simplemente por placer.

### ¿Cuándo se autoestimulan los niños con más frecuencia?

Generalmente, cuando están aburridos, viendo la tele, a la hora de acostarse o en épocas de estrés.

### ¿Tienen los padres que preocuparse? ¿Puede tener alguna consecuencia?

Los padres no tienen de qué preocuparse. Tampoco tiene ninguna consecuencia más que el propio placer que experimenta el niño o la niña. No interferirá en su desarrollo ni en su inclinación sexual.

### ¿Qué debe hacerse como padre o madre?

En primer lugar, debemos tranquilizarnos. Repito, es normal.

En segundo lugar, si lo hace con mucha frecuencia y en público (frotarse con las sillas, con muñecos, etcétera), hay que explicarle de una forma sencilla y serena que eso no debe hacerlo delante de los demás, sino en casa, en su habitación y cuando esté tranquilo. Si le reñimos, es probable que lo haga con más frecuencia y, además, generaremos un sentimiento de culpa absolutamente injustificado.

Si lo hace muy a menudo cuando está aburrido, podemos distraerle con juegos. Pero no hay que obsesionarse; tendremos que verlo como una fase más de su desarrollo. Si lo hace al acostarse, sé tolerante, cierra su puerta y déjale tranquilo.

## ¿Cuándo debe consultarse con el pediatra?

Siempre que se tengan dudas. Para eso estamos. En contadísimas ocasiones puede estar relacionado con épocas de mucho estrés que debemos identificar.

En resumen, la masturbación infantil es relativamente frecuente. Aunque como padres nos pueda resultar incómodo o embarazoso, debemos vivirlo como una fase normal del desarrollo de nuestro hijo. No debemos castigarle ni reprimirle, simplemente explicarle dónde no debe hacerlo.

Y como anécdota te contaré que hace unos años vinieron a mi consulta unos padres muy preocupados porque la niña que tan solo contaba con diez meses tenía unos ataques de ira descontrolados cuando la levantaban de la trona.

—La niña come estupendamente —me decía la madre con cierta angustia—. De hecho, no para de moverse mientras está comiendo; sonríe y no pone ninguna pega. Es más, mientras nosotros estamos comiendo, no hay nada como sentarla en la trona para que nos deje tranquilos. Ella comienza a mecerse y se lo pasa pipa.

—Se lo pasa pipa, ¿eh? —le dije a la madre.

—Sí, sí. Está feliz allí sentadita en su trona. Pero lo que más nos extraña es que, en cuanto la cogemos para sacarla de la trona, se agarra con fuerza a la barra y empieza a gritar y a llorar como si no quisiera que la sacáramos de allí. Estamos verdaderamente preocupados.

Después de escuchar atentamente su relato le hice una pregunta muy directa:

—La trona no tendrá por casualidad una barra central vertical por donde introducir las piernas, ¿verdad?

—Sí, sí. Tiene una barra de madera en el centro, de tal forma que tiene una pierna a cada lado de la barra.

—Ya... —le dije con una amplia sonrisa—. Pues mucho me temo que ese es el motivo de su enfado. Le gusta la barra.

La madre, incrédula, miró a su pareja con cara de asombro. El padre sonrió y comenzó a asentir con la cabeza.

—¿En serio? Estás de broma, ¿no? —me contestó la madre, que no acababa de dar credibilidad a mis argumentos.

—En serio. Pero tranquila, que es normal. Es muy habitual.

Enseguida el padre le puso el toque de humor que ayudó a relajar el ambiente:

—Pues si está así con diez meses, no quiero ni pensar cuando tenga trece años. ¡Qué mal lo voy a pasar!

No sé si cuando cumpla trece años yo seguiré siendo su pediatra. En cualquier caso, no seré yo quien le pregunte si lo sigue haciendo.

# 22

# Tu hijo y las nuevas tecnologías. ¿Lo has pensado bien?

«Cambiaría, si pudiera, toda mi tecnología por una tarde con Sócrates», Steve Jobs.

Este fin de semana salí a comer con mi familia. Reservamos mesa para cuatro en un restaurante al que nos gusta ir, entre otras cosas, porque no suele haber demasiada gente y eso nos permite disfrutar de la comida sin ruidos ni gritos. A mi hija pequeña lo del ruido no parece afectarle demasiado, pero a mi hijo mayor y a mí definitivamente sí, ya que somos «auditivos».

Cuando nos disponíamos a empezar a comer, de pronto comenzamos a escuchar a todo volumen una música que era como si hubiesen juntado a un circo entero de payasos, a Doraemon borracho y a Dora la Exploradora celebrando su despedida de soltera. Me di la vuelta disimuladamente (mi hijo no disimuló tanto…) y me encontré con un niño que no llegaba a los veinte meses, sentado en una trona, rodeado de toda su familia, quienes comían animosamente. Mientras ellos comían y reían, el niño sujetaba en sus pequeñas y redonditas manos un móvil. Su mirada fija, ausente y carente de toda emoción, clavada en la pantalla, pestañeando a un ritmo frenético, me impactó como una bala directa al corazón. La música de aquel teléfono en aquella mesa sonaba tan alto que no nos escuchábamos entre nosotros.

A esa familia no parecía importarle que, primero, su hijo no estuviera integrado en la mesa con el resto de su familia. Segundo, que no comiera ni una cucharada de lo que los demás comían. Tercero, que ese sonido atronador pudiera molestar al resto de las personas que estábamos en el restaurante. Es más, hubo un momento en el que mis hijos comenzaron a jugar haciéndose cosquillas, lo que despertó la curiosidad del niño-bebé (menos mal, no estaba todo perdido), que empezó a dar pequeños saltitos en su trona en un inocente y maravilloso intento de integrarse en el juego. Su padre, ni corto ni perezoso, le subió el volumen del vídeo y le espetó: «No molestes a los niños de al lado. Tú a lo tuyo, cariño». Yo no sabía si echarme a llorar, a reír, o si buscar la cámara oculta. Abrí tanto los ojos que creo que desde entonces tengo un par de arrugas nuevas en la frente. ¡Vaya por Dios!

¿Sabes que la Asociación Americana de Pediatría no recomienda el uso de pantallas en niños menores de dos años? De cualquier tipo de pantalla, y menos aún de las nuevas tecnologías. En los mayores de dos años no recomienda un uso superior a las dos horas diarias de cualquier dispositivo (televisión, tabletas, teléfonos, etcétera). ¿Y por qué? Porque cada vez existen más estudios acerca del impacto negativo de este bombardeo sensorial en el cerebro en formación de los más pequeños.

Los niños pequeños, en sus primeros años de vida, no necesitan ese tipo de estímulos sensoriales, auditivos y visuales, en los que el ritmo acelerado de las imágenes y los sonidos nunca se corresponde con la realidad. Durante los primeros años, lo que necesitan los niños es establecer un sólido y nutritivo vínculo afectivo con sus padres y cuidadores. Es la madre o el padre quien representa la llave que conecta el mundo real con la propia realidad del niño. Son las emociones de sus padres las que le mostrarán el camino que debe seguir.

¿Qué crees que hacen los bebés nada más tumbarlos en la camilla? Lo compruebo conscientemente con cada niño que pisa mi consulta. Lo primero que hace un bebé que aún no me conoce al tumbarle es mirar a su mamá. ¿Y por qué lo hace? Para que sea ella la que le dé la llave a sus emociones, la que ponga la primera piedrecita en su cerebro emocional en construcción. Si su madre sonríe, le acaricia el pelo amorosamente y le susurra un «Tranquilo, cariño, que Lucía te cuida», el niño me mirará de nuevo y sonreirá (esto es maravilloso y no me canso nunca de vivirlo). Su mamá me ha dado la aprobación y él acepta la situación como segura. Si su madre, por el contrario, está mirando el móvil en ese momento o reacciona con temor y desconfianza, el niño inmediatamente adoptará esas emociones como suyas y empezará a llorar. Este tipo de *feedback*, esto que parece algo tan sencillo, pero que nos ocurre con nuestros hijos a diario en más de una docena de ocasiones, nunca nos lo dará una pantalla electrónica.

Los niños no identifican las emociones en las pantallas. Cuando los niños y los adolescentes se acostumbran a la violencia diaria y gratuita que ofrecen muchos videojuegos, corremos el riesgo de que se vuelvan más fríos e insensibles al dolor, al sufrimiento o a la pena ajenos. Qué triste, ¿verdad?

Pero no solo eso. Los estudios científicos avanzan a la misma velocidad que las nuevas tecnologías. Ya hay trabajos que relacionan de una manera aplastante el exceso de consumo de televisión y videojuegos con trastornos del sueño, hipertensión arterial, aumento de los factores de riesgo cardiovasculares en adolescentes, obesidad, problemas de atención, dificultad de aprendizaje y peores resultados académicos.

¿Y qué me dices de las pantallas en las aulas? Existen trabajos igual de interesantes que afirman que el aprendizaje a través de una pantalla es peor que a través del papel, que la ejecución motora al escribir es clave para el aprendizaje de la lectura y que tomar notas en un dispositivo electrónico es menos útil que escribirlo en papel. Ahora entenderás por qué muchos altos directivos de Apple, Google, eBay y Yahoo afincados en Silicon Valley (epicentro de la economía mundial de nuevas tecnologías) llevan a sus propios hijos a colegios donde no existen las nuevas tecnologías en las aulas, donde escriben en libretas de papel con lápiz y bolígrafo, y donde las pizarras son convencionales. Los padres de estos niños, y los padres de la tecnología mundial afirman que «el ordenador impide el pensamiento crítico, deshumaniza el aprendizaje y la interacción humana, y acorta el tiempo de atención de los alumnos».

Hoy por hoy no existe suficiente evidencia científica que avale los supuestos beneficios del uso de tabletas en las aulas. Tom Vander Ark, exdirectivo de la fundación Bill Gates, afirma que «Los datos son muy flojos, cuando nos presionan para dar evidencias, lo tenemos muy complicado. O nos hemos de poner las pilas o nos hemos de callar».

«¿Y qué hace una madre pediatra ante todo esto?», se preguntarán muchos. Pues mi trabajo me ha costado, pero ahora sí soy plenamente consciente de todo lo que te cuento, del tremendo poder adictivo de la tecnología en mis hijos y en mis pacientes. De la falta de conciencia social cuando, mientras hablo con los padres en mi consulta, sacan el móvil para que el niño se entretenga.

En el momento en que escribo este libro mis hijos tienen seis y ocho años y no juegan con mi teléfono; es una herramienta de trabajo y lo saben. De lunes a viernes no hay videojuegos ni *tablet*, y lo saben. El sábado y el domingo tienen un tiempo limitado y cronometrado de uso de la *tablet*. Es curioso como al principio se resistieron y como, posteriormente, y tras mucho menos esfuerzo del que yo imaginaba, asumieron perfectamente esta norma. «Mami, empiezo mi hora de *tablet* —me anuncia mi propio hijo—. ¡Empieza a contar!»

La televisión deberá estar en el salón o en la salita, nunca en la habitación del niño. El ordenador, a ser posible, tampoco. Y, mientras se estudia, se come y se duerme, las pantallas deberán estar apagadas.

En resumen, recuerda que los bebés, los niños y los adolescentes aprenden de las relaciones interpersonales, de nuestras emociones, de lo que ellos mismos sienten cuando les hablamos, cuando les susurramos. Aprenden del juego con iguales, de su maravillosa capacidad de asombro, de su pensamiento creativo, constructivo e imaginativo. Aprenden de lo que ven a través de nosotros, de lo que huelen, de lo que tocan, de lo que escuchan. Aprenden también del esfuerzo, del sacrificio, del saber elegir, de la compasión, del dolor ajeno. También nosotros, los adultos. Ya puedo leerme todas las noticias políticas del día en el iPad que nunca podrán sustituir a una inteligente conversación con mis padres tras una buena comida.

Así que te animo a reflexionar sobre ello y a adaptar las nuevas tecnologías a las edades de tus hijos, limitando su uso. No expongas a tu bebé a las pantallas, por favor. No les cuentes cuentos a través de la tableta, y menos si vienen con audio incluido. Compra libros con bonitas ilustraciones, deja que pase él las páginas, pon tú la voz a los distintos personajes, busca la sorpresa en su mirada y la complicidad en su sonrisa. Y ríete, ríete a carcajadas con tu hijo en brazos.

# YA EN EL COLE

# 23

# La vuelta al cole

Que levante la mano el que está deseando con todas sus fuerzas llegar al trabajo tras unas idílicas vacaciones para darle un abrazo a su jefe.

¡Por fin llega el mes de septiembre y los niños vuelven al cole! Quizá tu hijo haya ido a la guardería y ahora toca pasar al «cole de mayores», o quizá tu niño haya sido uno de los afortunados que se ha pasado los tres primeros años de su vida en casa sin demasiadas obligaciones más que comer, dormir y jugar.

Para muchos padres con el deseo de regularizar horarios, comidas y rutinas, el mes de septiembre llega como agua de mayo. No cabe duda de que dos meses y medio de vacaciones asilvestran al más manso. Y los que somos padres bien lo sabemos. Cada día se acuestan a una hora diferente, y cuanto más tarde, mejor. Cuando llegas de trabajar con la intención de comer con ellos, ya han comido, o no quieren comer porque se han tomado un helado. Cuando toca cenar, no hay manera de sentarlos a la mesa; cualquier cosa es más divertida que quedarse quieto en una mesa con papá y mamá. El «motor» con el que se levantan no se apaga hasta tres segundos antes de caer rendidos en la cama (siempre pensé que los niños tienen un botón *on/off* detrás de la nuca; la forma en la que pasan de cero a cien me fascina). Son días sin fin en los que a los padres nos da la sensación de que no llegamos a tiempo a ningún sitio. Ellos van acelerados y nosotros, entre el trabajo, la casa e intentar mantener unas normas mínimas en el día a día, terminamos exhaustos.

Pero, aunque la vuelta al cole sea una buena noticia para nosotros, los padres, para los niños inicialmente no lo es. En mayor o menor medida, les cuesta adaptarse de nuevo a la rutina escolar. Y debemos comprenderlos, debemos ponernos en su lugar porque a nosotros también nos ocurre. ¿Quién de nosotros vuelve feliz y contento al trabajo después de haber pasado unos días de desconexión absoluta y sin obligaciones? ¿Alguno hemos dado saltos de alegría al entrar en la oficina tras las vacaciones? Que levante la mano el que está deseando con todas sus fuerzas llegar al trabajo para darle un abrazo a su jefe.

Pues bien, dado que para los niños tampoco es fácil, debemos adentrarnos en primer lugar en su micromundo de preocupaciones (la nueva profe, el nuevo curso, sus nuevos compañeros) para, de este modo, empatizar con ellos. A los niños les ayuda mucho ver que nosotros comprendemos sus sentimientos, y no solo eso, sino que a nosotros también nos ocurría cuando teníamos su edad. En lugar de darle una palmadita en la espalda y decirle: «Bueno, bueno, venga. No seas exagerado, que esto no es para tanto», es preferible que te arrodilles, te sitúes a su nivel, le mires a los ojos mientras le acaricias, reconozcas sus sentimientos y le digas: «Cariño, comprendo que no te apetezca mucho volver al cole; a mí también me ocurría cuando tenía tu edad». En ese momento habremos conectado con él, con sus emociones y con sus miedos.

A continuación deberemos afrontar el tema con optimismo e ilusión. Tenemos que buscar los puntos positivos de la vuelta al cole: «¡Qué suerte que te vas a reencontrar con todos tus amigos de nuevo!». «Volveréis con el campeonato de fútbol! ¡Este año seguro que quedáis primeros!» «Vas a cambiar de profe y seguramente será muy simpática y cariñosa.» «Ya estarás en el patio de los mayores.» «Podrás apuntarte a alguna clase extraescolar que te guste.» Si con alguna de estas sugerencias observas un cambio en su expresión facial como una sonrisa, un pequeño salto o cualquier emoción positiva en su rostro, aférrate a ella y desarróllala. Fantasea con él.

—¿Ya estaré en el patio de mayores, mami? —te dirá ilusionado.

—Sí, cariño. Y podrás jugar al fútbol con todos.

—¿Sí? ¿Habrá balones y nos dejarán chutar?

—¡Claro que sí! Unos balones blanditos especiales para los patios de mayores que, además, al chutar son rapidísimos y se consigue meter muchos goles.

Sus ojos, cada vez más abiertos, empezarán a brillar. Es posible que incluso empiece a moverse rápido, dando saltitos, o que te coja de las manos y sean ellas las que te pidan a gritos con este gesto un «¡Sigue, mami, cuéntame más cosas!».

Escucha lo que tiene que decirte o proponerte, y escucha también lo que no te dice con su voz, pero sí con su lenguaje no verbal. Y para eso debemos estar presentes de verdad, atentos y conectados con sus emociones.

No olvides que es importante comprar el material escolar con él, que nos acompañe, que pueda elegir él su nueva mochila, su estuche y sus colores. Debemos hacerle partícipe de todos los cambios que le afecten directamente. Esto le ayudará en el proceso, se sentirá parte de él. Ya no es un bebé.

Aprovecha cualquier oportunidad para resolver sus dudas, sus miedos. No termines las conversaciones con un «Bah, eso son tonterías de niño pequeño». Quizá para ti sean tonterías, pero a él puede que le quiten el sueño, así que recuerda «bajar a su nivel» y meterte en su «micromundo». Escúchale, acaríciale mientras te cuenta sus cosas. Intenta dar solución a cada una de sus inquietudes, siempre con optimismo y energía. Nuestros hijos son nuestros espejos: si somos entusiastas y alegres, ellos también lo serán. Si, por el contrario, somos negativos y pesimistas, ellos serán unos niños temerosos y retraídos. No caigas en ese error.

Unos días antes de la vuelta al cole, conviene empezar a acostarnos un poco más temprano para que el cambio no sea tan brusco; sin embargo, mi experiencia es que, aunque agoten hasta el último día acostándose tarde, al tercer día de colegio, a las nueve de la noche caen rendidos en la cama. No sé muy bien qué les dan allí, es un misterio, pero vuelven agotados. ¿O no? Así que tampoco seamos tan estrictos en sus últimos días de vacaciones.

Acompaña a tu hijo al cole en su primer día; haz un esfuerzo. Pídele el favor a un compañero de trabajo para que te cubra, o incluso pídete el día libre para ese momento. Merece la pena. Y, si no, de nuevo ponte en su lugar: si tienes que pasar por una situación que te aterra, o que al menos te impone y te da miedo, ¿no prefieres hacerlo acompañado? Pero si las mujeres vamos juntas hasta al baño, ¿cómo no vamos a acompañar a nuestros hijos en su primer día de cole? Cuando te despidas de él, dale un beso, un abrazo cortito. No alargues la despedida, que no se va a la mili. Despídete así: «¡En un ratito nos vemos! Y pásatelo superbién».

Y ya, por último, cuando lo recojas, deja que te cuente. Empezará con todo lo negativo, pero tú le darás la vuelta a la conversación y terminaréis hablando de lo positivo y de lo especial que fue su primer día de colegio.

El primer día de cole de mi hijo mayor le fui a recoger a la puerta, ansiosa por escuchar sus experiencias en su primera jornada. Cuál fue mi sorpresa cuando vino corriendo hacia mí con una sonrisa de oreja a oreja y me dijo:

—Mamá, ¿sabes quién me ha tocado de profesora?

—Dime, cariño —le contesté con los mismos ojos de plato con los que él me miraba.

—La *marida* del director.

# 24

## Basta ya de etiquetas

Enfermedades invisibles a los ojos, pero que nublan la vista de quien observa.

El inicio de la escolarización es un momento clave en el desarrollo del niño, y no solo desde el punto de vista académico o intelectual, sino en lo que respecta a su desarrollo emocional, su capacidad de gestionar sus emociones, solucionar conflictos, desarrollar su autonomía y alimentar su autoestima. ¿Y qué hay peor que una etiqueta grabada a fuego en la piel de un niño cuando apenas acaba de empezar a vivir en sociedad?

«Etiqueta», qué palabra más fea, suena mal. Hasta las etiquetas de la ropa molestan, pican e incordian. Lo primero que hago cuando llego a casa con ropa nueva es recortarlas y tirarlas a la basura. No sirven para nada. Con las etiquetas infantiles ocurre lo mismo: molestan, pican, incordian, pero además entorpecen, duelen, dejan cicatriz y, en ocasiones, están tan adheridas que resulta complicadísimo quitarlas.

Hace meses, en la consulta, tuve una conversación con una madre que me llegó al alma. Dicen que cuando una es madre, se convierte en madre de todos los niños del mundo. Cuando me encuentro con historias como esta, vivo el problema como madre, y esto me ayuda a percibir todo aquello que como médico estrictamente no percibo.

—Mamá, los niños de clase no me invitan a sus cumples porque sus madres no les dejan. Dicen que pego —me contaba la madre angustiada en voz de su hijo.

—Mamá, es que como soy el que peor se porta nadie quiere jugar conmigo. Soy el «malo» de la clase —añadía Antonio entre sollozos.

Vamos a ponernos en el lugar de esta madre por un momento. A todas nos gusta celebrar el cumpleaños de nuestros hijos con todos sus amigos, ¿verdad? Palpar su impaciencia cuando aún no ha llegado ningún invitado, ver su cara de excitación cuando poco a poco van apareciendo todos sus amiguitos. ¿Os habéis fijado en cómo se abrazan? Como si hiciese años desde la última vez que se han visto, cuando en realidad el día anterior estaban compartiendo pupitre. Los abrazos de los niños son genuinos. Qué delicia verlos jugar sin descanso entre risas y chorretones de sudor. Gritan, saltan, corren, se caen, se levantan. Beben agua como si no hubiese mañana. Qué energía. ¡Qué maravilla!

Imagina por un momento que a la fiesta de tu hijo no viene ningún amigo o, lo que es peor, que se queda sin amigos; que sus padres ni siquiera contestan a la invitación que ambos lleváis días preparando con esmero y cariño. ¿Te lo puedes imaginar? A mí se me ponen los pelos de punta.

A Antonio le habían puesto la etiqueta de «malo de la clase» y estaba sufriendo un rechazo social en toda regla. Lo más triste de esta situación es que detrás de esa etiqueta había un trastorno de los que no se ven con los ojos, pero que nublan la vista de quien observa.

Desde que nació, Antonio no se comportaba como un niño normal; lloraba a todas horas, demandaba atención continua, no dormía, no comía. Unos decían que era reflujo, otros cólicos. Los años fueron pasando y Antonio no encontraba su lugar. No era capaz de permanecer quieto más de dos minutos. Un motor interno le impedía parar, le impedía concentrarse. Sus padres, concienciados con los problemas que esta situación empezaba a generar en su día a día, consultaron con los mejores especialistas, leyeron infinidad de libros, siguieron terapias que nunca funcionaron, adoptaron estrategias, usaron premios y castigos. Lo probaron todo, pero nada consiguieron. Todo ello llevaba a Antonio a un estado de ansiedad y frustración continua que la inmensa mayoría de las veces terminaba en llanto, ira y tristeza profunda.

A los seis años le diagnosticaron un trastorno por déficit de atención e hiperactividad (TDAH). Antes de empezar con tratamiento farmacológico, sus padres llevaban años luchando por iluminar el camino de su hijo. Su madre, con un aplomo y una serenidad asombrosos, me dijo algo que inundó mis ojos de lágrimas. Nunca había escuchado nada igual:

«Lucía, después de todos estos años de lucha, y ahora que se está haciendo mayor y sufro con él a diario su frustración, me he dado cuenta de que mi hijo no es feliz. He llegado a pensar que la felicidad como madre de dar la vida a un hijo se ha extinguido. No me compensa.»

Durante unos segundos contuve las lágrimas, no sabía qué decir. ¿Hay consuelo cuando una madre te dice esto? ¿Te puedes poner en su lugar una vez más? Sus compañeros del colegio le habían etiquetado, los padres de sus compañeros le habían etiquetado y, lo que es peor aún, lo que resulta devastador y nefasto para su desarrollo, él mismo se había etiquetado.

El carácter y temperamento de un niño dependen en buena parte de su genética y, en otra parte igual de importante, de su entorno, de sus circunstancias, de sus experiencias vitales durante sus primeros años de vida. Si a un niño se le etiqueta negativamente, su autoestima se irá minando irremediablemente, destrozaremos la confianza que tiene en sí mismo y perderá el control de sus emociones. Es dramático, ¿no te parece?

Esta mamá de la que hablo había consultado con todo tipo de especialistas y organizaciones. Vivía en el seno de una familia unida e inquebrantable. Estaba enamorada de su pareja. Era una mujer dulce y sensible, aparte de preciosa, inteligente y cauta. Preparada y madura, consciente de lo que tenía en casa y dispuesta a llegar hasta el final con tal de llenar de color y felicidad los días de su hijo.

El comportamiento de este en clase llegó incluso a hacer sospechar al profesor que el niño podría estar viviendo una situación de violencia de género hacia su madre. Nada más lejos de la realidad…

Antonio tenía solo seis años cuando le conocí y, aunque ya había sufrido el rechazo en primera persona, aún le quedaba toda una larga vida por delante. No me cabía ninguna duda de que los padres que tenía y los profesionales de los que estaba rodeado llenarían su camino de luces y de emocionantes oportunidades que le devolverían el sentido de la vida. Y así fue. Tras múltiples tratamientos, al fin encontraron el adecuado, que fue nutriendo la dañada personalidad de este niño; fue borrando milagrosamente las pequeñas cicatrices que esas etiquetas habían marcado en su piel, y sus compañeros, al inicio del curso, descubrieron a un Antonio diferente, a un Antonio sonriente y más tranquilo. A un Antonio que no podía faltar en las fiestas de cumpleaños de sus amigos. Y yo me alegré mucho de este desenlace, pero al mismo tiempo pensé: «¿Y si no hubiese ido bien? ¿Qué consecuencias hubiese traído toda esa montaña de pesadas etiquetas que le impedían relacionarse?».

Por desgracia, este no es un caso aislado. Estoy segura de que, según leas estas líneas, reconocerás a tu «Antonio» particular en la clase de tus hijos. «El malo», «el gordito», «el torpe», «el tartamudo», «el pedante», «el lento», «el pegón»… La próxima vez que lo veas y compruebes que no se comporta como el resto de los niños, piensa en esta historia, piensa en Antonio y en su madre. No juzgues, no diagnostiques, no critiques, y por nada del mundo lo etiquetes.

«Antes de juzgarme, te presto mis zapatos.»

# 25

# La edad de la inocencia

En la mente de un niño pequeño no cabe otra posibilidad: «Si mi mamá me dice que esto va a funcionar, funcionará».

Volviendo al colegio, en los primeros años de escolarización de mi hijo mayor, mientras su hermana era absolutamente feliz y libre, Carlos tuvo un problema que hizo que se me encendieran todas las alarmas y que ocupó, durante unos cuantos días, mis horas de sueño. Se negaba en rotundo a ir al colegio y yo no sabía por qué.

«¿Qué está pasando? ¿Qué ha pasado? ¿Qué puedo hacer para que se sienta mejor? ¿Lo sobreprotejo? ¿Debería manejar esta situación de forma diferente? ¿Por qué su hermana va y viene feliz al colegio? ¿Por qué presentan comportamientos tan diferentes si los he criado de la misma manera a los dos? ¿Hay algún tipo de ruleta rusa que diga tú sí, tú no? ¿Se me está escapando algo?» Se trata de preguntas que todos los padres nos hemos hecho en algún momento determinado, ¿verdad? Sobre todo, a partir de ciertas edades en las que ya no son bebés y empiezan a vivir y sentir sus propias experiencias, aunque no son lo suficientemente autónomos.

En todo este proceso, una vez más, aprendí mucho de mis hijos. De todas las conclusiones que aún voy diseccionando, hay una que me maravilla. Me maravilló hace ya años cuando empecé a trabajar con niños, me sigue maravillando a diario cuando estoy en la consulta y me maravillo ahora mismo al sentirlo en primera persona desde mi maternidad. Hablo de la inocencia.

Los niños son inocentes por naturaleza y eso los convierte en seres casi mágicos. No tienen prejuicios, no piensan mal, no tienen odio, no juzgan al prójimo. Se creen a pies juntillas todo aquello que les decimos y son capaces de defenderlo allá donde vayan, contra viento y marea. Son fieles.

Sabes perfectamente de qué hablo. Nuestra vida cotidiana está llena de ejemplos: los Reyes Magos, el Ratoncito Pérez, Papá Noel, etcétera. No importa que en el mismo día los vean en la televisión, en el centro comercial y en el cole repartiendo chuches... No piensan más allá, no usan la lógica aburrida de los adultos. Creen lo que ven, creen lo que les contamos; eso les hace felices y punto.

Volviendo a mi hijo, no quería ir al colegio y yo ni siquiera sabía por qué. Descartamos el acoso escolar y problemas con los profesores. Y, cuando le preguntaba, lo único que me decía es que quería quedarse a mi lado para que nunca me pasara nada. Llegó incluso a comprender que lo que sentía no tenía lógica, pero no podía evitarlo. Tenía miedo de perder a su mamá.

Hablamos mucho. Hablamos de la vida y de la muerte. Del colegio y del trabajo. De llevar una vida de riesgo o llevar una vida segura y apacible. Utilicé todas las herramientas y recursos a mi alcance para transmitirle seguridad y confianza. Él tenía tantas ganas de superar el miedo que había generado y el pavor de entrar por la puerta del colegio que siguió a pies juntillas todas mis recomendaciones, sin saltarse ni una. Porque está claro que los niños saben lo que quieren, pero también lo que no quieren. Y mi hijo quería dejar de sentir todo aquello que le estaba bloqueando. Lo deseaba con todas sus fuerzas. Y utilizó todas sus fuerzas hasta vencerlo.

Los niños gozan de unos recursos que nosotros jamás tendremos ya. Son esos truquitos mágicos que les dan sus altísimas dosis de inocencia. Les encanta darle a todo un toque de fantasía, les gusta porque en el fondo se lo creen. Y eso es maravilloso. Esa inocencia los hace poderosos de verdad. Cuando los adultos tenemos problemas, ¿qué hacemos? Nos anticipamos, prejuzgamos, exageramos, somos tremendistas, somos pesimistas, perdemos la confianza…, y todo ello por haber dejado atrás nuestra arma más poderosa, la inocencia.

Estar rodeada de niños me contagia su manera de ver el mundo. En ocasiones, fuera de mi trabajo he tenido que escuchar que soy demasiado inocente. ¿Por qué los adultos nos empeñamos en darle esa connotación negativa a la palabra «inocente»? ¿Pues sabes qué te digo? Que si esos retazos de inocencia que se resisten a desaparecer de mi interior hacen que vea la vida de otro color y alegran mis días, bienvenidos sean.

Me emocioné esos días al ver a mi hijo contarme, con todo tipo de detalles, los truquitos que había seguido para superar su ansiedad.

—Carlos, cariño, recuerda el ejercicio de la respiración. Recuerda que la respiración siempre nos acompaña, siempre está con nosotros, nunca se va. Mamá y papá estamos aquí para ayudarte, pero no siempre estamos a tu lado. Sin embargo, tu respiración siempre siempre irá contigo. Por tanto, cuando te entre el miedo o la angustia, vuelve a tu respiración. Haz los ejercicios que hicimos en casa. Concéntrate en el aire que entra y que sale de tus pulmones. Ahora entra, ahora sale. Siente cómo sube y baja la barriga: ahora sube, ahora baja. Mientras estés pensando en tu respiración, las preocupaciones no podrán molestarte, terminarán yéndose de tu cabeza. Solo respira.

Aquella tarde le recogía yo del colegio. Estaba ansiosa por saber qué tal le había ido. Era lunes, y los lunes eran especialmente difíciles. Salió el primero, con su mochila a cuestas. Su sonrisa y el brillo de su mirada al verme anunciaron la buena nueva:

—Mamá, lo hice todo, el ejercicio de la vela, el de las palmitas, el de pensar en mi respiración, y ¿sabes qué? Que, de pronto, ¡funcionó! —me dijo emocionado.

En la mente de un niño pequeño no cabe otra posibilidad: «Si mi mamá me dice que esto va a funcionar, funcionará».

Nuestros hijos pasan muchas horas en el colegio. Aunque somos nosotros los que educamos, los profesores desempeñan un papel importante en la educación y el desarrollo de nuestros hijos, no me cabe la menor duda. Es muy habitual que, sin una causa justificada, los niños generen ese miedo a ir al colegio y respondan de una forma desproporcionada a lo que realmente ha desencadenado ese rechazo a volver al cole.

En mi caso particular, como haría cualquier padre, acudimos al colegio en busca de respuestas: ¿Habrá algún niño que le esté molestando? ¿Será la profesora excesivamente exigente? Son preguntas que nos hacemos todos. Sin embargo, al concertar una cita y reunirnos con su profesora, nos topamos con una maestra absolutamente conectada con nuestras emociones como padres y con las de nuestro hijo. En ningún momento escuchamos un «Eso son tonterías de niños» o «No hay que darle mayor importancia, se le pasará solo». No, para nosotros no era una tontería, para nuestro hijo tampoco y, afortunadamente, para la profesora tampoco era ninguna banalidad. Nos escuchó atentamente, no dejó de mirarnos a los ojos ni un solo instante. Fue respetuosa en sus preguntas, y comprensiva y generosa en sus respuestas. Entre los tres establecimos un plan de actuación acorde con las necesidades de Carlos. Le vino como anillo al dedo. En menos de un mes, el problema estaba resuelto, sin dramas, sin culpables ni extrañas tramas policiacas. Carlitos volvía al cole feliz y contento y con un rendimiento impecable. Fue en ese momento cuando comprendí la responsabilidad tan grande que tenían los profesores, aquellos que pasan casi más tiempo con nuestros hijos que nosotros.

A veces, al elegir un colegio, fijamos nuestra atención en detalles que quizá no sean tan importantes, como el grado de exigencia de la escuela, los exámenes, la disciplina, etcétera. Y no culpo a nadie porque yo hice lo mismo. Sin embargo, ahora pienso que el hecho de ser mejores o peores maestros no radica únicamente en los conocimientos que les inculquen a nuestros hijos, sino en que tengan siempre presente que delante de ellos, día tras día durante muchos años, tienen a personas que, aunque son pequeñas en tamaño, son grandiosas en emociones; son niños que sienten, sufren, piensan y están construyendo un proyecto de vida, que merecen ser tratados con respeto y aceptación. El buen profesor ha de ser consciente de que ante sí tiene un regalo precioso, la inocencia en estado puro.

En mi caso, la máxima expresión de inocencia la viví con mi hijo cuando tenía dos años y medio. Una tarde de verano en Asturias decidimos hacer una gran merienda familiar en casa. Vinieron un montón de invitados a pasar la tarde. Yo corría detrás de su hermana pequeña, que se había soltado a caminar y dejarla sola tenía más peligro que MacGyver en una ferretería.

Carlitos, su hermano, se pasaba las horas jugando con su tío Moisés. Moisés es un hombre que, debido a su profesión, trabaja rodeado de niños día y noche, por lo que goza de altas dosis de inocencia y simpatía. Le proponía un juego tras otro y las carcajadas de Carlos se oían en toda la casa. Fue una tarde inolvidable.

Al llegar la noche, cuando ya se habían ido todos los invitados, yo charlaba animadamente con mis hijos sobre su cama mientras les ponía el pijama. Me gusta preguntarles por el momento más divertido del día porque siempre descubro cosas nuevas en ellos. Pero esta vez me aventuré a hacerle una pregunta diferente a Carlos, que *a priori* parecía muy simple.

Cabe decir que Moisés es de color, con unos enormes ojos blancos y una interminable sonrisa aún más blanca.

—Cariño, ¿de qué color es Moisés?

Carlos abrió mucho los ojos y alzó sus manos mostrándome sus tiernas palmas.

—¡Es blaaaaaanco! —me dijo.

El niño, carente de prejuicios, vio a su tío tan luminoso que no lo dudó ni un instante: era blanco. El blanco de sus ojos, el blanco de su sonrisa. No vio nada más, no vio su piel negra. Y yo, por supuesto, no le llevé la contraria. Inocencia en estado puro.

# 26

## Si sientes, vives

No somos lo que pensamos, somos lo que sentimos.

Y yo siento, y siento profundo y siento intenso. Soy así.

«No le des más vueltas. Que no te afecte tanto. No te impliques. No sufras.» Mis sentimientos son míos, dan vueltas porque están vivos. No es que no me afecten, es que están ahí, forman parte de mí, y, si hay que mirarlos de frente a los ojos, lo haré, lo hago, sin miedo. Y me implico, por supuesto que me implico. ¿Qué sentido tendría no sentir tus propios sentimientos? Los siento y los vivo, y a veces los sufro y… aprendo.

Los pensamientos simplemente se piensan, a diferencia de los sentimientos. «Los pensamientos se miran como el que ve una película en el cine», les explico a mis hijos. Los pensamientos son solo eso, pensamientos. Unas veces son verdad y otras muchas no. No todo lo que pensamos es cierto, ni mucho menos («Ningún niño quiere jugar conmigo porque no soy divertida. Soy fea y nadie me quiere»). A veces las preocupaciones hacen que pensemos cosas que no existen realmente. No somos lo que pensamos.

Sin embargo, sí somos lo que sentimos. Y así se lo tenemos que mostrar a los niños.

—Cariño, los sentimientos traspasan la pantalla del cine en el que mirábamos atentamente a los pensamientos. Los sentimientos están dentro, a veces en la garganta, y te aprietan, te impiden comer, a veces incluso hablar, ¿verdad? Otras veces los sentimientos están en el corazón y es por eso que late tan deprisa. ¿Te acuerdas cuando le preparamos la fiesta sorpresa al padrino y estábamos escondidos debajo de la mesa? ¿Te acuerdas de que me dijiste que el corazón se te iba a salir por la boca? Eso tan intenso son sentimientos. Escúchalos siempre. A veces se cuelan en el estómago y nos dan retortijones de miedo, de nervios.

—¡Ahhh! Me acuerdo. ¡Como en el primer día de cole! —responde mi hijo rápidamente.

—Exacto, cariño.

—Y tú, mamá, ¿cuándo tienes sentimientos en la barriga?

—Muchas veces, mi cielo. Porque mamá escucha mucho a su cuerpo, y tú también aprenderás a hacerlo. Tengo un enanito feo que me aprieta el estómago cuando en el hospital me preocupa mucho algún niño, cuando tengo que escuchar atentamente mis pensamientos para separar los que pueden ser verdad de los que no.

—¿Y sientes miedo, mami?

—A veces, claro.

—Pero eres médico. Tú sabes curar a los niños que están enfermos.

—Soy médico, cariño, pero, por encima de eso, soy un ser humano que siente. Y sí, a veces siento miedo de no hacer lo correcto. Pero ¿sabes qué? Que hay otras muchas veces en las que un «cachas» gigantesco aparta al enanito feo y me dice: «¡Haz esto, Lucía! Esto es lo correcto». Y entonces tengo la certeza absoluta de que eso es lo que tengo que hacer.

—¿Y lo haces, mami?

—Lo hago. ¡Claro que lo hago! Mi «cachas fortachón» me dice que eso es lo que tengo que hacer y lo hago. Y, además, me sale genial. ¡Porque estoy segura de que así será!

—Yo también tengo un forzudo de esos que me dice justo cuándo debo chutar. Y es verdad, cuando le hago caso, ¡pumba! ¡Meto un gol!

—¡Muy bien, cariño! Eso se llama «intuición». Pero aún hay más, hijo —le digo a Carlos, susurrándole al oído—. Hay ocasiones en que los sentimientos se convierten en mariposas.

—¿Ah sí?

—Sí. Cuando te enamoras, tu estómago se llena de mariposas revoltosas que hacen muchas cosquillas.

—¿Como cuando te subes a una montaña rusa, mami?

—¡Sí! ¡A veces incluso más!

—¿Y tú sientes eso?

—¡Claro que sí! ¿Y sabes por qué? Porque siento intenso.

—Yo quiero sentir así.

—Lo harás. Yo te enseñaré a diferenciar los pensamientos que son como las películas del cine de los sentimientos que son las mariposas en el estómago.

—¿O el nudo en la garganta? —añade Carlos, llevándose la mano al cuello.

—Efectivamente, o el nudo en la garganta. También hay que escucharlo. Pero es que, además, descubrirás que cuando lo que sientes es tan bonito que no puedes dejar de pensar en ello, entonces aprendes a disfrutarlo y a vivirlo a tope. Lo compartirás, lo cuidarás e intentarás mantenerlo siempre vivo.

Sin embargo, si lo que siento me embarga de pena, no lo ignoro. Lo miro de frente, profundamente. Lo observo, lo interpreto y lo asumo. ¿Esto es lo que siento ahora? ¿De qué se trata? ¿Es pena, tristeza, enfado, soledad, ira? ¿Es miedo? Atrévete a ponerle nombre.

Anima a tus hijos a que pongan nombre a sus emociones. Así les enseñarás a escuchar su interior y a reconocerse. No te conformes con un «estoy contento». Amplía su vocabulario con un «estoy emocionado», «entusiasmado», «ilusionado», «eufórico», «feliz»... No te quedes en el «estoy triste»; busca más allá: ¿decepcionado, desilusionado, amargado, abatido, deprimido, enfadado, apenado, furioso, rabioso, desesperado?

Antes de preguntar a tu hijo el porqué, profundiza en lo que siente, en cómo lo siente. ¿Siente mariposas en la barriga? ¿Un nudo en el estómago? ¿Una pelota en la garganta? ¿No le sale la voz? ¿El corazón late demasiado deprisa? ¿Siente calor o frío? Anímale a que te lo describa.

Y obsérvale. ¿Qué dice su cuerpo mientras te lo cuenta? ¿Empieza con tics? ¿Se lleva la mano a la barriga? ¿Se lleva la mano a la garganta como si le ahogara algo de verdad? ¿Se frota las manos? ¿Se mueve sin parar o, por el contrario, está quieto mirando al suelo? ¿Se toca el pelo, se frota los ojos, respira acelerado? ¿Sonríe tumbado en la cama con los brazos abiertos mientras te describe a su nueva compañera de clase?

Con el paso de los años, cuando su infancia sea un emocionante recuerdo, aprenderá a analizar lo que siente, a diseccionarlo con precisión de cirujano. Desde ahí sabrá recomponerse y dirá: «**Sé lo que siento y sé por qué lo siento. No necesito saber más**».

Y si alguien se acerca a decirle qué debe hacer, antes incluso de haberle escuchado, dirá: «No intentes arreglarme la vida ni solucionar mis problemas. No estoy hablando de problemas, hablo de sentimientos; son míos, me pertenecen. Escúchame, siente conmigo, ponte en mis zapatos, en los de ahora mismo, y luego, si te apetece, seguimos caminando juntos, a ver dónde nos llevan».

# 27

# Mamá también llora

—Mamá, ¿qué te pasa? ¿Estás llorando? —me pregunta mi hija.
—No, cariño, es que se me ha metido una motita de polvo en el ojo.

Vivimos en un mundo en el que ser los primeros es lo más importante. Examinan a nuestros hijos continuamente y ellos solo buscan el sobresaliente. Se los prepara para afrontar el éxito, para celebrar los triunfos. Se les repite hasta la saciedad: «No llores, que es de "debiluchos". Tienes que ser fuerte. ¡Eres el mejor!».

Hace un año me echaba las manos a la cabeza cuando una amiga me comentaba que en el colegio de su hijo hacían olimpiadas de matemáticas con cronómetro en mano y frente a un tribunal. También había olimpiadas de ciencias y olimpiadas de deletrear, y todo ello con niños de apenas siete u ocho años. Pero ¿estamos locos o qué? Por supuesto, el único ganador era el primero. Los veinticinco niños restantes de la clase se veían como perdedores.

¿Qué está pasando? Invertimos años en preparar a nuestros hijos para el éxito y no nos damos cuenta de que la vida está llena de fracasos, de decepciones, de pequeños y grandes obstáculos, de momentos de tristeza, de duelo, de despedidas, de pérdidas, de soledad. ¿Y eso es signo de debilidad de la especie humana? No; es la vida.

¿De verdad piensas que los niños de hoy en día están preparados para afrontar dificultades? ¿Es casualidad que pediatras, psicólogos y psiquiatras infantiles cada vez tengamos más casos de depresión infantil y de ansiedad? ¿En qué cabeza cabe que a un niño de nueve años se le diagnostique una depresión o un trastorno de ansiedad generalizada teniéndolo todo, supuestamente, a su alcance? Es evidente que algo no estamos haciendo bien.

Con perdón, pero me importa poco que mi hija sea la más rápida en cálculo mental. Lo que no voy a consentir es que se venga abajo por ser la segunda, la tercera o incluso por no haber sido seleccionada entre los diez primeros.

Lo que de verdad me importa, lo que me quita el sueño, en lo que invierto toda mi energía y esfuerzo es en desarrollar su inteligencia emocional. Lucho por que sea generosa, por que la empatía sea su punto fuerte. Me desvivo por que muestre sus emociones, por que me hable de sus debilidades, por que ella misma encuentre soluciones a sus problemas. Peleo a diario por hacer de mis hijos personas autosuficientes desde el punto de vista emocional.

No pasa nada por no ser el primero de clase si te has esforzado al máximo. Yo premio el esfuerzo, la entrega, la generosidad, la lealtad, la lucha, la solidaridad. Esos son los valores vitales, los valores de vida. Si tu hijo vuelve a casa decepcionado porque tan solo ha sacado un cinco en un examen y tú sabes lo mucho que se ha esforzado, has de celebrar ese cinco como si fuera un diez. Maestros, profesores, educadores..., puntuáis los conocimientos. ¿Y el esfuerzo? ¿Quién los prepara para el fracaso, para la decepción, para el desengaño? ¿Lo habéis pensado alguna vez?

La sociedad recibe con los brazos abiertos a los triunfadores, los prepara para los aplausos. Yo prefiero preparar a mis hijos para las dificultades; fortalecer su autoestima, su capacidad resolutiva, su positivismo, su espíritu de lucha. ¿Por qué crees que valoramos tanto el éxito? Porque antes hemos pasado por un camino más o menos angosto de lucha, ¿o no? No somos máquinas. Nosotros, los padres, no lo somos, lo sabes muy bien. No pretendas entonces que tu hijo lo sea.

No quiero que mis hijos piensen que su madre es una *superwoman*, siempre preparada, siempre lista para todo, siempre cantarina y perfecta. ¿Ese es el ejemplo que quiero que sigan? Y, si con el paso de los años van encontrando dificultades a lo largo de sus vidas, ¿qué pensarán? «Yo no he sido capaz. Mamá se decepcionaría. No puedo mostrar debilidad. Ella siempre ha sido tan fuerte.»

Sin embargo, sí me gustaría que mis hijos recordasen mi perseverancia, mi resiliencia, esa capacidad de superar las adversidades con optimismo e ilusión. Me encantaría que nunca olvidasen que, para llegar a tener todo lo que han tenido, sus padres se han esforzado mucho, han ido dejando cosas por el camino, han tenido que elegir, luchar, perder a veces; ganar y celebrar también. Quiero que comprendan que la vida no es un camino de rosas, aunque en ocasiones vivamos en bellos jardines.

«Bueno, hijos —les he dicho a mis niños en alguna ocasión—, mamá no es perfecta. Mamá también se equivoca y, cuando lo hace, rectifica y pide perdón. Mamá, como todo el mundo, llora cuando está triste. Esto que ves no es una motita de polvo en el ojo; son lágrimas, cariño.» Quiero que mis hijos vean que su madre es de carne y hueso.

Que no se avergüenza por llorar o por estar un poquito triste en circunstancias puntuales, que no se esconde. Quiero que lo vivan como algo natural porque, cuando a ellos les ocurra, se acordarán de mí y lo asumirán como normal. Aceptarán su estado de ánimo y sacarán la fuerza necesaria para superar todo lo que obstaculice el camino hacia su felicidad.

Los hijos no necesitan superpadres, ni dioses. Les da igual que su papá sea médico, abogado, camarero, o que esté en el paro. Los hijos quieren un padre y una madre que estén a su lado, que jueguen con ellos, que les expliquen las cosas, que les cuenten historias, que hablen su mismo idioma. No quieren que los colmemos de regalos materiales; es mucho más sencillo: solo quieren tiempo junto a nosotros.

Los niños deben vernos como seres humanos, no como superhéroes, que para eso ya tienen las películas. Si te equivocas con tu hijo, no pasa nada, pídele perdón: «Perdona, cariño, me he equivocado. ¿Me perdonas? ¿Empezamos de nuevo?». ¿Sabes lo que supone para un hijo que sea el padre o la madre quien le diga eso? No hay mejor ejemplo.

No des tantas órdenes a tus hijos, no los llenes de reglas. Empieza tú. Elogia su buena conducta con besos, con abrazos, con mucho mucho cariño. No los premies con excesivos juguetes. Si se han equivocado, dales la oportunidad de rectificar. «Yo también me equivoco, cielo. Vamos a intentarlo de nuevo.»

Enseña a tus hijos a disfrutar de los placeres sencillos, dado que en ellos está la verdadera felicidad. Yo suelo jugar con mis hijos a un juego que les divierte mucho en la mesa. «Qué suerte tengo», lo he llamado.

—Qué suerte tengo de que hoy no trabajo y estoy aquí con vosotros desayunando.

—Qué suerte tengo de que mamá hoy me viene a buscar al cole y no cogeré el autobús —añade mi hijo.

—Qué suerte tengo de que me ha tocado la tostada más grande —apunta mi hija pequeña.

Siempre terminamos riéndonos a carcajadas.

Anima a tus hijos a que sean emprendedores. A que no tengan miedo a equivocarse, sino a no intentarlo. Ayúdalos a rectificar si van por el camino equivocado. A levantarse ellos solos si se caen. A pedir perdón y a aceptarlo también. A combatir la frustración con perseverancia y constancia.

Enséñales a mirar el lado bueno y positivo de las cosas. Por cada cosa negativa que digan, anímalos a que busquen una positiva. Es un juego divertido que, sin duda, les enganchará.

Déjate la piel en hacer de ellos personas amables e implicadas. Si te sonríen, sonríe. Pero, si no lo hacen, sonríeles también. Es el poder del lenguaje no verbal.

Hace unos días estaba sentada en un pasillo de una salita de espera junto a mi hija; la gente pasaba delante de nosotros sin desviar la mirada del suelo o del teléfono móvil. Todos parecían estar ocupados. Mi hija, que a pesar de su corta edad es muy observadora, me sorprendió diciendo:

—Mami, aquí la gente no sonríe.

Reflexioné durante unos segundos mientras le acariciaba el pelo y comprobé que, efectivamente, nadie sonreía. De hecho, era como si fuéramos invisibles. Entonces se me ocurrió un juego.

—Covi, vamos a sonreír a la siguiente persona que pase.

Mi hija me miró con sus ojos destellando de curiosidad y aceptó con una risita nerviosa. Lo que ambas descubrimos fue grandioso.

Rompí yo el hielo. A lo lejos se acercaba una señora con paso decidido y la mirada clavada en aquel pasillo sin fin. Alcé ligeramente la cabeza, la miré fijamente y le regalé la más limpia y sincera de mis sonrisas. Mi hija no perdía detalle mientras que su manita apretaba con fuerza la mía. La respuesta fue inmediata: aquella mujer ensimismada, rodeada de un oscuro halo gris, de pronto se iluminó y me devolvió la sonrisa. Mi hija, en un ataque de espontaneidad, empezó a aplaudir, lo que hizo brillar más aún el rostro de la desconocida. ¡Magia!

A continuación apareció un hombre de mediana edad con un maletín, mirando a su móvil con el ceño fruncido. Al pasar a nuestro lado, mi hija tosió ligeramente, lo que despertó su curiosidad. Al levantar la mirada de la pantalla, se encontró con dos amplias sonrisas. Su gesto cambió en décimas de segundo, relajó todos y cada uno de los músculos de su estresada vida y nos devolvió la sonrisa con un amable «Buenos días» que nos supo a gloria. Mi hija volvió a aplaudir. Esta vez estuve a punto de sumarme a los aplausos, pero finalmente me contuve, aunque en mi fuero interno gritaba: «¡Bien! ¡Bien! ¡Bien!». A ellos dos los siguieron otros muchos transeúntes. Todos sin excepción nos devolvieron la sonrisa.

Amabilidad. Educa a tus hijos para que sean amables. Recuerda que educar no es repetir siempre las mismas palabras; no es únicamente poner normas y límites. Educar es enseñarles a soñar, a sentir, a probar, a experimentar, a crear, a luchar, a arriesgar, a pensar y a creer en sí mismos.

Cuenta historias a tus hijos. Historias reales, de tu trabajo, de tu día a día. Estimula su imaginación, su creatividad, su empatía. Emociónate con ellos. Comparte aquellos vídeos que veas por internet que te hayan llegado hondo. Explícaselos y responde a todas sus preguntas. ¡Te sorprenderás de lo que se les ocurre!

Hace bien poco veía un vídeo de Unicef en contra del maltrato infantil. Era un vídeo muy duro; de hecho, me emocioné mucho al verlo. Esta vez fue Carlos el que me dio una lección de vida. A pesar de sus ocho años, tiene un sensor especial que conecta con mis emociones e intuye rápidamente que algo se mueve dentro de mí. En ese momento se acercó y me dijo: «¿Qué ves, mamá?». Dudé por un instante si mostrárselo, pero finalmente me dije: «¿Y por qué ocultarlo?».

En el vídeo se veía a un niño más o menos de su edad, en su habitación, recortando unos cartones y construyéndose un disfraz. Carlos lo miraba intrigado, con la curiosidad inocente de un niño de su edad, sin prejuicios, sonriendo al mismo tiempo y esperando una gran y divertida sorpresa. De pronto, el vídeo dio un giro y se escuchó el portazo del padre que acababa de llegar a casa, sus pisadas subiendo las escaleras. La cara aterrorizada del niño anunciaba un drama. Rápidamente, el niño se escondió dentro de su disfraz, que no era más que una mesita de noche de cartón. Su padre abrió la puerta y apretó fuerte su puño podrido de violencia. «Hay niños que juegan a ser invisibles.» Y terminó el vídeo.

En esa ocasión no había apartado la mirada ni un solo segundo de mi hijo. Tengo grabadas a fuego cada una de sus reacciones: intriga, diversión, sorpresa, susto, miedo, confusión… Tras un largo silencio, me miró con tristeza, aturdido, y me dijo:

—Pero, mamá, ¿por qué? ¿Por qué se esconde?

—Porque tiene miedo.

—¿De qué tiene miedo, mamá?

—De su papá.

—¿De su papá? ¿Por qué?

—Porque le pega, cariño…

Sus enormes ojos verdes se llenaron de mis lágrimas. Un trocito de su inocencia se había resquebrajado.

—Pero ¡si es su papá! ¿Cómo puede pegar a su hijo? —sentenció finalmente.

# 28

# ¿No tendrá autismo? Signos de alarma del trastorno del espectro autista

Empezamos una carrera de fondo.

Recientemente vino a mi consulta una madre muy asustada y preocupada porque su bebé de dos meses no le seguía con la mirada. No fue la primera ni será la última. De hecho, es un motivo de consulta muy habitual. Cuando son muy pequeños, a los dos o tres meses de edad, a las madres les surge la duda de si su hijo ve o no. De entrada, cabe adelantar que la ceguera congénita en los niños es excepcional.

Pero no solo a las madres y a los padres les preocupa la vista en los primeros meses, sino también a las abuelas. Cuando tuve a mi primer hijo, mi madre se obsesionó durante unos días y me «martilleaba» a todas horas:

—Hija, ¿tú crees que el bebé ve?

—Pero, mamá, ¿cómo me dices eso? —le contestaba yo indignada.

Ahora Carlos tiene la vista de un lince. De vez en cuando, bromeando, se lo recuerdo a mi madre y nos reímos juntas.

Hay otras ocasiones en que las madres y los padres entran en la consulta y me preguntan directamente: «¿No tendrá autismo?». Esta pregunta no solo la escucho ante bebés que no terminan de fijar la mirada, sino también ante lactantes de entre nueve y doce meses, cuyos padres se quejan de que no mira cuando se le llama por su nombre. O ante un niño mayor de dos años que no habla o que «va a su bola», como dicen muchos padres.

Últimamente es mucha la información que nos llega sobre el trastorno del espectro autista (TEA). Y no hablo desde el punto de vista médico, sino del de la calle, como madre, como hermana, como vecina. Todo el mundo conoce a algún niño que empieza a tener ciertas dificultades o que incluso ya está diagnosticado de TEA.

¿Qué está pasando? ¿Por qué hay ahora tantos casos? Sin duda, es un trastorno frecuente. El enorme impacto en las familias afectadas y los estudios científicos que están viendo la luz en los últimos años han hecho que tanto la comunidad médica como la población general (maestros de escuela, profesores, educadores) estemos más sensibilizados con este tema. Es probable que, por este motivo, se diagnostiquen más casos. Tenía un profesor que me decía: «Para diagnosticar un trastorno hay que pensar en él». Y así es.

De ahí la importancia de la revisión entre los dieciocho y veinticuatro meses. Desde mi punto de vista, es una de las revisiones más importantes en cuanto al desarrollo psicomotor se refiere. Comprobarás que en esta revisión invertimos más tiempo en hacerte preguntas sobre el comportamiento de tu hijo que en mirarle los oídos, la boca o la barriga.

¿Y por qué entre los dieciocho y veinticuatro meses? ¿No hay signos más precoces de TEA? Los hay, pero, en mi experiencia, hay muchísima variabilidad en el desarrollo en niños menores de doce meses. Unos adquieren las habilidades antes que otros y esto, en ocasiones, genera muchísima ansiedad familiar. Cuidado con los diagnósticos precoces, cuidado con etiquetar a niños muy pequeños. Cuidado con alarmar a las familias.

## ¿Cuáles son los signos de alarma de TEA en niños menores de doce meses?

No soy amiga de las listas, porque muchos de los padres encontrarán similitudes con algunos de los conceptos. Cabe recordar que un signo aislado no es diagnóstico de un trastorno. A los niños los exploramos en su conjunto. Veamos a continuación qué signos empiezan a despertar mis sospechas:

| **Antes de los doce meses** |
|---|
| • Poca frecuencia del uso de la mirada dirigida a personas<br>• No muestra anticipación cuando se le va a coger<br>• Falta de interés en juegos interactivos simples como el «cucú-tras» o el «toma y daca»<br>• Falta de sonrisa social<br>• Falta de ansiedad ante los extraños sobre los nueve meses |

| **Después de los doce meses** |
|---|
| • Menor contacto ocular<br>• No responde a su nombre<br>• No señala<br>• No muestra objetos<br>• Respuesta «inusual» ante estímulos auditivos<br>• Falta de interés en juegos interactivos simples como el «cucú-tras» o el «toma y daca»<br>• No mira hacia donde otros señalan<br>• Ausencia de imitación espontánea<br>• Ausencia de balbuceo social/comunicativo como si conversara con el adulto |

Hasta esa edad me mantengo muy cauta, observo al niño y le exploro en diversas situaciones, en varias visitas. Es en la revisión de los dieciocho meses cuando pongo mis cinco sentidos.

## *¿Cuáles son los signos de alarma de TEA en niños de entre dieciocho y veinticuatro meses?*

Es en este momento cuando, como he dicho, invierto bastante tiempo en preguntar a los papás, de una forma relajada, numerosas cuestiones en busca de los siguientes signos de alarma:

| Entre los dieciocho y veinticuatro meses |
| --- |
| • No señala con el dedo para pedir algo que quiere<br>• Dificultades para seguir la mirada del adulto<br>• No mira hacia donde otros señalan<br>• Retraso en el desarrollo del lenguaje comprensivo y/o expresivo<br>• Falta de juego funcional con juguetes o presencia de formas repetitivas de juego con objetos (por ejemplo, alinear, abrir y cerrar, encender y apagar, etcétera)<br>• Ausencia de juego simbólico (no juegan a las cocinitas)<br>• Falta de interés en otros niños o hermanos<br>• No suele mostrar objetos<br>• No responde cuando se le llama<br>• No imita ni repite gestos o acciones que otros hacen (por ejemplo, muecas, aplaudir)<br>• Pocas expresiones para compartir afecto positivo<br>• Antes usaba palabras, pero ahora no (regresión en el lenguaje) |

A partir de esa edad, todos estos signos se hacen cada vez más evidentes. A medida que se van haciendo mayores, los niños sin patología desarrollan las habilidades sociales y se interesan por el mundo que los rodea, mientras que los niños con TEA se aíslan, observándose lo siguiente:

- **Un déficit de comunicación.** Con un evidente retraso del lenguaje, ni siquiera intentan hacerse entender. No imitan. Repiten palabras. Hablan de sí mismos en segunda o tercera persona. Utilizan una entonación anormal. No sonríen si les sonríes. Suelen ser autosuficientes, no piden las cosas.
- **Alteraciones sociales.** No miran a otras personas, no les interesa el resto de los niños. No interpretan la alegría o la tristeza de los demás. Prefieren juegos en solitario. No «muestran» objetos o juguetes a los demás. Les cuesta mucho imitar.
- **Alteraciones de la conducta.** Son muy rutinarios, no soportan los cambios. Realizan juegos repetitivos (alinear los lápices, poner en fila todos los coches, encender y apagar luces). Tienen hipersensibilidad a los sonidos, al tacto y a ciertas texturas. Presentan una respuesta inusual al dolor, hacen movimientos repetitivos de manos, pies y cabeza (estereotipias).

En resumen, no hay que precipitarse en los diagnósticos. Debemos estar seguros de lo que vemos antes de empezar a plantear a las familias la posibilidad de derivarlo a atención especializada para hacer los estudios pertinentes. Si la sospecha es alta, hablaremos con los padres con franqueza y serenidad, ofreciéndoles todo el apoyo disponible, que actualmente es mucho.

Como suelo decir a estas familias una vez diagnosticadas, «empezamos una carrera de fondo». Este es un largo viaje en el que habrá momentos malos y momentos buenísimos y gratificantes. No hay curas milagrosas. El trastorno del espectro autista no es algo que podamos curar, es una condición, se nace así. Lo importante es empezar a trabajar con el niño y con la familia en unidades especializadas de atención temprana, reconducir la crianza, aprender herramientas y estrategias para una feliz convivencia y aprender juntos en el camino.

## *El niño que miraba a la luna*

Siempre que tengo la oportunidad de acompañar a mis hijos en sus excursiones escolares, soy la primera en apuntarme.

Era un miércoles por la mañana. Debería estar pasando consulta, viendo a un niño tras otro, pero aquel día decidí colgar el cartel de «cerrado». La ocasión bien merecía tomarme el día libre. La clase de mi hijo se iba de excursión y necesitaban a dos voluntarios que los acompañaran.

Me encantó salir de mi ambiente para verle en el suyo. Te sorprenderías si vieras cómo se comportan tus hijos fuera de casa, fuera de vuestro entorno conocido y rodeados de «su gente», que no siempre es la nuestra. Le miraba de reojo y observaba cómo se relacionaba con sus compañeros, de qué hablaban, cómo se expresaba. Descubrí que, de cada cinco palabras, una era «tío» o «chaval». «Parece que mi hijo se está haciendo mayor», pensé. Aunque aún recuerdo su orgullosa y tierna mirada al saber que yo había sido una de las «madres elegidas».

Entre toda aquella marabunta de niños había uno que miraba a la luna. No me hizo falta mucho tiempo para darme cuenta de que era «especial». Carlos, mi hijo, me lo confirmó cuando me acerqué a su compañero a preguntarle cómo se llamaba.

—Mamá, no te va a contestar. Le llaman «el mudito». Nadie quiere jugar con él porque es muy aburrido.

No me gustó lo que escuché, pero no era el momento de darle una de mis charlas, así que decidí mantenerme junto a la profesora y observar de lejos, y también de cerca, a este niño que tanto me enternecía. Efectivamente, el niño que miraba a la luna no hablaba, no sonreía, pasaba absolutamente desapercibido, se movía siguiendo la corriente de los demás. Si había que aplaudir, a veces aplaudía; si había que sentarse en el suelo, a veces se sentaba... Hacía todo lo que se suponía que tenía que hacer, pero sin luz, sin la luz habitual que desprende un niño de seis años. Sin energía. En ocasiones nos sorprendía a todos aplaudiendo cuando nadie lo hacía, lo que, evidentemente, era motivo de burla de sus compañeros ante su confusa y perdida mirada.

Cuando llegamos a casa, tuve una larga conversación con mi hijo sobre los niños «especiales»; no como pediatra, sino como madre. Le dije todo lo que no le había dicho en la excursión, cuando me contestó con un «... es muy aburrido». Y como las imágenes visten nuestras palabras y las engalanan, le leí el libro de *El cazo de Lorenzo*, que relata la historia de un niño que vive con un cazo atado a su pierna derecha mediante un incómodo cordel. El dichoso cazo le impide comportarse como los demás, ya que hace demasiado ruido, no es capaz de subir escaleras, ni siquiera de jugar al fútbol. Su madre estará ahí, no para enseñarle a cortar el cordel para liberarse del cazo (pues el cazo es suyo y va adonde él va), sino para enseñarle a vivir con el cazo y a sacarle partido, utilizándolo para superar dificultades.

Al día siguiente, al llegar a casa tras el colegio, y antes incluso de darme un beso, Carlos se acercó a mí corriendo y me dijo:

—Mamá, hoy se han llevado al mudito a la clase de los pequeños. Ya no vendrá más con nosotros. Como no me iba a decir adiós porque ya sabes que no habla, me acerqué y le despedí con un abrazo de gigante. ¿Y sabes qué? ¡Que me apretó fuerte y... me sonrió! —me lo contaba con la emoción que le embarga a uno cuando está ante un gran descubrimiento.

Subimos a la habitación y volvimos a leer juntos el cuento de Lorenzo, que, como tantos miles de niños con TEA, también merece su espacio y su tiempo dentro de nuestro ruidoso mundo.

# 29

## ¿Me das unas vitaminas para mi hijo?

Este jarabe para estar sano, para no enfermar. Esta pastilla para estar fuerte. Esta otra para dormir mejor. Y no te olvides de los sobrecitos de la concentración.

—Hoy ha querido venir mi madre a la consulta porque no se fía de mí, aunque ya le he dicho lo que opinas sobre este tema.

La verdad es que tanto la abuela como la madre despertaron mi curiosidad.

—¿Qué ocurre? —les pregunté intrigadas.

Enseguida tomó la palabra la abuela.

—Ya sé que me vas a decir que no, pero yo tengo que intentarlo. Anda, ahora que entra el invierno, ¿por qué no le das unas vitaminas al niño para que no se resfríe tanto?

Sonreí, cogí aire y les solté el discurso.

Las vitaminas son una serie de compuestos imprescindibles para el correcto funcionamiento de nuestro organismo. Les damos tanta importancia porque no somos capaces de fabricar ninguna de ellas, salvo la vitamina D, por nosotros mismos. Por ello, el nivel de vitaminas en nuestro cuerpo depende exclusivamente de los alimentos que ingerimos y, en el caso de la vitamina D, de la exposición solar que recibamos.

## *¿Qué tipos de vitaminas existen?*

Las vitaminas se dividen en dos grupos:

- Las que se disuelven en agua (hidrosolubles): vitaminas B y C.
- Las que se disuelven en grasas (liposolubles): A, D, E, K y F.

Esta distinción es importante porque, si hay exceso de vitaminas, las que se disuelven en agua podrán eliminarse fácilmente por la orina. En cambio, si el exceso es de vitaminas liposolubles, que no se disuelven en la orina, se acumulan en los tejidos, como el hígado, y pueden resultar tóxicas.

Las vitaminas se denominan por las letras del abecedario, cosa que agradecí en su día cuando las tuve que memorizar, ya que, si además de sus propiedades, funcionamiento y origen me hubiese tenido que aprender cada vitamina con su nombre y apellidos, yo también le hubiese pedido a mi médico de cabecera un bote de vitaminas para la memoria.

## *¿Qué enfermedades produce la carencia de vitaminas?*

Hay múltiples enfermedades debidas a la carencia casi total de vitaminas, pero cabe destacar que este tipo de patologías prácticamente no se ven en países desarrollados. Son excepcionales.

Como ejemplos tenemos el raquitismo (falta de vitamina D), el escorbuto (falta de vitamina C) o la pelagra (falta de vitamina $B_1$).

## *¿Hay enfermedades por exceso de vitaminas?*

También existen. Se producen cuando hay un excesivo aporte de vitaminas, especialmente de las liposolubles, ya que, como se ha comentado, al no disolverse en agua y no poder eliminarse por la orina, se depositan en los tejidos y dan lugar a intoxicaciones. Las más frecuentes son las intoxicaciones por vitamina A y por vitamina D.

## *¿Cuáles son las fuentes de vitaminas?*

No hay un alimento en concreto para cada vitamina, ni un alimento que contenga una sola vitamina. Es decir, las frutas, las verduras y los cereales tienen todos ellos múltiples variedades de vitaminas.

- **Vitamina D.** La fuente principal de vitamina D es el sol. La dieta aporta un 10 % del total de vitamina D, y la síntesis cutánea inducida por la luz ultravioleta B (UVB), el 90 % restante. Está presente en cantidades mínimas en el pescado, los huevos, la leche y el hígado.
- **Vitamina C.** Está presente en los cítricos (naranja, limón, pomelo, mandarina), el kiwi y las verduras.
- **Ácido fólico o vitamina $B_6$.** La contienen legumbres, cítricos y verduras de hoja verde.
- **Vitamina $B_{12}$.** Abunda en pescados, lácteos, carne roja, huevos y cerdo.
- **Vitamina A o betacaroteno.** Se encuentra en lácteos, verduras de hoja verde, zanahorias, calabazas, aceites y pescado.
- **Vitamina E.** Está presente en huevos, aceite, cereales integrales y verduras de hoja verde.

Aquí viene la pregunta del millón: «¿Tengo que dar suplementos de vitaminas a mis hijos?». La respuesta es negativa. La dieta habitual de un niño de nuestro medio que coma frutas, verduras y cereales (pan, pasta, arroz, etcétera) cubre sobradamente las necesidades diarias de vitaminas. Y cuando digo sobradamente quiero decir que son contadísimos los niños que he visto con algún déficit de alguna vitamina; por mucho que me insistiera la familia en que no comía nada de fruta ni de verdura. Mención aparte merecen los niños con dietas no convencionales: vegetarianos, veganos… En estos casos sí pongo los cinco sentidos en su alimentación y posibles carencias e informo a las familias de suplementar a todos ellos con vitamina $B_{12}$.

Y, como en toda regla, siempre existe una excepción: los lactantes menores de un año. En este caso, la OMS y la Asociación Española de Pediatría recomiendan los suplementos de vitamina $D_3$ en los siguientes supuestos:

- Si la lactancia es materna, en niños menores de un año, estos suplementos se mantendrán hasta que el niño ingiera un litro diario de fórmula adaptada enriquecida con vitamina D (recomendación de grado B).
- Si la lactancia es artificial, en todos los niños menores de un año que tomen menos de un litro de leche al día.
- En niños prematuros, hasta que cumplan el año de vida.

«¿Y si me das unas vitaminas para aumentar el apetito?», me preguntan muchas familias. Las vitaminas no aumentan el apetito. Y los estimulantes del apetito están totalmente en desuso, no deben utilizarse, aunque antiguamente se emplearan; sí, lo sé, me lo dicen a diario todas las abuelas. No existe eficacia demostrada científicamente y pueden generar efectos indeseables tales como taquicardia, somnolencia, trastornos digestivos, etcétera.

La salud, el bienestar y las buenas costumbres no se medicalizan. No debemos enseñar a nuestros hijos a tomar un jarabe para estar sanos, para no enfermar; a tomar una pastilla para estar fuertes; a tomar una medicina para dormir mejor; o los sobrecitos para la concentración… No. Rotundamente no.

Es nuestra obligación como pediatras, y como padres, educar a nuestros hijos no solo para portarse bien y dar las gracias, sino también para comer de todo, probar alimentos nuevos, dormir, relajarse…, en definitiva, enseñarles a estar sanos y felices por dentro y por fuera, ¡sin medicinas!

# 30

# Las peleas entre hermanos

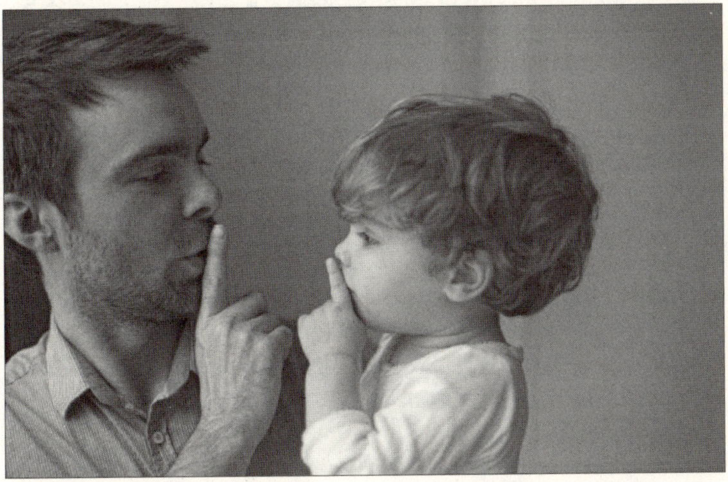

Lo que me gusta de ti es...

No sé en qué momento ocurrió, pero sucedió. En décimas de segundo, pasamos de estar compartiendo una cálida y entrañable cena en familia a estallar la tercera guerra mundial y encontrarme en medio de dos bandos claramente diferenciados y sin capacidad de maniobra.

Por un lado, mi hijo Carlos hacía rabiar a su hermana con palabras, algunas de ellas hirientes. Enfrente, mi hija Covi gritaba e intentaba contener su ira sin éxito alguno, ya que se levantó de la mesa para atizar a su hermano mayor, a sabiendas de que, si cumplía su objetivo, saldría claramente perdiendo.

Nosotros, los mayores, observábamos como el que presencia un partido de tenis. Yo, particularmente, ejercitaba mi paciencia, recordando mentalmente todas y cada una de las palabras que escribí en el capítulo «¿Conoces a tu hijo? ¿Tienes paciencia?», acerca del funcionamiento del cerebro del niño y su incapacidad, en ocasiones, de razonar por no tener aún su sistema nervioso central completamente desarrollado; es por ello por lo que en muchas ocasiones son impulsivos y emocionales, y brilla por su ausencia el autocontrol y el raciocinio. Intentaba no exigirles a mis hijos una gestión adulta de los conflictos, puesto que no son adultos, sino niños, y los niños, recuerda, se comportan como niños. Qué difícil resulta en ocasiones, ¿verdad?

Pues bien, en ese preciso instante de la cena en el que todo se iba a echar a perder e íbamos a terminar los cuatro como el rosario de la aurora, se me encendió la bombillita y se me ocurrió poner en práctica un divertido ejercicio. Cierto es que ese «juego» estaba diseñado para momentos especiales en que todos estamos en sintonía y armonía. Pero yo, como me gusta improvisar y experimentar, y soy un poco transgresora, decidí ponerlo en práctica en ese preciso momento. ¡Zas! Como si fuese un electrochoque. De lleno. ¿Qué podía perder?

—¡Chicos! ¡Silencio! Os propongo un juego.

Para los niños, la palabra «juego» es como para nosotros un «te voy a duplicar el sueldo». De repente dejas de hacer lo que estás haciendo, abres los ojos todo lo que puedes, fijas tu atención en la persona que te lo ha dicho y esperas ansioso a que continúe hablando. Los dos enmudecieron. «Primer paso conseguido», pensé rápidamente.

—Vamos a jugar a un juego que se llama «la rueda de reconocimientos».

A pesar de contar en ese momento con toda su atención, era consciente de que o me explicaba con contundencia, claridad y en pocos segundos, o se perderían de nuevo en su particular batalla campal.

—Vamos a centrarnos todos en Covi. Vamos a respirar profundo y vamos a pensar en las cosas bonitas que tiene y que nos gustan. Empezaremos nosotros, los mayores, Javi y yo. —Tomé aire y empecé—: Covi, lo que me gusta de ti es que eres… muy cariñosa —le dije mientras acariciaba dulcemente su pelo.

Inmediatamente, el gesto de mi hija cambió. Soltó el trozo de pan que tenía en la mano a modo de proyectil y todos los músculos de su cuerpo se relajaron, empezando por su expresión facial.

—Covi, lo que me gusta de ti es que siempre sonríes —le dijo Javi.

Su cara se iluminó aún más. En su cabecita debía de estar pensando: «Pero ¿qué les pasa hoy a los mayores que en lugar de reñirme, me dicen estas cosas?».

—Venga, Carlos, ahora te toca a ti jugar. Dile algo bonito a tu hermana.

Misteriosamente, y para nuestro asombro, Carlitos se enganchó enseguida y dijo:

—Covi, lo que me gusta de ti es que sales a jugar conmigo a la urbanización.

Me emocioné al escuchar las palabras de reconocimiento a su hermana pequeña, agradeciendo su compañía para ayudarle a superar su timidez.

En ese momento, la sonrisa de mi hija no podía iluminar más la casa. No podíamos parar, así que continué yo:

—Hija, lo que me gusta de ti es tu valentía y tu fuerza.

Ella, bromeando, levantó sus brazos, intentando lucir bíceps, y apretando los puños como si fuera una famosa culturista.

Los cuatro rompimos en una sonora carcajada que aún ahora mismo, mientras escribo estas líneas, escucho. Y así, reconociéndonos unos a otros, terminamos de cenar.

El postre fue un verdadero regalo, cuando me tocó a mí recibir los reconocimientos y escuchar atentamente todo lo que tenían que decir mis hijos de mí. De todo lo que escuché me quedo con la primera frase:

—Mamá, lo que más me gusta de ti es que siempre estás.

Siempre estoy… Breve, corta, contundente, pero directa al alma.

# 31

# Veintitrés horas de soledad y una hora de vida al día

La meningitis que cambió mi vida, que marcó mi destino.

## *Meningitis buenas y malas*

Una meningitis es una inflamación de la capa que recubre el cerebro y la médula espinal, denominada «meninges». La palabra «meningitis» asusta al más valiente; a los pediatras también. Existen dos tipos que nada tienen que ver el uno con el otro en cuanto a origen, tratamiento, evolución y pronóstico, como veremos a continuación.

Las meningitis bacterianas son las malas de la película. Las malas malísimas. Están causadas por unas bacterias que pueden encontrarse en la garganta de muchos niños, pero que en un momento determinado salen de su «hábitat natural» y producen la infección.

Las más frecuentes son el meningococo, el neumococo y el *haemophilus*.

En cambio, las meningitis víricas son las que llamamos las «buenas». Las producen los virus. Los síntomas son más leves. Por lo general, no tienen complicaciones ni secuelas, y no se tratan con antibióticos.

## ¿Cuáles son los síntomas de la meningitis?

En los más pequeños y en lactantes pueden manifestarse con fiebre (recuerda que toda fiebre en un lactante menor de tres meses es motivo de consulta en el mismo día), decaimiento, llanto irritable o quejumbroso, vómitos y rechazo de las tomas. Como ves, síntomas bastante inespecíficos.

Los niños mayores presentan dolor de cabeza (la mayoría de las veces intenso), vómitos, fiebre y rigidez de la nuca. A golpe de vista es evidente que algo no va bien, están sin actividad, no quieren jugar...

«¿Cómo sé si tiene rigidez de nuca?», me preguntan. Si le pedimos al niño que se mire el ombligo, este será incapaz de flexionar el cuello, ya que las meninges que recubren la médula espinal están tan inflamadas que esa flexión hacia delante les resulta imposible. Si está tumbado en la cama, al poner la mano debajo de su cabeza e intentar doblarla, no podremos, nos ofrecerá resistencia. Esto es lo que los médicos denominamos «signos meníngeos positivos». En ocasiones, cuando los niños tienen fiebre, presentan una «falsa» rigidez de nuca. Así que lo ideal es hacer esta maniobra cuando el niño está sin fiebre y relajado. Si el niño está tenso, también hará una rigidez voluntaria.

Me sucedió que, al explorar los primeros signos meníngeos cuando era estudiante, hace ya bastantes años, estaba tan concentrada en ver si flexionaba o no el cuello que me olvidé del niño asustado y aterrorizado que tenía delante. Por lo que, al intentar hacer la maniobra, ofrecía resistencia. Evidentemente. Tenía miedo. Puro instinto de supervivencia. «Tranquiliza al niño, háblale con dulzura y, mientras lo haces, le exploras», aprendí rápidamente.

Cuando la bacteria, además de inflamar las meninges, invade la sangre, puede producir lo que llamamos una «sepsis». En estos casos, dependiendo del germen, el niño puede presentar unas manchas en la piel llamadas «petequias», que son de color rojo vino. Inicialmente son pequeñas, pero con el paso de las horas van aumentando en número y en tamaño. Por lo tanto, debes vigilar cualquier mancha rojiza que le salga a tu hijo en estas circunstancias. Has de presionar sobre ella, estirar la piel que la rodea. Si desaparece y clarea, no es preocupante, aunque conviene consultar. Si, a pesar de estirar la piel, la mancha sigue ahí con ese color rojo vino, entonces estamos hablando de petequias, lo cual es motivo de consulta urgente. En pediatría hay pocas situaciones urgentes de verdad, pero esta es una de ellas. No esperes.

## *¿Cómo se diagnostica una meningitis?*

Se diagnostica con los síntomas clínicos y con una punción lumbar. Para realizar esta última prueba se pincha con una aguja gruesa la espalda sobre la columna y se extrae líquido cefalorraquídeo. Es una técnica que asusta por el contexto en el que nos movemos, pero no debemos tenerle miedo a la prueba en sí. No suele traer mayores complicaciones, más que las molestias del pinchazo. Esta prueba nos dará bastantes datos para determinar si se trata de una bacteria (meningitis «mala») o un virus (meningitis «buena»).

## *¿Qué tratamiento tiene la meningitis?*

Las meningitis víricas no necesitan antibiótico, sino que se van solas en unos días y no tienen complicaciones.

En cambio, en las bacterianas iniciamos un tratamiento precoz con antibióticos intravenosos. La mayoría se curan sin secuelas. Sin embargo, un 10 % de los niños fallecerán y un 20 % sufrirán secuelas graves: sordera, amputaciones de brazos y/o piernas, daño cerebral...

### ¿Son contagiosas las meningitis?

Sí lo son. Y todas. Se transmiten a través del contacto y de las microgotitas de saliva que desprendemos al hablar. Cuando se detecta un caso de meningitis bacteriana, los contactos estrechos del enfermo han de acudir a su pediatra y a su médico de cabecera en caso de que sean adultos para que les recete una pauta específica de antibióticos para evitar el contagio.

### ¿Se pueden prevenir las meningitis?

La única forma de evitar, en la medida de lo posible, una meningitis y disminuir el número de casos en nuestra comunidad es con la vacunación. No se previenen al cien por cien, claro está. En medicina, el cien por cien no existe, pero sí disponemos en la actualidad de varias vacunas contra las bacterias que más comúnmente atacan a nuestros hijos.

Gracias a las vacunas ha disminuido de forma importante el número de afectados por esta devastadora infección que a punto estuvo de impedir que hoy escribiera este libro, y que si algo bueno me dio fue una clara y firme hoja de ruta.

La meningitis cambió mi vida, marcó mi destino.

### Octubre de 1983

—José, despierta, la niña está con fiebre, se está quejando.

—¿Sí? Vaya por Dios. Otra vez malita. Vamos a traerla a nuestra cama y así la vigilaremos mejor.

Aquella noche fue la primera de muchas en las que la fiebre de 40 ºC no me daba tregua. No me quejaba demasiado; sospecho que el malestar y el dolor me impedían siquiera llorar. Tenía cinco años y medio cuando, por primera vez, mi cuerpo temblaba en lo que era el inicio de una grave infección que comenzaba a dar sus primeros síntomas.

Como sucede en estos casos, las horas pasan lentamente. Por la cabeza de unos padres revolotean todo tipo de pensamientos, preocupaciones, obsesiones y, por supuesto, miedos. La sombra de la gravedad acecha en cada suspiro, en cada escalofrío, en cada intento de vomitar sin éxito.

Al fin amaneció tras una larga y febril noche.

«Por el día todo se ve de distinta manera», pensaron mis padres. Nada más lejos de la realidad.

Al quitarme el pijama empapado en sudor, mi madre observó unas pequeñas manchas rojizas en el abdomen. Manchas que nunca antes había visto. Ella recordaba todos y cada uno de los consejos del pediatra cuando acudía a la consulta, así que de pronto se le encendieron todas las alarmas. Instinto maternal, quizá. Sin dudarlo un instante, llamó por teléfono a mi pediatra, el doctor José Gutiérrez Larrambebere. Una llamada de teléfono que supuso una nueva oportunidad de vida.

—Doctor, Lucía está con mucha fiebre. Estamos preocupados porque le acabo de ver unas manchas rojizas en el abdomen y parece que están saliendo más.

—Covadonga, dime una cosa. Si aprietas esas manchitas, ¿desaparecen? —le preguntó con preocupación.

—No, no desaparecen —contestó mi madre con un hilo de voz.

—Escúchame atentamente, pon tu mano bajo su cabeza e intenta flexionar el cuello hacia delante.

El grito que se escuchó fue suficiente para que el sabio pediatra sentenciara:

—Covadonga, coge a la niña como esté, métela en el coche e id corriendo al hospital sin esperar un solo minuto.

Entré por la puerta de Urgencias del Hospital Central de Asturias en brazos de unos padres aterrados. No hubo tiempo para explicaciones. Me tumbaron en una camilla, me desnudaron y a golpe de vista los pediatras lo tuvieron claro: sepsis meningocócica.

Tenía el cuerpo lleno de unas manchas hemorrágicas que se multiplicaban por minutos. El cuello rígido me impedía seguir con la mirada a mis padres. Recuerdo cada minuto, recuerdo el olor a povidona yodada al pintarme la espalda antes de la punción lumbar. Recuerdo perfectamente el abrazo robusto de una enfermera, intentando sujetarme mientras el pediatra atravesaba mi columna con una gruesa aguja para conseguir una muestra del líquido cefalorraquídeo que pusiese nombre y apellidos a la bacteria que en unas horas había puesto en jaque mi corta vida.

En aquellos años no había vacuna disponible. La mortalidad era alta, las secuelas, graves, y el pronóstico era impredecible hasta que no transcurriesen unos días.

—Tiene una meningitis meningocócica con sepsis —informó una pediatra veterana a mis padres—. El germen también ha pasado a la sangre. Es una enfermedad grave. El tratamiento consiste en antibióticos en altas dosis. Sé que esto es durísimo para ustedes, pero tenemos que esperar a ver cómo responde…

«Esperar, ¡qué duro!», pienso yo ahora que soy madre. Esperar a que tu hija gane la batalla; esperar a que los antibióticos que tantas vidas han salvado a lo largo de la historia salven también la de tu hija; esperar no perder la cabeza en esta angustiosa espera; esperar el milagro; esperar a que tu hija salga de este hospital por su propio pie sin todas esas horribles secuelas de las que hemos oído hablar; esperar que vuelva a ser la misma; esperar que nosotros volvamos a ser los mismos…

Ojalá pudiéramos intercambiar los papeles en esos instantes. Ojalá fuéramos nosotros, los padres, y no ellos, los niños, los que estuviésemos postrados en esa cama, aislados e incomunicados con vías por todo el cuerpo. Ojalá…

Admiro la entereza y fortaleza con la que afrontaron mis padres la situación. A sus veintiocho y treinta y dos años, asumieron lo que estaba ocurriendo sin histerias y sin perder el control. Estaban en manos de un equipo médico en el que confiaban.

—Todo va a salir bien. Todo va a salir bien —se repetían una y otra vez mientras pasaban las horas.

Y las horas pasaron, y los días y las noches, y yo recuerdo todos y cada uno de ellos.

—¿Cuándo me voy a ir a casa? —preguntaba yo todos los días.

—Quizá mañana —me contestaba una dulce enfermera.

Ese fue **mi primer aprendizaje** como pediatra: **nunca mientas a tu paciente, aunque sea un niño. No le prometas cosas que quizá no puedas cumplir**.

Estaba en una habitación yo sola, con una vía en cada brazo y atada con unas gasas a los laterales de la cama para que no me las quitara en un descuido.

Veintitrés horas de soledad y una hora de vida al día, la hora de visitas. Solo una hora al día. Mis padres entraban tranquilos, serenos, sonrientes, amorosos como son ellos. Llenos de luz y esperanza. Mi padre es luz, es risa, es dulzura y delicadeza, es sentido del humor, es blanco. Mi madre es esperanza, es paz, es calma, es azul como el cielo, un azul inmenso, como sus ojos certeros. En cada visita me traían una Barriguitas, aquellas famosas muñecas con olor a polvos de talco. Me encantaban.

Mi padre me soltaba los bracitos atados a la cama. Me liberaba. Confiaba en mí. Sabía que no me quitaría nada. A pesar de mis cinco años, yo ya entendía que aquello que entraba por mis venas me estaba curando.

De ahí saqué mi **segundo aprendizaje: explícale a tu paciente todas las cosas que le vas a hacer, aunque sea un niño**. Dale tiempo para que se prepare y sepa en todo momento qué vas a hacer con su cuerpo. Confía en él.

Yo exprimía aquella hora de visitas, aquella hora de vida, al máximo. A pesar de mi enfermedad, les contaba tantas y tantas cosas. De nuevo la magia de la inocencia infantil.

—Papi, mami, como estoy mucho tiempo aquí solita, ¿sabéis a qué juego? A hacer formas con las nubes. Mirad qué suerte he tenido que mi camita está al lado de la ventana y se ve toooodo el cielo. He visto corazones, cocodrilos, he visto toboganes y… ¡hasta he visto a un Oso Amoroso!

Mis padres me escuchaban con tanta atención, con tanta emoción, con tanto amor que sospecho que eso también tuvo mucho que ver en mi recuperación.

—Además, hay una enfermera que viene por las noches. Es como un ángel o quizá sea un hada. Tiene el pelo largo, largo y rubio, como el tuyo, mamá. ¿Y sabéis qué? ¡Que me cuenta cuentos! ¡Es muy simpática!

Esa sería la **tercera enseñanza** que extraje de la situación: **si trabajas con niños, trátalos como a niños**. Ayúdalos a seguir soñando, a fantasear. Mantén su inocencia intacta. Cuéntales cuentos, historias, hazles sonreír, acarícialos. Forma parte de tu trabajo.

—Solo hay una cosa que no me gusta —les confesé a mis padres con el ceño fruncido—. Por las mañanas viene mi pediatra, la señora mayor, con un montón de chicos con bata. No sé si serán también médicos. Se ponen a mi alrededor y me pintan con un rotulador las manchitas estas que tanto os preocupan a todos.

—¿Y qué ocurre, Lucía? Seguramente sean estudiantes que quieren aprender.

—¿Que qué ocurre? Hombre, pues que estoy desnudita y me da vergüenza que me vean así, aquí tumbada y sin poder taparme.

Según mis padres, estaba ofendidísima. Según yo lo recuerdo, también.

Y a eso va ligada mi **cuarta enseñanza: no desnudes completamente a tus pacientes si no hay necesidad para ello; si son niños, tampoco**. Y, si has de hacerlo, intenta tener siempre a mano una sábana para ir cubriendo otras partes de su cuerpo. Los pacientes, como los médicos, como todo el mundo, tienen pudor. Los niños también.

Durante mi enfermedad, el personal médico, de enfermería y los auxiliares fueron mi única compañía junto con mis nubes de la ventana. Me sentí cuidada y protegida. Sin embargo, hubo una persona gris que me mostró la quinta y más importante enseñanza de toda mi carrera profesional. De aquella mujer he olvidado todo menos su pelo: igual de encrespado que sus modales, igual de sucio que sus amenazas e igual de estridente que su voz. Aquel pelo era del mismo color que su alma, negro. Y el rastro que dejó en mí fue tan oscuro que tardé más de dos años en confesarles a mis padres que aquella bruja me reñía por llorar y me comparaba continuamente con otros niños ingresados.

—¡Deja ya de llorar, niña! ¡Que eres la mayor de la planta!

Recuerdo que, como fruto del dolor y la fiebre, de vez en cuando vomitaba. En una ocasión lo hice el día equivocado, el día que ella trabajaba. Entró en mi habitación y me golpeó con un:

—¿Y ahora te pones a vomitar? ¡Lo que me faltaba!

Me quitaba mis muñecas para dárselas a otros y me las devolvía a la hora de las visitas (mi hora de vida), instantes antes de que mis padres atravesasen la puerta de mi habitación. Y yo… callaba.

De esa situación extraje mi **quinta enseñanza: nunca eleves la voz a un paciente ingresado, menos aún si es un niño. Jamás culpabilices a un enfermo por su enfermedad, tampoco si es un niño**.

Bajo ningún concepto juzgues ni castigues a una persona hospitalizada, lo cual es aún más inadmisible, si cabe, si se trata de un niño.

Empatía, empatía, empatía: ponte en su lugar. Ponte en el lugar del niño enfermo, del padre angustiado, de la madre aterrada, de su hermano al que le impiden entrar en la habitación, que lleva además diez días sin ver a su hermana y que no termina de entender qué está ocurriendo y por qué sus papás lloran al llegar a casa.

Finalmente, tras diez días y diez noches salí de aquel hospital por mi propio pie, aunque con cierta inestabilidad al caminar, la cual fue desapareciendo con el paso de las semanas. Afortunadamente, no sufrí secuelas y la recuperación fue completa. El personal médico, de enfermería y los auxiliares me despidieron con tantos besos y abrazos que aún me quedan algunos aquí dentro por dar.

Al bajar las escaleras del hospital, agarrada con fuerza de mis padres, frené en seco, levanté la vista, los miré fijamente y dije con la rotundidad propia de una mujer adulta y no de una niña de cinco años:

—Yo de mayor quiero ser médico de niños para que ningún niño pase por esto otra vez.

Y lo conseguí.

# 32

## Papá, te estoy viendo

Me acordaré de ti. De lo que tú me enseñaste, de lo que tú me mostraste. De todo aquello que me hiciste sentir cuando solo tenía ojos para ti.

«No te preocupes porque tus hijos no te escuchan, te observan todo el día», dice la madre Teresa de Calcuta.

Nuestros hijos son nuestros espejos. No cabe ninguna duda. ¿Cuántas veces nos habremos visto reflejados en expresiones que utilizan nuestros hijos y que han sacado literalmente de lo que nosotros mismos decimos? ¿Cuántas veces estás hablándoles y de pronto te escuchas desde fuera y a quien realmente oyes es a tu madre? Repetimos patrones, y nuestros hijos también lo harán.

Esta carta la podría escribir cualquiera de nuestros hijos, no lo olvides.

## *Carta de un hijo a su padre*

«Papá, sé que estás cansado, que acabas de llegar a casa, pero ¿sabes una cosa? Que te estoy viendo. Creo que no te has dado cuenta aún.

»Veo cómo te levantas por las mañanas temprano. Me gusta cuando, de tanto en tanto, canturreas mientras te afeitas. A veces ¡incluso bailas con la toalla anudada a la cintura! ¡Eso es genial! ¡Me encanta! Veo cómo mamá sonríe. Hasta vi un día cómo se te cayó la toalla al suelo y mamá casi se muere de la risa.

»Veo cómo tratas a mamá, cómo tratas a mis hermanos. Escucho las conversaciones que tienes con mi hermana mayor cuando viene con malas notas. Escucho también cómo a veces te desesperas al oír llorar a mi hermano pequeño.

»Veo que hay días en los que mamá y tú os reís por cosas tontas que no entiendo, pero me gusta veros así. Veo cómo la besas y cómo, a veces, le das un cachete en el culete. Veo cómo mamá se ríe cuando lo haces, se ve que le gusta.

»También escucho las palabras que dices cuando estás muy enfadado. Suenan mal. Eso no me gusta. No me gustan los portazos, ni ver a mamá triste.

»Papá, veo cómo tratas a tus compañeros de trabajo, a tus amigos. Hasta veo cómo le hablas al jardinero o al portero. Lo veo todo.

»Veo cómo te preocupas cuando llama la abuelita, cómo vas cada domingo a darle un beso y llevarle churros para desayunar.

»Intento quedarme callado cuando te veo preocupado, decaído; no te escondas, papá, porque de eso también aprendo. Aprendo de los abrazos que te da mamá en un intento de consolarte, abrazos sin fin que me da también a mí cuando lloro. ¡Qué gustito da! ¿Verdad, papá?

»Escucho lo que dices frente a la televisión cuando mamá y tú habláis de las noticias. Veo cómo tapas a mamá con la manta si se ha quedado dormida en el sofá mientras le besas la frente…, y aprendo. Aprendo de ti, papá, ¿no lo estás viendo?

»Veo lo que te gusta, lo que no te gusta. Leo tus revistas, escucho tu música. Escucho tu risa, tus carcajadas también. A veces escucho tus gritos. Escucho tus "te quiero", tus "te he echado de menos", tus “lo siento”, tus “gracias”, tus “lo superaremos”, tus “confío en ti”… Lo escucho todo.

»Veo, escucho, siento y aprendo. Y, cuando llegue el momento en el que sea mayor y no sepa qué hacer, no tendré más que pensar en ti y en lo que tú harías, en lo que tú hacías, en lo que tú haces…

»No te preocupes tanto por que lo aprenda todo en el colegio. Sospecho que cuando de verdad sea mayor como tú y tenga problemas, problemas “de la vida real”, como tú dices, no me acordaré del cole, sino que me acordaré de ti. De lo que tú me enseñaste, de lo que tú me mostraste. De todo aquello que me hiciste sentir cuando solo tenía ojos para ti.

»Porque quizá no recuerde los detalles, quizá no recuerde tus palabras exactas, pero lo que sí recordaré sin lugar a dudas es lo que sentí. Lo que sentí al verte reír, al verte llorar, al verte gritar, al verte hablar con unos y con otros, al verte… vivir.

»Cuando tenga mi primer trabajo, trataré a mis compañeros como tú tratabas a los tuyos. Cuando tenga hijos, les hablaré como tú me has hablado. No sabré hacerlo de otra forma. Y a mi mujer, si se queda dormida en el sofá, ¿qué le haré, papá? La taparé con la manta mientras le beso la frente.»

# MI HIJO SE HACE MAYOR

# 33

# De madre abnegada a mala madre. Mamá se confiesa

Cuando reconquistarte a ti misma se convierte en una necesidad vital.

Nuestros hijos se van haciendo mayores. Sin apenas darnos cuenta, un día descubrimos que, mientras te estás maquillando en el cuarto de baño, tu hijo se ha vestido él solo. El día menos pensado, entras en la cocina y te lo encuentras haciéndose un sándwich.

—¿Qué haces, cariño?

—Pues hacerme un bocata —te contesta sin levantar la vista del trozo de pan que está intentando cortar con sumo cuidado.

—¿Y por qué no se lo pides a mamá?

En ese momento, tu hijo te mira con unos ojos que, aunque aún muestran cierta inocencia, comienzan a dejar ver la lógica aplastante y el sentido común.

—Pues porque tenía hambre y, como te vi ocupada, me lo preparé yo mismo.

En ese instante, una no sabe qué decir. Es una mezcla de orgullo por comprobar que tu hijo empieza a valerse por sí mismo y al mismo tiempo añoranza por verle crecer tan rápido.

No quiere que le duches, prefiere hacerlo él solo. No consiente que le pongas una servilleta en el cuello para no mancharse. No te deja peinarle, al menos no a tu gusto. Empieza a volverse más selectivo con la ropa, con el calzado, etcétera. «¡Pero si hasta hace cuatro días le vestía con lo que a mí me parecía y ahora se diría que tiene un *personal shopper*!», pensaba frecuentemente en esa época.

Y sí, no hay ninguna duda: se está haciendo mayor. Ya no es un niño pequeño, así que, por mucha pena que te dé, empieza a tratarle como lo que es, un chico con sus propios gustos y preferencias, con su particular manera de hacer las cosas, que en ocasiones no coincide con la tuya; un chaval con opinión propia que emite juicios a veces muy interesantes y dignos de tener en cuenta.

Al mismo tiempo que ellos se despiden de la etapa de niño-bebé en la que viven entre nuestras faldas todo el día, nosotras le damos la bienvenida a nuestra parcela de mujer. Ellos van perdiendo poco a poco y lentamente esa inocencia tan maravillosa que los ha protegido durante sus primeros años y nosotras vamos ganando en picardía y en deseo de recuperar nuestro espacio.

Las mujeres somos estupendas, divinas, guapas, inteligentes y, de unos años a esta parte, estamos sobradamente preparadas. Pero tengo que decir que somos nuestras peores enemigas. Y en esto, más de una me dará la razón.

Parece que en lo que a maternidad se refiere, no hay términos medios: o eres una madre abnegada, sacrificada, conformista, entregada, que vive día y noche por y para sus hijos, o eres una «mala madre» porque trabajas demasiado o porque no pasas el tiempo suficiente con tus hijos.

—He decidido apuntarme al gimnasio —confiesas felizmente a la puerta del colegio. Sin embargo, antes de terminar la frase, ya sientes el calor inconfundible de la mirada asesina de la que tienes al lado: «Pero ¿cómo se le ocurre?», piensa mientras te atraviesa con sus ojos inquisidores.

En la cola del supermercado, le comentas a tu amiga:

—Este viernes dejamos a los niños con los padres y nos vamos todas nosotras de cenita y a echar unos bailes. —De nuevo, levantas la vista y te encuentras a otra madre escudriñándote con un «¡Escandaloso!» escrito en la frente.

—Me parece genial, pero yo no tengo con quién dejar a los niños este fin de semana —te responde tu amiga, que se ha separado recientemente, haciendo un pequeño puchero—. Aunque, ahora que lo pienso…, voy a llamar a la canguro y que se quede con ellos —afirma, recuperando la sonrisa.

La mujer que esperaba en la cola de pronto se mueve de forma extraña; o le ha dado una pequeña descarga eléctrica, o tiene un tic en la cara, o ha visto un fantasma. Solo le falta gritar a voces: «¡¿Una desconocida con tus hijos mientras tú estás por ahí de juerga?!».

Pues mira lo que te digo: llega un momento en la crianza de tus hijos en que recuperar tu parcela como mujer ya no es que sea un regalo o una licencia que algunas se puedan conceder; reconquistarte a ti misma se convierte en una necesidad vital. ¡Se acabó el sentirse culpable!

**Ser madre es la experiencia más intensa y maravillosa que he vivido, y no lo cambiaría por nada del mundo, pero reivindico mi espacio como mujer**. Lo reivindico porque lo necesito, porque me sienta bien cuidarme y pensar un poco más en mí, porque así soy más feliz y, en consecuencia, mis hijos disfrutan de una mamá mucho más feliz también. Porque a nuestras parejas también les encanta que soltemos lastre.

«Eres una madre maravillosa, no te exijas tanto. Piensa un poco más en ti», me decía mi pareja.

Reclamo mi parcela porque es mía. Porque no quiere decir que por ser madre tengas que renunciar al resto de tu vida. Porque cuando traes al mundo a una criatura, eso no significa que tengas que enterrar tu vida anterior, ni debe impedirte hacer cosas nuevas, estimulantes y placenteras. Y una cosa más: me gusta mi trabajo; ¿y por eso me tengo que sentir culpable?

Hay fines de semana deliciosos en los que desearías que te tocara la lotería para no volver a trabajar nunca más y vivir en ese estado de felicidad perpetua, pero me darás la razón en que hay otros fines de semana en los que todo sale al revés. Tras esos días catastróficos en los que los niños se han portado fatal, no has podido descansar y apenas has salido de casa, una llega al trabajo y piensa: «¡Bendito lunes! Vuelvo al trabajo». ¿Eso me convierte en un monstruo o en una mala madre?

Quiero a mis hijos por encima de todo, y por ellos sería capaz de cualquier cosa. Pero reconozco que a veces necesito recuperar mi parcela, mi espacio; insisto, es mío. Una no es peor madre por intentar nutrir sus vacíos como mujer, ni tampoco tiene que compensar a sus hijos con regalos por haber trabajado más de la cuenta o por haber salido a divertirse. Una ha de aprender a disfrutar plenamente de sus hijos y dedicarles tiempo de calidad, que no siempre va ligado a la cantidad. Mamá merece estar contenta y disfrutar, y si eso es en ocasiones sin sus hijos, pues así tendrá que ser. Los niños, créeme, prefieren a una mamá divertida, feliz y plena, aunque no esté las veinticuatro horas del día a su lado.

¿Eres madre y a partir de ese momento todas las actividades las tienes que hacer con tus hijos? Y, cuando digo todas, son todas. Pues no. Hay actividades para todos los públicos, actividades infantiles, actividades para adultos, actividades para chicas y actividades en pareja, y todas ellas alimentan nuestro bienestar, ¿o no? ¿Tengo que renunciar a salir a cenar con mi pareja porque somos una familia y todo lo hacemos juntos? ¿Por ese motivo tampoco puedo hacer ningún viaje más a solas con mi pareja?

La crianza es muy larga e intensa, en ocasiones equiparable a una montaña rusa. Es natural que durante los primeros años solamente quieras hacer planes con tus hijos, por supuesto que lo es. Y es fantástico y enriquecedor. No pasa un solo minuto en que no estés pensando lo próximo que harás con ellos. Pero existen otros momentos en los que te apetece compaginar las actividades infantiles y familiares con otro tipo de escenarios y emociones. Es natural. Y no eres peor madre por sentirlo así.

Voy a hacer una confesión que quien bien me conoce bien sabe: durante una buena parte de mi vida los miércoles por la tarde no estaba para nadie. Los miércoles por la tarde no trabajaba; tampoco había reuniones, ni guardias, ni comida con amigas, ni deberes de los niños, ni tardes de pintura, ni manualidades en casa. Los miércoles por la tarde eran única y exclusivamente para mi chico y para mí. Tal es así que mis amigas ni me escribían y, si lo hacían, sus mensajes siempre empezaban con un: «Siento molestarte en tu miércoles del amor».

¡Son geniales! Unas tardes nos íbamos al cine, otras a comer por ahí, otras de compras y otras muchas simplemente a dar un paseo y tomarnos una cerveza. Aprovechábamos para hablar tranquilamente, contarnos todas las cosas que debido al ritmo frenético de la semana en ocasiones no nos habíamos podido contar, nos relajábamos, desconectábamos de nuestras obligaciones y cargábamos pilas. ¡Era estupendo!

Cuando llegaba a casa, los niños ya estaban duchados y cenados, y no pasa nada. No pasaba nada porque un día a la semana no fuera yo la que les preparara la cena, ni fuera yo la que los ayudase a ducharse, ni siquiera pasaba nada porque no hubiese comprobado si habían hecho correctamente los deberes.

Así que no importa si tus hijos son pequeños o mayores. Busca un momento para ti y decide cómo te gustaría invertirlo. Juguemos a un juego: imagina que, en lugar de tocarte un millón de euros en la lotería, te han tocado tres horas a la semana para ti. Es un premio único e intransferible, y no acumulable a otras ofertas, como dicen los cupones descuento de los supermercados. Seguro que en muchas ocasiones has fantaseado con: «Si me tocara la lotería, primero haría…». Y que te toque la lotería quiere decir que te han regalado ese dinero. Que no vas a sacrificar unas cosas para poder pagarte ese capricho que tanto anhelas. No. Te ha tocado la lotería y todo lo que te compres con ello es un regalo. Así es, ¿verdad?

Bien, pues ahora el ejercicio es el siguiente. Debes pensar: «Si tuviera tres horas a la semana para mí…». Quien dice tres horas dice una tarde a la semana o cada quince días. Pero has de verlo como un regalo, no como si tuvieras que sacrificar otra cosa para conseguir esas tres horas. No, esa no es la idea. De golpe y porrazo te han caído tres horas a la semana del cielo, es un regalo. Te acaba de tocar la lotería. **Explora tus emociones. Escucha tus necesidades, tus deseos, siéntelos, son tuyos. No los hagas callar, no los escondas bajo excusas, no les pongas la mordaza de las obligaciones.**

En mi caso, esas tres horas en aquel momento exacto de mi vida las quería invertir en la pareja porque considero que es necesario debido al desgaste, a veces imperceptible, que genera la crianza. Reconozco que al principio me costó, no podía evitar sentirme un poco culpable. Enseguida llamaba a casa para saber si habían hecho los deberes, si había alguna circular en la mochila, si les había ido bien en el cole. ¿Por qué seremos tan controladoras? Luego me relajé. Se trataba de disfrutar, de desconectar y también de regalarle a mi pareja un tiempo en exclusiva sin el a veces pesado cartel de «supermadraza».

No me llevó mucho tiempo descubrir que mis hijos eran igual de felices que antes y que yo lo era un poquito más desde que los miércoles por la tarde mamá ya no era mamá, sino simplemente Lucía.

# 34

# A los niños también les duele la cabeza

Lleva varios días quejándose de la cabeza. ¿Y si de verdad tiene algo y no le estoy haciendo ni caso? ¿Tengo que preocuparme?

En los niños mayores de siete u ocho años, la cefalea, o dolor de cabeza, es un motivo muy frecuente de consulta y una fuente de preocupación de muchos padres. Hasta un 96 % de los niños habrá tenido una cefalea durante los primeros catorce años de vida, y muchos de ellos la habrán sufrido en más de una ocasión.

Cuando nuestro hijo se queja de que le duele la cabeza, los padres, casi de forma instintiva, le ponemos el termómetro, ¿verdad? Pues no vamos desencaminados, ya que la causa más frecuente de estos dolores son las infecciones leves o moderadas, y además febriles, que generan cefalea de forma secundaria a la fiebre y al malestar.

Si tiene fiebre, los padres tenemos las cosas más o menos claras: si se encuentra mal, le daremos un antitérmico (paracetamol o ibuprofeno) y observaremos la evolución. Pero, si no tiene fiebre y, además, no es la primera vez que viene del colegio con el dolor, ya empezamos a preocuparnos. Es entonces cuando nos asaltan las dudas y comenzamos a preguntarnos: «¿Cuándo fue la primera vez que se quejó?». «¿Desde cuándo está con este dolor?» «¿Tendrá algo raro y no le estoy haciendo ni caso?» «¿Lo consulto con el pediatra?»

## ¿Qué tipos de cefaleas hay y cuáles son sus síntomas?

Excluyendo las infecciones como principales causas de dolor de cabeza, dividiremos esta dolencia en tres grupos: cefaleas tensionales, migrañas y cefaleas de origen neurológico maligno.

En primer lugar tenemos las **cefaleas tensionales**, que son, con mucho, las más frecuentes. Tras un periodo de estrés, falta de sueño o problemas personales, el niño se queja de dolor de cabeza. Lo mismo nos ocurre a nosotros tras un mal día en el trabajo, ¿verdad? Y no por ello nos alarmamos. En los niños ocurre algo similar. Estos dolores tienen unas características muy concretas que, tras una detallada historia clínica, no necesitan de otros estudios ni pruebas:

- El dolor es leve o moderado.
- Suele afectar a ambos lados de la cabeza, sobre todo a la frente.
- Es un dolor continuo, como si le estuviesen apretando la cabeza o como si llevase un casco muy apretado.
- No suele haber náuseas ni vómitos.
- No suele molestar el ruido (fonofobia) ni la luz (fotofobia).
- Desaparece con analgesia habitual.
- No los despierta por la noche.

En segundo lugar están las **migrañas**, bastante menos frecuentes. Suelen tener un componente hereditario claro: o el padre o la madre sufren migrañas. Las características de las migrañas son las siguientes:

- Se trata de un dolor intenso en forma de pinchazos o martillazos, lo que los médicos llamamos «pulsátil».

- El dolor aparece en un lado de la cabeza o cara (unilateral).
- Molesta la luz (fotofobia) y el ruido (fonofobia).
- A veces aparecen náuseas o vómitos, o ambas cosas a la vez.

Generalmente, a los niños les duele tanto la cabeza que dejan de hacer lo que estaban haciendo por la intensidad del dolor. Encontraremos a nuestro hijo realmente afectado, pálido y a veces sudoroso.

Inicialmente, se tratan con ibuprofeno o paracetamol. En ocasiones, las crisis de migraña son tan frecuentes en el tiempo que necesitarán un tratamiento de mantenimiento para evitarse, así como otro tipo de pruebas o valoración a cargo de un neuropediatra.

En tercer lugar están las **cefaleas de origen neurológico maligno**, como pueden ser los tumores cerebrales. Realmente, esta es la causa menos frecuente con muchísima diferencia, pero por motivos obvios genera una gran angustia familiar y es una de las causas por las que la inmensa mayoría de los padres acuden al pediatra.

## ¿Cuándo debo preocuparme de verdad?

Esa es la pregunta estrella. Será en los siguientes casos cuando, sin más demora, el niño deberá ser evaluado por un pediatra:

- Si el dolor empieza de forma súbita, especialmente por las mañanas, y va aumentando con el paso de las horas.
- Si el dolor despierta al niño en mitad de la noche.
- Si tiene vómitos violentos, sin náuseas, sobre todo matutinos.
- Si tiene visión doble.
- Si la cefalea empeora con el ejercicio o la tos.
- Si hay cambios en el comportamiento del niño: está más adormilado o, por el contrario, más agitado, rebelde, confuso, mareado…
- Si presenta alteración en el lenguaje: habla diferente, se le olvidan las palabras, habla más despacio de lo habitual, etcétera.

### *¿Cómo saber cuánto le duele la cabeza?*

Desde que mis hijos eran bien pequeños, les he enseñado a «escalar» el dolor, es decir, a puntuarlo del cero al diez. Es asombroso lo bien que lo captan y la cantidad de información que arrojan sus respuestas. Y lo hago en un intento de enseñarles a escuchar las señales de su cuerpo, a conocerse a sí mismos, a tomar conciencia de lo que les ocurre, de lo que sienten. «Conciencia plena», dicen unos; *mindfulness*, lo llaman otros.

—Cariño, imagínate los números del cero al diez. Le pondremos un cero si no me duele nada de nada. Puntuaremos con uno o dos si empieza a molestar un poquito, pero casi nada. Dirás que tienes un tres o cuatro cuando te das cuenta de que el dolor siempre está ahí, dentro de ti y molesta. Iremos subiendo hacia un cinco o seis si ya duele y se lo dices a mamá. Llegarás al siete cuando el dolor empieza a ser importante, ocho si es cada vez más fuerte y no puedes pensar más que en el dolor, nueve cuando es inaguantable y duele mucho y, finalmente, diez cuando se convierte en un dolor in-so-por-ta-ble.

Te sorprenderías al comprobar lo rápido que lo entienden y lo bien que lo hacen. Al principio tal vez estén un poco perdidos, pero, en cuanto lo practiques varias veces, te darás cuenta de cómo ellos mismos se puntúan. Aprenden a escuchar a su cuerpo y a interpretar lo que sienten. Tras haber tenido un episodio más o menos fuerte de dolor de algún tipo, enseguida reconocen que ese episodio dolió de verdad y les servirá de punto de referencia para puntuar a los sucesivos. Es una herramienta fácil de utilizar con los niños y muy útil para los pediatras también. La uso habitualmente en la consulta e instruyo a los padres para que lo practiquen en casa; ellos también lo agradecen y aprenden a no salir corriendo ni perder los nervios cuando su hijo les dice que tiene dolor.

Por lo tanto, ahora que ya lo tienes más claro, la próxima vez que tu hijo vuelva a quejarse, podrás hacerte una idea general de qué tipo de cefalea podría tener. Aunque, evidentemente, si albergas la más mínima duda, deberás consultar con un pediatra.

Es importante recordar que, si sufres con frecuencia dolores de cabeza o migrañas, procura no comentarlo delante de tus hijos, especialmente si son pequeños. Recuerda que ellos reproducen nuestras emociones. A sus ojos, somos unos enormes e inquebrantables espejos.

# 35

## Papá y mamá se van a separar

Lo importante de la familia no es vivir unidos, sino estar unidos.

«Para lo bueno y para lo malo, en la salud y en la enfermedad, todos los días de mi vida, hasta que la muerte nos separe.» Esto es lo que nos han contado, ¿verdad? Uno se casa para toda la vida.

Actualmente, uno de cada dos matrimonios se rompe. ¿Por qué? Hay tantas y tantas teorías, tantas y tantas causas… Según unos, se debe a la pérdida de valores; otros lo relacionan con la incorporación de la mujer al mundo laboral o con el grado de exigencia actual; los hay incluso que banalizan el divorcio y llevan el *carpe diem* a su sentido más literal y extremo.

¿Sabes qué te digo? Me dan igual los motivos. Lo que de verdad me importa es la salud emocional de todos esos niños de corazón dividido, de todas esas madres que ven truncado su «cuento de hadas infantil», de todos esos padres o madres que no ven a sus hijos todo lo que les gustaría. ¿Hay culpables? Habitualmente no, no los hay. No los busques.

Nos casamos para toda la vida, no hay duda. Yo me casé profundamente enamorada de mi pareja, con la fe ciega, casi infantil, de que esa historia tan bonita no llegaría nunca a su fin y que solo la muerte lograría separarnos. Dicho así, leído así, y ahora que lo escribo, suena a cuento de princesas, ¿verdad?

Los años pasan; las personas cambian, evolucionan y, en ocasiones, toman caminos diferentes. Esa separación de sentimientos se va gestando durante meses, durante años. Poco a poco, con el paso del tiempo, uno se da cuenta de que su compañero de viaje está en otro vagón, tal vez en otro tren, o incluso te percatas de que se ha bajado en una estación por la que ya no volverás a pasar. Y esa separación de vagones, de trenes o incluso de caminos empieza a pesar sobre tus, hasta el momento, robustas espaldas. No eres feliz.

El tiempo sigue discurriendo en ese solitario tren en el que pasas más días triste que alegre; en el que parece que siempre es de noche; en el que la oscuridad no solo te nubla la vista, sino también el alma; en el que el ruido ensordecedor de los raíles te impide escuchar la risa de tus hijos. De pronto llega un día en el que te miras al espejo y te dices: «Mis hijos se merecen una madre feliz». Porque ¿sabes una cosa? **Para que tus hijos sean felices, necesitan una madre feliz. Y lo mismo para vosotros, los padres.**

Qué duda cabe que el «egoísmo» de los niños los lleva a querer mantener a sus padres juntos a toda costa y cueste lo que cueste; aunque eso suponga ver a su madre o a su padre sumido en la tristeza. Y es así. Es la naturaleza de los hijos. No los culpo. Sin embargo, como padres, debemos ser conscientes de ello, como también debemos saber que ver a unos padres que no se quieren, indiferentes el uno con el otro, sin alegría o, peor aún, con discusiones y desplantes en casa no les beneficia en absoluto. Es más, marcará su desarrollo emocional y su manera de relacionarse con sus futuras parejas. ¿Cuántos adultos hay con el famoso miedo al compromiso que son hijos de divorcios traumáticos? Muchos, y muchos más habrá si no se produce un cambio.

Hace un tiempo, una madre, con lágrimas en los ojos cargadas de amargura y culpa, me decía:

—Ayer por la noche, mientras cenábamos, mi pareja me dio un beso delante de los niños. Fue natural y espontáneo. Yo fui la primera sorprendida. Como sabes, me voy a separar. No puedo más…

Dejé que continuara contándome la historia del beso furtivo.

—Mi hijo mayor, el de cinco años, cuando vio el beso que me había dado su padre, nos hizo una pregunta que me partió en dos: «Papi, ¿por qué besas a mamá?».

No pudo terminar, sus palabras se ahogaban en sollozos contenidos.

«¿Por qué besas a mamá?» Al niño, sin mala intención, le pareció tan inusual ver a su padre besar a su madre que con una tímida sonrisa cargada de la inocencia más pura preguntó por qué besaba a mamá. Y lo hacía con la curiosidad de un niño al ver algo absolutamente nuevo para él. Es desolador que nuestros hijos se sorprendan con muestras de amor cotidianas.

En las separaciones, siempre suele haber un miembro de la pareja que sale ganando frente al otro, esto es así; ojalá pudiéramos cambiarlo. Ojalá todas las separaciones se hicieran desde la madurez de dos personas que ya no se hacen felices y deciden tomar caminos separados. Pero esto no ocurre casi nunca. Son tantos años viviendo con una persona, tantas cosas en común que uno no logra comprender qué ha ocurrido. «¿En qué momento se ha roto mi matrimonio?» «¿En qué momento ha dejado de quererme?» «¿Ha aparecido otra persona y por eso ya no me quiere a mí?» «¿Por qué ya no siento lo mismo?»

No hay un punto de inflexión. No hay un antes y un después. No hay otra persona que de repente hace que te desenamores de tu pareja y lo dejes todo de la noche a la mañana. Eso solo pasa en las películas. Es mucho más complejo. Es un lento proceso que dura mucho tiempo. Los sentimientos hacia la otra persona se van agotando, se van extinguiendo, lentamente… Difícilmente nos damos cuenta hasta que llega un momento en el que, si escuchas tu voz interior, descubres que la vida que llevas no te hace feliz.

La decisión es dura, durísima. Créeme. Se mezcla el cariño que sientes por tu pareja y el amor incondicional hacia tus hijos. Temes hacerles daño, temes hacerles sufrir, temes equivocarte. Te sientes responsable de tus hijos, de las decisiones que tomes y de las consecuencias que conllevan. «¿Y si me equivoco? —te repites una y otra vez—. ¿Cómo voy a hacer esto a los niños? No me lo perdonarán. ¿Y mi familia, mis amigos, qué pensarán?»

Al final de todo, si tienes la valentía suficiente, en quien pensarás será en ti, y dirás: «¡Necesito ser feliz!». Y ese sentimiento comenzará a rondarte por la cabeza, te impedirá dormir, te impedirá comer, te impedirá sonreír… Y se convertirá en una necesidad vital.

En este punto hay personas que se ven bloqueadas por el miedo y se mantienen quietecitas, donde están, sin hacer nada más que lo que todo el mundo espera de ellas. Renuncian a su propia felicidad y ahí se quedan. Las respeto a todas ellas. Es su decisión. Mantienen la «unidad familiar» tradicional. Pero ¿de verdad piensas que eso es «unidad»? ¿De verdad es un buen ejemplo el que les damos a los niños viendo a ese padre o a esa madre resignados? ¿Es eso amor abnegado? ¿Merece la pena? Yo pienso que no.

Hay otra serie de personas, valientes y luchadoras por naturaleza, que se niegan a aceptar esa nueva realidad; que se resisten a abandonarse a esa indiferencia emocional y deciden dar el salto. Y la mayor parte de las veces no se equivocan.

**En momentos de crisis importantes en la vida, no vale lo que los demás te digan, ni siquiera lo que tú misma te digas, solo vale lo que tú sientes**. De nuevo debemos utilizar la consciencia plena para llegar hasta el final: «¿Qué siento?». «¿Por qué me siento así?» «¿Dónde me gustaría estar y por qué?» «¿Qué sentiría si estuviese en esa nueva situación?» Y, por último, «¿qué puedo hacer para alcanzar ese lugar emocional?».

Una de mis preguntas favoritas que utilizo frecuentemente y que requiere de unos minutos de reflexión antes de contestarse es: «Si tuviese una varita mágica, ¿qué deseo pediría?». Es una pregunta reveladora si se hace en el momento oportuno. Las veces que me la he hecho a mí misma, a mis hijos y a la gente de mi entorno, las respuestas nunca me han dejado indiferente, y a ellos tampoco.

Cuando ocurre una desgracia, la naturaleza humana pasa por distintas fases. Y esto ocurre con enfermedades graves, con desastres de la naturaleza, con accidentes, con pérdidas… y también con separaciones. Primero pasamos por una **fase de negación** en la que no nos podemos creer que esto nos esté pasando a nosotros. Quizá seas la primera en tu grupo de amigos, quizá vayas a ser la única. Te dices: «¡Esto no me puede suceder a mí! ¡A mí no!», y mientras tanto ves a tu alrededor que todas las parejas funcionan, que aparentan felicidad. ¿Y por qué vosotros no? «¿Por qué yo no?» La negación es un mecanismo de defensa y nos llega en un intento de amortiguar el golpe tan duro que acabamos de recibir. Con la negación intentamos ganar tiempo de forma subconsciente. Ganar tiempo, ¿a quién?

Posteriormente llega la **fase de negociación**, la mayoría de las veces con uno mismo. Crees que puede haber una solución y lo intentas una y otra vez, sin descanso, sin parar a tomar aire. Te dejas la piel en recuperar tu matrimonio. Negocias contigo misma, con Dios, con el Universo, o con lo que sea, que, si finalmente superáis la crisis, no volverás a repetir comportamientos que sabes que os pueden dañar de nuevo. «Intentaré pasar más tiempo con mi familia. Dejaré en un segundo plano mi trabajo. Ayudaré más en casa», se repiten unos. «Intentaré ser más cariñosa, mi pareja también me necesita. Hay más cosas aparte de los niños», se repetirán otras.

Pasada esta fase, cuando comprobamos que la negociación no nos ha servido, llega la pena, la rabia, el dolor; en ocasiones, la depresión. De pronto tu cuento de hadas se desmorona, tu castillo de princesas arde en llamas, tu príncipe azul se desvanece. Te sientes engañada, frustrada, abatida, fracasada. «Fracaso», qué palabra; debería desaparecer del diccionario. Sin embargo, de todo fracaso obtendremos una ganancia, un aprendizaje. El fracaso forma parte de nuestras vidas; si no fracasamos, difícilmente aprenderemos de nuestros errores. Y, si no aprendemos, no cambiamos, no evolucionamos. Siempre podremos obtener una enseñanza para el futuro, para ser mejores personas, para no repetir errores, para alcanzar la serenidad que en estos momentos nos falta.

Esta **fase de tristeza** es la que más dura. Te has rendido definitivamente. Es en este momento cuando es de vital importancia estar rodeado de gente que te nutra emocionalmente, que te alimente de sentimientos positivos y bonitos, que te ofrezca para beber emociones constructivas y llenas de energía. Que llenen tu arrasada despensa de serenidad, de calma y de aceptación. Huye de todos aquellos que, disfrazados bajo el cartel de la amistad, intoxican tus días, envenenan tus sentimientos, te alimentan de ira y de sed de venganza. Aléjate de ellos, tú serás la única perdedora; tú serás la única que lo sufra.

En muchas ocasiones, lo que provoca que salgas de ese estado de tristeza y apatía constante es la necesidad de encontrar culpables: el médico que la trató no lo hizo bien; si no llego a coger el coche, no hubiese pasado; si no se hubiese cruzado esa otra persona en nuestras vidas… Tendemos a buscar culpables. Pero muchas veces no los hay.

Si encontramos al que nosotros consideramos culpable, depositamos en él o ella toda nuestra rabia, toda nuestra ira, a sabiendas de que eso no nos reconforta, sino, al contrario, nos llena más aún de rabia y dolor. Ese no es el camino. La ira es un bumerán que siempre vuelve a nosotros con más fuerza que cuando lo lanzamos. En ocasiones, a la otra persona ni le roza, ni siquiera lo ve sobrevolar sobre su cabeza. El bumerán regresa y nos golpea, y lo lanzamos otra vez y vuelve de nuevo. Es un círculo vicioso. No entres en él. No alimentes la ira, la culpa, la maldad ni el odio, porque son solo sentimientos que únicamente te destrozan a ti, acaban contigo, te hunden.

Debemos superar lo sucedido y alcanzar la **fase de aceptación**. Llegará un día en que lo único que de verdad desees sea recuperar la paz interior, la serenidad y la calma. Y lo conseguirás.

El ser padre o madre es para toda la vida. Da igual las circunstancias, da igual bajo el techo donde se duerma, da igual los kilómetros que os separen… Es un amor incondicional, es algo mágico. Y eso es lo que ha de permanecer intacto; esto es sagrado.

Solo a la pareja le corresponde lidiar con sus diferencias. Sé que has escuchado esto miles de veces, pero no impliques a tus hijos. No los utilices como moneda de cambio, no son las armas arrojadizas de vuestra guerra. No lo hagas, por favor, porque los únicos que perderán son los niños. El daño que se les hace es irreparable. Tú quizá pierdas dinero, estatus o comodidades, pero tus recursos emocionales como adulto que eres harán que, con el tiempo, te recompongas y te recuperes. Tus hijos carecen de esos recursos, no habrá marcha atrás. Solamente sumarán cicatrices. No lo permitas.

Habla con tus hijos con tranquilidad. Exponles la situación de manera serena y relajada: «Papá y mamá han decidido separarse. A partir de ahora viviremos en casas diferentes para ser así más felices. Os seguiremos queriendo muchísimo, los dos. Seguiremos estando a vuestro lado siempre que nos necesitéis».

Deja claro a tus hijos que no tienen la culpa de nada. Los niños pequeños suelen sentirse culpables. Creen que papá se ha ido o mamá ha decidido separarse por culpa de ellos. No permitas que crean eso. Vuelca tu amor más tierno con ellos.

Los adolescentes suelen buscar culpables. En ocasiones culpan al padre (por haberse ido de casa, por trabajar muchas horas, por enamorarse de otra mujer) y a veces a la madre (por ser una gruñona, por no estar en casa cuando se la necesita, por enamorarse de otro hombre). En ocasiones consideran culpables a terceras personas: «Mis padres eran muy felices hasta que se cruzó esta otra persona y nos arruinó la vida». Todos sabemos que esto no es así.

Compréndelos, dales tiempo. Ellos también tienen que pasar por todas las fases del duelo. Habla con ellos todo lo que puedas, respeta sus periodos de silencio. Haz actividades divertidas con ellos y, sobre todo, ten mucha paciencia.

Respeta siempre al que fue tu compañero de vida. Nunca le insultes delante de tus hijos (por detrás tampoco). No hables mal de tu expareja. No descargues tu ira de esa forma, envenenando a tus hijos, pues es mezquino y egoísta. Procura mantener una buena comunicación con tu expareja. No hay mejor ejemplo para tus hijos. Piensa en ellos.

**Lo importante de la familia no es vivir unidos, sino estar unidos.**

Cuando tengas tentaciones de descargar tu rabia, para, respira profundo, cuenta hasta diez y piensa en tus hijos. Ellos te darán la luz que necesitas. Ellos te regalarán la inocencia que has perdido. Pondrán la banda sonora a tus mañanas al escucharlos canturrear, te devolverán la sonrisa cuando te suelten alguna de sus ocurrencias, llenarán tu cuerpo de amor con sus abrazos, con sus besos, con sus delicados e imperceptibles gestos de apoyo incondicional. Ellos nunca te fallarán.

¿Que uno tiene que «tragar» ciertas cosas? Sí, todo el mundo. De un bando y de otro. Pero llevar un divorcio cordial y mantener una comunicación fluida no tiene precio. No habrá mejor enseñanza de vida para tus hijos que esa.

«Has destrozado la familia», se escucha frecuentemente. **Las familias no se destruyen. Las familias se rehacen, se reconstruyen.**

Recuerda que una vez pasado el duelo y la fase de reconstrucción, tus hijos verán a una madre y a un padre felices, sonrientes, vitales. Viviendo en dos casas diferentes, sí. ¿Y qué tiene de malo? ¿Quién determina cuál es el mejor modelo familiar? ¿En base a qué? Si mamá y papá son felices, los hijos son felices. Bajo techos diferentes, pero felices. La felicidad no entiende de tejados ni de paredes. La felicidad no tiene límites.

## *Estoy hecha de pedacitos de ti*

Querido hijo:

*Fue la verde luz que sale de tus ojos, esa luz que llena de esperanzas mi renglón*, como dice la canción. Porque son tus ojos verdes los que siempre han iluminado mi camino y ahora serán los míos, verdes también, los que iluminen el tuyo en estos días confusos y sombríos.

*Esa luz que alumbra la distancia* entre tú y él. Distancia que ahora ves inmensa, pero que los años te enseñarán que, cuando hay amor, no hay kilómetros ni carreteras.

*Fue tu abrazo añil* el que me emocionó, *fue tu abrazo añil* el que me rompió en dos. Un abrazo que no comprendías, un abrazo con sabor a despedida, un añil salpicado de melancolía.

*Vuelve pronto, papá…*

Eres demasiado joven para hablar de despedidas, a tu edad solo existen las llegadas, las bienvenidas, las sorpresas, las alegrías… Pero ayer tus verdes ojos se tiñeron del añil triste y apagado de tu abrazo.

*Fue la verde luz, la dueña de mis noches*, como dice la canción…, porque siempre he velado tu sueño, porque aún lo cuido y lo coloreo. Porque anoche cogí el pincel y borré los azules, los grises y los negros; y te llené de luz.

*Esa luz que recompone mis emociones, esa luz...* Esa luz con la que llegaste al mundo. Esa luz que con mis sombras terminó. Esa luz que me hizo una persona mejor.

Y mientras te coloreaba, en el silencio de la noche, mientras te acariciaba a los pies de tu cama, de pronto sonreíste. Y recordé las *sonrisas que me regalabas*, porque ¿sabes una cosa, hijo?

Que *estoy hecha de pedacitos de ti, de tu voz, de tu andar, de cada despertar, del reír, del caminar.*

Y es por eso por lo que cambiaría todas y cada una de tus despedidas, bebería hasta la última de tus lágrimas, me pondría tu piel en cada abrazo añil para que no lo tuvieras que sentir más.

Y *aunque la noche fue gris*, a la mañana siguiente, como cada mañana, el sol brilló. Y aunque, como dice la canción, *estoy hecha de pedacitos de ti*, tus trocitos dañados, tus preguntas sin respuesta, tus profundas heridas, las guardaré en la maleta, en la maleta añil.

Cuando seas mayor, la abriremos juntos, con papá también, y descubrirás que los trocitos, los tuyos, los míos, ya no están dañados. Hallarás por ti mismo las respuestas a todas tus preguntas y comprobarás, hijo mío, que las heridas han cicatrizado.

Y esta es la vida, las luces y las sombras, el verde de tu mirada y el añil de las despedidas. Tus trocitos y los míos.

# 36

# La hora de los deberes. ¿Cómo podemos gestionarlo?

Sus emociones son tan válidas como las mías.

Nuestros hijos van creciendo y, al mismo tiempo que los padres les vamos exigiendo más responsabilidades, sus profesores del colegio también. No hay padre que no se rebele frente a los deberes: «Es que les ponen muchas tareas», dicen unos. «No tienen tiempo para descansar, ni para jugar», reclaman otros. Y no les falta razón. Sin embargo, rebelarse continuamente delante de nuestros hijos frente a lo que ya está establecido no ayuda demasiado. «No te rebeles contra la evidencia», me decía mi madre una y otra vez en mi etapa de adolescente.

Me encantaría que mis hijos no tuvieran deberes. De hecho, ya hay algunos profesores de su colegio que no los ponen. Me encantaría que de una vez por todas se consideraran más que suficientes las ocho horas que están los niños sentados en la escuela leyendo, escribiendo y aprendiendo, sin la necesidad de llegar a casa abrumados y preocupados por los deberes que han de presentar al día siguiente. Sí, si tuviese mi varita mágica ahora mismo, creo que ese sería el deseo que pediría en estos instantes. Pero la realidad, al menos la mía y la de muchas familias, es que al llegar a casa y después de merendar empieza la batalla.

—¿Qué tienes de deberes hoy, cariño? —le pregunto con la más dulce de mis sonrisas.

—Nada, poca cosa —me contesta casi siempre mi hijo.

Ya he aprendido que su sistema de medición no es el mismo que el mío y que su «poca cosa» a mí hay veces que me parece «mucha cosa».

—Ya. Y dime, cielo, ¿a qué hora te vas a poner a hacerlos? —Intento con todas mis fuerzas mantener la sonrisa.

—Después.

Cojo aire y contesto:

—Después, ¿cuándo? —Las madres podemos llegar a ser muy insistentes.

—Ay, mamá, pues después. Después de merendar, después de descansar un ratito. No me agobies.

«No me agobies.» Ya está, ya lo ha dicho. Ya te sientes una madre sargento. Llegados a este punto, tenemos dos opciones. La primera es mantenernos firmes en nuestro papel de sargento (que mira que se nos da bien) e insistir, esta vez sin el más mínimo rastro de la sonrisa dulce y angelical con la que empezamos la conversación:

—No te agobio, pero dime a qué hora te vas a poner. Porque siempre me dices lo mismo y al final empiezas ya muy tarde y estás cansado, y no te concentras, y te salen mal, y te enfadas, y me enfadas a mí también, y bla, bla, bla… —Por si no lo sabías, te lo cuento ahora: nuestro hijo habrá desconectado en los primeros cinco segundos del sermón.

La otra opción es mirar hacia otro lado. Justamente ese día has llegado tarde del trabajo, tienes un montón de preocupaciones en la cabeza, un par de llamadas por hacer, y encima estás con una contractura en el cuello que no te deja vivir. Hoy no tienes tiempo para pelear:

—Vale, cariño, ya eres mayorcito para responsabilizarte de tus deberes. Hazlos cuando consideres. Estoy en el salón haciendo cosas.

—Sales de la cocina mientras tu hijo merienda tranquilamente con una sonrisa de oreja a oreja porque el mensaje que él ha captado ha sido: «¡Hazlos cuando quieras!». ¡Ja, ja!

Hay niños a los que hacer las tareas del cole no les supone ningún esfuerzo; es más, les gusta. No tenemos que estar detrás de ellos para que las hagan. Si este es tu caso, ¡enhorabuena! Pero este tema es como el del niño que come mal o que no duerme. Los hay que no tienen ningún problema con el sueño ni con la comida, y los hay que son un verdadero calvario para los padres.

Y para mí, durante un tiempo, la hora de los deberes suponía un calvario.

El único momento del día en el que me enfadaba, me alteraba de forma importante, levantaba la voz y me frustraba era justamente a esa hora. Lo llevaba francamente mal. Mi hijo Carlos es un niño muy inteligente; goza de una sensibilidad fuera de lo común en un niño de su edad, lo que le confiere una personalidad realmente atractiva e inspiradora. Tiene un don de palabra y una oratoria que es capaz de convencerte en menos que canta un gallo de las teorías más insospechadas, pero… durante una época de su vida no le gustaba hacer deberes. Y, como no le gustaba, se rebelaba, y lo hacía a diario, una y otra vez, insistentemente, argumentando distintas razones cada vez, y cada vez más elaboradas, para no hacerlos o para posponerlos en el tiempo, lo que a mí me resultaba francamente agotador.

Un fin de semana me fui a Barcelona a hacer un maravilloso taller de *coaching* para padres llamado «AEIOU» y viví una experiencia tan intensa como reveladora. Me considero una buena madre, pero ni yo soy perfecta ni mis hijos lo son. Durante esos tres intensísimos días en los que hice un viaje al interior de mis emociones y de las de mis hijos, comprendí muchas de las cosas que hasta ese momento permanecían con un inquietante y, en ocasiones, frustrante interrogante.

Fue allí, y gracias a ellos, donde vi, como si de una película se tratase, a una mujer fuerte, amorosa, cariñosa, «intensa», según me dijo uno de mis compañeros, y con una paciencia asombrosa con sus hijos. Sin embargo, durante una hora al día, esa mujer estaba inmersa en una batalla en torno a los deberes de su hijo. Se me hizo un nudo en la garganta al ver a esa mujer a la que ni siquiera reconocía gritando, perdiendo el control y enfurecida frente a un niño bloqueado, enfadado, frustrado, desafiante y lleno de rabia. Y hasta ese momento no fui consciente de todos mis errores, que no de los suyos. Él simplemente se veía reflejado en el espejo que yo soy para él y me respondía con la misma actitud, la mía. Fue duro verse así, pero necesario también. Comprendí que, **desde el enfado, la rabia y los gritos no conseguiría nunca que él respondiera con alegría, ilusión y optimismo.** Lo vi claro.

Tras despedirme de aquella gente, con la que compartí más que con muchos de mis amigos de toda la vida, tras dar las gracias a ese equipo por esa labor tan maravillosa que hace, aunque nunca podré agradecerle todo lo que me enseñó, regresé a casa con la intención de no volver a juzgar a mis hijos, de mirarlos con curiosidad, de no interrogarlos, de explorar sus emociones junto a ellos y acompañarlos en el camino, de ponerme en sus zapatos de vez en cuando, de escuchar. Y escuchar sin prejuicios, sin el «ya sé lo que me va a decir», sino esperando la sorpresa.

Y así, con esta increíble energía, entré por la puerta de casa y le dije a Carlos:

—Cariño, vamos a hacer una alianza.

Sonaba a juego, y ya sabes el impacto que tiene la palabra «juego» en los niños. Me miraba con una concentración plena, ilusionado y feliz. «Todavía no sé lo que es una alianza, pero, a juzgar por lo contenta que está mamá contándomelo, seguro que resultará divertido.» De nuevo el espejo: mamá entusiasmada y llena de fuerza; nuestros hijos conectados, esperando ilusionados la sorpresa.

—Cariño, tú y yo tenemos un problema a la hora de hacer los deberes.

Su gesto cambió radicalmente. Miró al suelo. Era importante detectar el problema y que ambos lo reconociéramos. Yo se lo dije directamente, él asintió con su mirada enterrada en sus zapatos y con los hombros caídos, aguantando un peso exagerado para su aún pequeño cuerpo. Me emocioné al verle así: vulnerable, pequeño y desbordado ante algo a lo que aún no habíamos encontrado solución. Pero eso estaba a punto de cambiar…

—¡He encontrado la solución! —le dije, cogiéndole por el hombro y besándole la mejilla.

—¿Cuál? —preguntó desconfiado.

—Vamos a hacer una alianza. Es una alianza secreta. —«Secreta», otra palabra mágica para utilizar con tus hijos, les encanta—. Vamos a escribir en un papel lo que tú necesitas para hacer los deberes y lo que necesito yo. ¿Te parece bien?

Le hice partícipe desde el principio de ese gran pacto. Entre los dos pondríamos las reglas, a partes iguales y aceptadas por ambos. Era nuestro compromiso. No había jerarquías, los dos llegaríamos a un acuerdo. No había condiciones impuestas por el otro.

—A ver, cielo, empiezo yo. Lo que yo necesito es que te sientes a hacer los deberes antes de las cinco y media de la tarde, porque si no estás muy cansado y no rindes igual. ¿Te parece bien?

—Hummm…, antes de las seis mejor —puntualizó él.

—Bien, me parece razonable. Entonces estamos los dos de acuerdo en que vas a empezar todos los días antes de las seis. Perfecto.

Lo escribió en el papel. Ya teníamos la primera regla. Parecía ilusionado. En ocasiones hay que negociar, así que negociamos. Lo importante es que lo que dejemos escrito sea aceptado por ambas partes.

—Muy bien, Carlos. ¡Qué contenta estoy! —Quise compartir con él mi alegría. Les encanta escucharlo—. Ahora te toca a ti —añadí.

Estuvo más de dos minutos pensando. Lo que vino a continuación me conmovió tanto que no pude evitar emocionarme delante de su inocente mirada.

—Lo que yo necesito, mamá, es que no me grites.

Aquella frase cayó sobre mí como una losa de dos toneladas. Carlos no necesitaba empezar más tarde, no necesitaba hacerlos con la tele encendida, no necesitaba jugar después a la consola, ni echar un partido de fútbol con sus amigos antes de hacer los deberes. Su primera condición de la alianza era que no le gritara. Embargada por la emoción, le abracé y asentí con la mirada. Carlos lo escribió en el papel.

—Lo que yo necesito, cariño, es que hagas los deberes en tu habitación. ¿Te parece bien? —De nuevo le pedí permiso.

—Sí. Y lo que yo necesito es que estés todo el rato a mi lado haciendo los deberes.

Hizo una propuesta arriesgada. Menos mal que fui lo suficientemente hábil y le dije:

—Me encanta que quieras estar siempre conmigo, ya sabes que te quiero muchísimo. —Apoyé su idea reforzándola con un «te quiero», que eso siempre es gratificante, y además puntualicé—: Te propongo que esté a tu lado los cinco primeros minutos y los últimos cinco minutos de los deberes. ¿Te parece bien así, Carlos?

Tras unos segundos reflexionando con una mirada pícara que me deshace, aceptó:

—Vaaaale, mami. Lo escribo.

Y así creamos una sólida alianza:

**Alianza de mamá y Carlos**

- Que me ponga antes de las seis.
- Que mamá no me grite. Que no se enfade.
- Que los haga en mi habitación.
- Que mamá esté los cinco primeros minutos y los cinco últimos.
- Que escuche las explicaciones que me tiene que dar mamá cuando me atasco en algún ejercicio.
- Que mi hermana no esté molestando.
- Que no me enfade ni llore si no me sale a la primera.
- Que mamá me deje diez minutos de descanso si son muy largos.

Desde entonces, no hay conflicto. Ambos sabemos que las reglas que hemos puesto nosotros, los dos, son inquebrantables. Él hace un gran esfuerzo por respetar cada uno de sus compromisos y yo también por no defraudarle. En ocasiones, al poner en práctica la alianza, nos damos cuenta de que algún punto falla, y un día cualquiera, de pronto, se rompe. No pasa nada, no te desanimes. Ese mismo día, cuando estéis tranquilos y relajados, os volveréis a sentar y analizaréis por qué se ha roto, qué ha fallado. Y crearéis una nueva, esta vez con más experiencia y sin miedo. ¡Funcionará!

Lo mejor de hacer una alianza con mi hijo es que ambos compartimos un sentimiento de satisfacción inmenso al crear las bases sólidas de una relación basada en la confianza y en el respeto. Primero, confianza en mí misma: sé que lo puedo conseguir (no voy a gritar, no me voy a enfadar, voy a acompañarle los primeros y últimos minutos de forma tranquila y receptiva). También confianza en mi hijo: sé que lo logrará porque tiene la capacidad para hacerlo; confío en él. Y, finalmente, respeto hacia sus opiniones, sus argumentos y sus emociones, que son tan válidas como las mías. ¿Por qué no?

# 37

## Cuando el problema es de peso

Si tu hijo es muy bajito y le gusta el fútbol,
¿por qué le apuntas a baloncesto?

Cecilia acudió a mi consulta con un problema de sobrepeso, rozando la obesidad. Tenía siete años. Su madre, con sobrepeso también, estaba muy preocupada.

—Siempre tiene hambre. No ha terminado de comer y ya está preguntando qué hay de cena. ¡No puedo con ella!

Su madre se desahogaba conmigo como si su hija no estuviese presente, como si no tuviese la edad suficiente como para detectar la tristeza de su madre, la preocupación, el enfado y, en ocasiones, la desesperación.

—En cuanto me descuido ya está abriendo la nevera para coger lo que pille. Las galletas de chocolate vuelan… y, cuando empieza a llorar y a gritar que tiene hambre, me bloqueo, ¡no sé qué hacer!

En un momento en el que Cecilia desvió la mirada al suelo mientras se mordía las uñas, le hice un gesto a su madre, pidiéndole que se calmara.

—Bueno, Cecilia, cariño, dime, ¿haces algún deporte?

—Ballet —me dijo, mirando a su madre con reproche.

—La he apuntado a ballet para que se mueva, para que haga algo —justificó la madre.

—Cecilia, ¿te gusta ir a ballet? —le pregunté con curiosidad mientras le sonreía.

Esta vez, la niña no se atrevió a mirar a su madre. Volvió a clavar los ojos en el suelo, y con la cabeza dijo un rotundo y ensordecedor no.

Como suelo hacer en este tipo de casos, les pedí que durante dos semanas me escribieran en una agenda todo lo que comía y bebía y me lo trajeran de nuevo. La pesé, la medí y constaté que, efectivamente, empezábamos a tener un problema de peso.

La agenda de comidas aporta una información de lo más valiosa. Es ahí realmente donde me doy cuenta de lo que comen en realidad, de las costumbres familiares, de lo que los padres les ponen de almuerzo, de lo que cocinan los fines de semana, de lo que beben, de sus horarios y hábitos. Me gusta tener este tipo de información antes de aconsejarles. Unas veces el problema es un exceso de cantidad; otras, el consumo de productos precocinados, comida rápida, bollería industrial, etcétera; otros, la ausencia total de rutinas. Los hay que beben tantos zumos envasados y lácteos que solo con lo que beben tienen las calorías y la energía de un día entero…

En este caso, antes de que me trajeran la agenda, me aventuré a decirle a su madre:

—Bórrala de ballet. No le gusta.

—Ya, pero es que tiene que hacer algo, moverse…

Sospechaba que nadie le había preguntado directamente a la niña qué quería hacer, así que tomé la iniciativa:

—Cecilia, ¿qué actividad extraescolar te gustaría hacer?

—Hip hop y zumba —me contestó antes de que yo terminase la pregunta. Sus ojos brillaban por primera vez—. Además, va mi amiga Marta —añadió.

Miré a su madre, quien reconoció que, aunque a ella le hubiese encantado verla bailar ballet en el festival de fin de curso, quizá no era la actividad más apropiada para la niña. Tiempo después me confesó que había un grupo de niñas de ballet que se reían de la figura de Cecilia. Si lo pensamos fríamente, es fácil entender que hay determinadas actividades con unos estándares físicos que, aun no siendo lo deseable, es la realidad de nuestra sociedad actual. Eso mismo pasó con un padre que apuntó a su hijo a baloncesto.

—Si tu hijo es muy bajito y le gusta el fútbol, ¿por qué le apuntas a baloncesto? —le pregunté en una ocasión a ese padre.

—Porque yo siempre jugué al baloncesto y, una vez que te enganchas, es un deporte apasionante —me espetó.

Volviendo a Cecilia, me tomé la confianza de decirle a su madre:

—¿Por qué no la apuntas a zumba o a hip hop? Se trata de que se mueva divirtiéndose.

La niña empezó a dar saltitos de alegría mientras repetía una y otra vez:

—Sí, mamá, sí, por favor, por favor…

Su madre lo vio claro. No tuve que insistir más.

Esta es la **primera enseñanza**: el objetivo de hacer una actividad extraescolar no es que lleguen a ser Rafa Nadal y nos jubilen, sino que **el objetivo es que disfruten y, si es haciendo deporte, mejor**.

A los quince días, Cecilia y su madre llegaron a la consulta cogidas de la mano, con una sonrisa de oreja a oreja y con la agenda de comidas debajo del brazo. Hablamos largo y tendido de las cosas que se podían mejorar.

—Si las galletas de chocolate vuelan, como me dijiste la última vez, ¿para qué las compras?

Esto lleva a la **segunda enseñanza: pónselo fácil**. No compres productos que no le vayan a aportar nada bueno desde el punto de vista nutritivo (galletas, cereales azucarados, cocina rápida, bollería…). Los niños comen lo que nosotros compramos. Es sencillo: si no hay, no lo comen. Tal vez el resto de la familia tenga que hacer un sacrificio, sí. Pero merecerá la pena a la par que será bueno para todos.

A través de la información de la agenda deduje que pasaba poco tiempo con los padres. La situación era la siguiente: los padres trabajaban mañana y tarde, llegaban en torno a las ocho a casa. Para entonces, Cecilia había pasado la tarde en casa de su abuela, donde reconoció que se aburría. El aburrimiento es el amigo íntimo del sobrepeso. Cecilia se aburría, echaba de menos a sus padres, no ocupaba las horas del día y… ¿qué hacía? Comer.

Así que la **tercera enseñanza es: busca las verdaderas necesidades de tu hijo**. Esas necesidades que se disfrazan detrás de la sensación de hambre. ¿No pasas suficiente tiempo con él? Intenta buscarlo, merece la pena. ¿Tiene preocupaciones, ansiedad? Nuestros hijos cambian cualquier cosa con tal de pasar un rato agradable con nosotros. Y si es dando un paseo en bici juntos, mejor.

Cuando le pedí que me explicara cuáles eran los hábitos a la hora de la cena, la madre de Cecilia me contestó lo siguiente:

—Para centrarme en ella, le preparo la cena antes: su pechuga a la plancha, su ensalada, su patata al horno, como hablamos. Y después ya cenamos su padre y yo.

—¿Y por qué no cenáis todos juntos? —le pregunté un tanto extrañada.

—Uy, imposible. Cuando su padre llega a casa, come lo que pilla. La verdad es que él come bastante mal. A veces se hace un bocata y se lo toma viendo las noticias, otras se calienta una pizza, no sé, lo que encuentre… Yo normalmente no ceno; la dichosa dieta que no me deja vivir —sentenció.

Aquí viene la **cuarta enseñanza: si quieres que tu hijo coma de una forma equilibrada, empieza por dar ejemplo**. Ellos son lo que ven, ¿recuerdas? Come en familia, alrededor de la mesa, sin distracciones externas; ¡apaga el televisor! La ensalada, al centro, siempre. Terminarán picando.

Además, los padres y los abuelos de Cecilia tenían la costumbre de consolarla con comida cuando se disgustaba o cuando tenía algún problema. ¿Cómo me di cuenta? Fue fácil: una mañana vino a Urgencias con fiebre. Se encontraba realmente mal. Cuando le pedí que abriera la boca para poder verle la garganta, se negó y empezó a llorar. Intenté convencerla de que no utilizaría el palo, que no tuviese miedo. Pero solo cuando su madre intervino funcionó:

—Cecilia, si abres la boca y dejas de llorar, te compro las galletas esas de choco que tanto te gustan.

¡Horror! Cecilia abrió la boca como un león, y yo, los ojos como un camaleón. ¡Lo que acababa de escuchar!

**Quinta enseñanza: si tu hijo tiene un problema de peso, y aunque no lo tenga, nunca premies ni consueles a tu hijo con comida,** menos aún cuando el motivo de consolarle o de premiarle nada tiene que ver con la comida.

Tras dos meses de seguimiento, Cecilia estaba feliz. Había aprendido a comer de forma controlada y equilibrada, lo que había tenido unos resultados asombrosos en su curva de peso. Era la mejor bailarina de hip hop de su grupo, ya no pedía comida a todas horas y su madre había logrado pasar dos tardes a la semana con ella, que invertían en pasear, en montar en bici o, a veces, en ir de compras. ¿Por qué no?

—Lucía, hoy las chicas nos vamos de compras —me contaba su madre mientras cogía de la mano a una sonriente Cecilia.

—¿Ah sí? ¿Y eso? —me hice la sorprendida.

—Pues porque Cecilia es muy responsable. Esta semana se ha portado tan bien que me siento superorgullosa de ella —decía la emocionada mamá frente a una niña absolutamente feliz.

**Sexta enseñanza: enseña a tu hija a sentirse guapa no solo por fuera, sino también por dentro**. Alaba sus dones y sus buenas cualidades. ¡Díselo! Y, si es con un abrazo y un beso, mejor.

Preparados, listos, ya. ¡Empezamos!

# 38

## Mi hijo se preocupa demasiado

Los pensamientos nos hablan en la cabeza
y los sentimientos nos aprietan la barriga.

Son muchas las madres que acuden a la consulta diciéndome: «Lucía, mi hijo se preocupa demasiado de las cosas, tiene muchos miedos, se agobia con facilidad». Y es que, a pesar de ser niños, sus pensamientos pueden ser muy complejos y elaborados. «Con lo pequeño que es, ¿cómo puede pensar estas cosas?», se repiten las madres una y otra vez.

Así es. Hay adultos conformistas, optimistas, con una gran capacidad de adaptación y superación de las adversidades, lo que se denomina «resiliencia». Son adultos que no invierten tiempo dándoles vueltas a las cosas si estas no dependen de ellos. Son prácticos y, muy posiblemente, serán más felices que el resto.

Sin embargo, también hay adultos con importantes dificultades para salir adelante y superar sus miedos. Son personas que intentan mantenerse a flote en un océano de dudas y preocupaciones. Sus pensamientos se adueñan de sus sentimientos y limitan su día a día.

Con los niños ocurre lo mismo: los hay que desde muy pronto sabemos que no tendrán problemas en la vida y que, si los tienen, los afrontarán con fortaleza y valentía; son niños «echados para adelante», como solemos decir. Sin embargo, hay otros a los que las pequeñas preocupaciones les ensombrecen sus días. Observamos como poco a poco esos pensamientos ocupan cada vez más tiempo su pequeña cabeza, y no hace falta que nos lo cuenten porque los padres nos damos cuenta. Muchas veces ni siquiera ellos mismos son conscientes, pero la realidad es que entran en un bucle de preocupaciones de difícil salida. A veces el problema está claramente identificado, y es el mismo niño el que se pasa buena parte del tiempo quejándose o contándonos una y otra vez sus preocupaciones.

«¿Qué preocupaciones puede tener un niño de siete años?», puedes preguntarte. Pues muchas, créeme. Muchísimas. Tantas que en ocasiones pueden alterar sus relaciones personales con sus padres, con sus amigos o con su profesor del colegio.

Estamos todos de acuerdo en que debemos escuchar a nuestros hijos e intentar ayudarlos a resolver sus conflictos, pero, cuando lo que les preocupa empieza a ser un problema porque son cosas que no justifican sus temores, debemos cambiar de estrategia. En primer lugar, debemos explicarles la diferencia entre los pensamientos y los sentimientos.

Los pensamientos van y vienen, se pasean por nuestra cabeza como personitas que nos hablan y luego se van. Unas veces se quedan más tiempo, otras se van enseguida, pero no todo lo que pensamos es verdad ni va a suceder. No somos lo que pensamos.

«Soy fea.» «Si voy al colegio mañana, se reirán de mí.» «Seguro que la profesora me tiene manía.» «No voy a aprobar las matemáticas.» «No me lo voy a pasar bien si mis padres no están allí conmigo.» Los pensamientos son solo pensamientos. «Es como ver los anuncios en la tele», les digo yo a mis hijos.

¿Y qué ocurre con muchos de los pensamientos que tenemos en nuestra cabeza? Que nos provocan sentimientos. Y estos sí son nuestros. Si nos gusta lo que pensamos, sonreímos y nos sentimos muy bien. Si no nos gusta lo que pensamos, como el que ve una peli de fantasmas, podemos sentir terror, angustia, miedo; ¡eso son sentimientos! Y los sentimos en todo nuestro cuerpo. Como dice mi hijo: «Los pensamientos nos hablan en la cabeza y los sentimientos nos aprietan la barriga».

—Cariño, dime un pensamiento feo —le dije a mi hija en un intento de explicarle las diferencias—. Como si fuera un anuncio de la tele muy feo.

—Pues que te pase algo con el coche, mami —me contesta apenada.

—Muy bien. ¡Ya tenemos un pensamiento que ha aparecido por nuestra cabecita! Que me pase algo con el coche. ¿Y eso va a ocurrir? —le pregunto.

—Noooooo —contesta rápidamente.

—Muy bien, cielo. Hemos encontrado un pensamiento feo en nuestra cabeza y que, además, es falso. Y dime, ¿qué sientes si lo piensas mucho? ¿Qué sentimientos tienes?

—Tristeza. Lloraría mucho, mamá. Miedo —me dice con una intensa y profunda conexión con el ejemplo que le estoy poniendo.

—Estupendo, cariño. Eso son sentimientos. Y son tuyos, porque los sientes, tienes los ojos llenos de lágrimas y un nudo en la garganta, ¿verdad? ¡Y todo por un primer pensamiento! Un pensamiento que, además, era de los malos y feos, y que encima sabemos que no es verdad.

Mi hija abrió los ojos al máximo, como si estuviese ante un gran hallazgo. Acababa de hacer un importantísimo descubrimiento.

—Y además… —Esta vez me dirigí a mi hijo, que escuchaba la conversación atentamente, aunque hasta ese momento no había intervenido—. ¿Sabéis qué es lo mejor de todo?

—¿Qué? —contestaron los dos al unísono con ansia de respuestas.

—Que nosotros somos los dueños de los pensamientos. Nosotros somos los que ponemos los anuncios en la tele. La tele es nuestra cabeza y nosotros somos los jefes. Este sí, este no, ¡fuera!

Mi hija estaba feliz. Mi hijo, sin embargo, quizá por ser mayor y por tanto más reflexivo, y por verse reconocido en una situación que estaba intentando resolver, aunque aún no había encontrado la forma, me dijo:

—¿Y cómo se hace? Yo no puedo dejar de pensar en el cole. Si voy, me va a pasar algo.

Entonces me acordé de un ejercicio que leí en un fantástico libro llamado *¿Qué hacer cuando me preocupo demasiado?*

—Te propongo un juego —le dije—. Se llama «la hora de las preocupaciones». ¿En qué consiste? Vamos a imaginar mentalmente una caja grande, de madera, con una cerradura y una gran llave que la abre y la cierra. ¿La puedes ver en tu cabeza?

A los niños les encantan los juegos, ya lo sabes, con lo que fácilmente se imaginarán todo aquello que les estás describiendo. Deja que él también le añada algún detalle a su caja. Tal vez el color, o una pegatina de su superhéroe. Si imaginar la caja le cuesta trabajo, puedes construirla tú con unos cartones o cartulinas y que la decore él a su gusto.

Bien, una vez imaginada, le diremos:

—Esa es la «caja de las preocupaciones». Cada vez que te venga a la cabeza una preocupación, cerrarás los ojos, abrirás con llave la caja y meterás dentro el problema. Después, cerrarás la caja con la llave. Hasta que no llegue la «hora de las preocupaciones» no podremos abrir la caja.

Si has optado por construir la caja, le dirás al niño que escriba en un papel las preocupaciones que le vayan surgiendo para sacarlas de su cabeza y meterlas en la caja, que es donde tienen que estar, en vez de dentro de su cabeza.

—¿A qué hora quieres que hablemos de las preocupaciones que has metido en la caja? Solo lo haremos a una hora determinada.

—A las seis —me dijo rotundamente.

Si por la mañana mi hijo se levantaba y empezaba a preocuparse porque tenía que ir al colegio, porque uno de sus compañeros se metía con él, porque no se sabía del todo la poesía, porque temía que le riñera la profesora…, en lugar de pasar todo el desayuno repitiéndole que estuviera tranquilo, que todo iba a salir bien, lo cual rara vez sirve de consuelo, le decía:

—Cariño, cierra los ojos, abre la caja con tu llave y mete esas preocupaciones dentro, por favor. Que aún no son las seis y ahora tenemos que desayunar.

La primera vez que lo hice, no daba crédito a lo fácil que resultaba. Lo había hecho sin rechistar y, además, con una concentración plena.

—Muy bien, Carlos. A las seis de la tarde la abrimos. Y ahora, dime, ¿cómo prefieres la tostada? ¿Con aceite y sal o con tomate?

Cambiaremos rápidamente de tema. De esta forma «aplazaremos» ese momento en el que a raíz de una sola preocupación son capaces de entrar en una espiral de agobio y ansiedad que desemboca frecuentemente en llanto y en sentimientos negativos. Les estamos enseñando a autocontrolarse.

Durante esa época de preocupación continua con el colegio, que no duró mucho, si al recogerle empezaba a contarme nuevamente todo lo que le preocupaba, le paraba en seco y le decía:

—Shhhh. ¿Qué hora es? Son las cinco. ¡Vaya! Aún no podemos hablar de las preocupaciones. Anda, vamos a abrir la caja y meter todo eso dentro.

Cuando finalmente llegaban las seis de la tarde, nos sentábamos en un lugar tranquilo para poder abrir relajadamente la caja. Es asombroso, pero ¿sabes lo que ocurría cuando le decía que abriera la caja con la llave y sacara las preocupaciones? Que no recordaba ni la mitad de ellas.

Hablábamos el tiempo que necesitara sobre todo aquello que había sacado de la caja hasta que esta se quedase vacía de nuevo. Me sigue maravillando recordar esa época y comprobar lo tranquilo y relajado que se quedaba mi hijo cuando terminábamos.

Te confesaré algo más: desde que lo he puesto en práctica, yo también tengo mi propia caja, una caja que está terminantemente prohibido abrir antes de acostarme, porque, si no, ¿qué pasa? Que el insomnio está garantizado. La abro cuando tengo unos minutos de tranquilidad y sosiego. Pero esto no se lo he dicho a mi hijo; si no, es capaz de sumar sus preocupaciones a las mías y entonces corremos el riesgo de necesitar un contenedor gigante.

A mi hija pequeña, al ser más joven y vivir aún muy intensamente el mundo mágico y de fantasía de los cuentos, le pedía que me dibujara los pensamientos que le preocupaban. Mi sorpresa fue mayúscula al ver tres monstruitos verdes llenos de antenas, apoyados sobre su hombro y hablándole al oído. Más claro, agua, ¿verdad?

Con ella fue aún más fácil. Identificó claramente las preocupaciones como algo externo y ajeno a ella: eran unos monstruitos asquerosos que le decían cosas feas. Así que, cuando tenía alguna de esas preocupaciones en espiral, le decía:

—Corre, corre, quítate a los monstruitos de los hombros, venga.

Y entre las dos los tirábamos al suelo y los pisoteábamos hasta aplastarlos y no dejar ni una sola antena viva.

Recuerdo la última vez que lo hicimos, en la puerta del colegio. Mi hijo y yo pisoteamos a los monstruitos en el suelo con el mismo ímpetu con el que se pisaban las uvas para hacer vino. Rápidamente mi hija se unió al juego. Los dos se quitaron de encima de sus hombros a las repelentes preocupaciones y las pisotearon con fuerza. Te imaginas las caras del resto de los padres que pasaban a nuestro lado, ¿verdad? Cuando terminamos la faena, yo no podía parar de reír. Al agacharme al suelo a recoger mi bolso, que con tanto saltito se me había caído, mi hijo mayor soltó:

—A ver, a ver, mamá. ¿Qué tienes ahí? —me dijo, señalándome a ambos lados de los ojos—. Mami, ¡te están saliendo patas de pollo! —me espetó entre risas.

—¿Patas de pollo, cariño? ¿Te refieres a las arrugas?

A punto estaba yo de explotar en una sonora carcajada cuando mi hija puso la guinda.

—No son patas de pollo, Carlos. Se dice «patas de gallina».

«¡Benditas patas de ave si salen por momentos así!», pensé.

# 39

## Mamá, ¿me escuchas?

Si te juzgo, no te escucho. Si pienso, no te oigo.

Mamá, hoy me ha pasado algo en el colegio y no sé cómo contártelo. Sé que estás muy ocupada, que en cuanto lleguemos a casa nos prepararás la merienda y me dirás que haga los deberes, pero quiero hablar contigo. ¿Me escuchas?

Mamá, escuchar no es decirme: «Sí, sí, cuéntame, que te escucho» mientras estás leyendo tu móvil en la puerta del colegio. Ni siquiera te has dado cuenta de que hoy no he salido junto a mi amiga María. Mamá, escuchar no es oírme hablar.

Cuando estaba a punto de empezar, te reíste a carcajadas tras leer el último mensaje de WhatsApp de tu amiga. ¿Crees que así puedo hacerlo?

Por fin parece que te centras, apagas el teléfono.

—Perdona, hija, te escucho —me dices, mirándome a los ojos.

Empiezo a contarte el problema que tuve hoy con María. Me cuesta mucho resumírtelo. Quiero contarte todos los detalles para que llegues a comprender lo mal que lo pasé, pero, cuando no llevo ni tres minutos hablando, enmudezco cuando te escucho decir:

—Abrevia, hija, que no tenemos toda la tarde. Tengo tantas cosas que hacer aún…

¡Mamá, me da igual lo que tengas que hacer! ¡Este es mi momento! ¿No lo entiendes? Me pertenece. He decidido compartirlo contigo. ¿No lo ves?

Te necesito.

—Es que hoy, en el colegio, María me ha dicho una cosa que me ha hecho mucho daño y me sentía tan mal que me entraron ganas de llorar…

—¡Bah, mujer! No te preocupes. Mañana ya se os habrá olvidado. Eso no es nada.

Mamá, ¡no me estás escuchando! ¡No banalices mis sentimientos! ¡Son míos! Los siento muy profundo y sufro. Quizá yo no tenga tus problemas; de hecho, ni me los imagino. Pero tengo los míos, que a veces me hacen llorar, o me impiden conciliar el sueño, y para mí, mamá, son importantes. No me digas que no pasa nada, porque eso no me ayuda, no me consuela. Sí pasa; de hecho, está pasando. Sufro. ¿No te das cuenta?

Suena el teléfono. Lo coges. Es tu amiga Sonia. No sé lo que te está contando, pero te estás enfadando. Te escucho, pues estoy a tu lado. Cuelgas el teléfono. No pareces la misma, ahora estás muy seria.

—Mira, cariño, lo que te ha ocurrido hoy en el colegio es una tontería. Siempre es lo mismo. Os enfadáis mucho y, al día siguiente, como si no hubiese pasado nada. A ti se te habrá olvidado y tan amigas.

No es una tontería, mamá. Para mí no lo es. No me juzgues, no me digas lo que va a ocurrir porque ni siquiera lo sabes. No te creas que lo sabes siempre todo. Eres mi madre, no una adivina. Aún no he llegado a decirte lo que ha ocurrido y ya me estás diciendo lo que va a ocurrir. ¿Eso es escuchar, mamá?

No me digas lo que tengo que hacer a todas horas. Quizá no necesito que me aconsejes, solo te pido que me escuches. Porque solo a mí me pertenecen mis sentimientos, y no quiero que nadie me los cambie, no necesito que nadie los transforme, solo necesito llegar hasta el fondo de todo lo que hoy me pasa, y para eso necesito hablar y hablar… y hablar y llegar hasta el final. Y, si tú estás conmigo, escuchándome y acompañándome, todo es más fácil. Si cada vez que te confío un problema, me dices lo que debería hacer, no me das la oportunidad de averiguarlo. Machacas mi autoestima. ¿Es que no soy capaz yo sola de llegar a esas conclusiones? Yo creo que sí lo soy, mamá.

Venga, vamos a empezar de cero: mamá, ¿me escuchas?

## *Hija, te escucho*

Llego a la puerta del colegio, aún no habéis salido. Mientras espero pacientemente a que abran las puertas, reviso los últimos mensajes en el móvil: mensajes amorosos de mis padres en el grupo de «Familia», mensajes de cachondeo en el grupo de trabajo «Medimaris y maromo» y mensajes del grupo de compañeros asturianos «Folixa». Nada demasiado importante, pero me gusta leerlos y saber que estamos todos conectados.

Suena el timbre de salida. Apago el teléfono y lo guardo en el bolso. Te veo salir, esta vez sola, sin tu amiga María a tu lado.

«¡Qué raro! Siempre sales con ella. Algo ha pasado», pienso.

Tu cara de tristeza, tu caminar pesaroso y tus ojos llenos de lágrimas me lo confirman. Aún no has pronunciado una sola palabra, pero lo sé. Llámalo «intuición».

—Mamá, tengo que contarte algo.

—Claro, cielo, ¿qué te pasa?

Me suena el móvil. Mi amiga Sonia me está llamando.

«Ahora no», pienso mientras silencio la llamada.

Este es uno de esos momentos en los que no hay nada más importante. Este es uno de los momentos en los que debo estar presente, conectada absolutamente con mi hija, no solamente escuchando lo que me dice, sino sintiendo lo que ella siente, cogiéndola de la mano si puede ser. El contacto físico rebaja de una forma casi mágica el grado de ansiedad. Una no puede estar presente a cada minuto en la vida cotidiana, pero sí debemos identificar esos instantes en los que «estar» se convierte en una prioridad, y este es uno de ellos.

Si estuviese leyendo el teléfono y atendiendo los mensajes, toda esta información me la hubiese perdido. Y casi lo más importante: tu tristeza, tu soledad al salir de clase, tu manera de caminar. Son tantas cosas las que no vemos por no «estar».

Caminamos despacio. Parece que tus pasos se han puesto de acuerdo con tus palabras. Lentamente empiezas a contarme lo que te ha ocurrido. A lo lejos veo a María, tu amiga, que te mira con tristeza, quizá con sentimiento de culpa, no estoy segura.

Cariño, intento no juzgarte. Intento que el «Ya sé lo que me va a decir» no tapone mis oídos. **El juicio es el mayor obstáculo con el que se encuentra la escucha, la empatía. Si te juzgo, no te escucho. Si pienso, no te oigo.**

Practico de tu mano la escucha profunda, es decir, el lenguaje no verbal, todo aquello que me dicen tus ojos, tu respiración, tu tono de voz, tus movimientos, tu energía… Lo escucho y lo siento.

Y te acaricio. Sospecho que no necesitas mucho más. A veces nos empeñamos en intentar ayudar dando consejos, juzgando comportamientos, imponiendo nuestro criterio, lo que nosotros haríamos o no consentiríamos. Y no nos damos cuenta de que lo único que necesita esa persona que ha depositado su confianza en nosotros es que estemos ahí.

¿Sabes, cariño? Cuando yo comparto algo íntimo y doloroso con un amigo, no busco que sea un perfecto consejero; solo quiero que esté, que esté presente. Y, si me emociono, me gusta que se emocione conmigo. Si me tiembla la voz, me reconforta que me coja con firmeza de la mano. Si me rompo en pedazos, me consuela que se agache a recoger cada trocito para luego reconstruirme. Sin juzgar. Solo necesito oídos que me escuchen, labios que me besen, manos que me acaricien y brazos que me cobijen. Y como yo, hija, vosotros los niños necesitáis lo mismo.

# 40

## ¿Cómo reforzar su autoestima?

Todos somos diferentes, seres únicos e irrepetibles. Y no, no somos perfectos, somos maravillosamente imperfectos.

Queremos unos hijos perfectos. Queremos que nuestros hijos no sufran. Queremos darles todo lo que no hemos tenido nosotros. «Si yo ahora lo tengo y se lo puedo dar, ¿por qué no hacerlo?», piensan muchos padres.

Nosotros, como padres, somos los primeros que toleramos mal la frustración de nuestros hijos. Cualquier atisbo de debilidad en nuestros niños nos hiere profundamente en nuestro propio orgullo de padre: «Mi hijo ha de ser el mejor», nos repetimos una y otra vez. Y, en ese intento de crear máquinas, nos olvidamos de lo más importante, que es el respeto profundo, y, por encima de todo, de las características personales y cualidades naturales de cada niño.

«No toques eso a ver si te vas a hacer daño.» «No te acerques a los animales, que pueden morder.» «No te separes de mamá, no vaya a pasarte algo.» «No te subas ahí, que si te caes terminaremos en el hospital.» No, no, no... Nos levantamos y nos acostamos con el «no» en la boca. ¿Sabes lo que les estamos transmitiendo realmente a nuestros hijos con un «no» continuo? Miedo, inseguridad, frustración, falta de iniciativa.

¿Eres de quienes buscan siempre el peligro allá donde vayas y no solamente lo encuentras, sino que se lo transmites a tu hijo? Ha llegado el momento de cambiar.

Antonio se acerca con curiosidad a saludar al perro de su vecina. Tú lo ves, e inmediatamente te acercas corriendo y le dices: «No, Antonio. ¡Cuidado!». Antonio da un salto hacia atrás. No se asusta por el perro, al que simplemente iba a saludar como hace cada mañana cuando se cruza con su vecina, sino que se asusta por tu reacción, por tu grito, por tu «no». En su cerebro, aún en formación, se quedará grabado: «Perros-no-peligro».

La madre de Juan, ante la misma situación, se acercará tranquilamente al lado de su hijo y le dirá: «Mira qué simpático el perro de la vecina, siempre sale a saludarnos. Fíjate bien, cariño, si el perro mueve mucho la cola y se acerca dando saltitos, es que está contento. Le preguntarás a la dueña si lo puedes acariciar, y seguro que antes de que te conteste ya te estará lamiendo las manos. Si ves al perro quieto, con el rabo entre las piernas o sin moverse, sin acercarse a ti, es mejor que no seas tú el que tomes la iniciativa. Habla antes con su dueña, así el perro interpretará que eres amigo y enseguida moverá su rabito». ¿Qué le estamos transmitiendo a Juan? Seguridad, información útil para comportarse con los perros y herramientas para el futuro por si se encuentra con otro perro.

No metas a tu hijo en una burbuja. Si lo haces, es probable que no le pase nunca nada mientras esté ahí dentro. Sin embargo, en el momento en que salga, tendremos a un niño inseguro, frágil, temeroso e indeciso.

Los niños no nacen con su autoestima forjada, sino que forjar la autoestima es un lento proceso que ha de ser siempre de creación, nunca de destrucción. Somos los padres los que, con nuestros comentarios, nuestras enseñanzas, nuestra manera de acompañarlos por la vida, influimos de una manera directa en esa construcción maravillosa que determinará su futuro.

Nuestros hijos nacen con unas cualidades y dones innatos que debemos descubrir y potenciar. Y, si no coinciden con los tuyos, no le martirices. Tu hijo no ha nacido a tu imagen y semejanza. Tu hijo no ha nacido para cumplir tus sueños, ha nacido para cumplir los suyos, que ojalá sean mucho más grandes y bonitos de lo que tú habías pensado para él. Tu hijo es un ser independiente y grande por sí mismo. Acéptale tal y como es. Ayúdale a crecer, dale alas, anímale a volar alto, muy alto, y muéstrale la libertad.

No le etiquetes, no le grites, no le insultes, no le compares. Si tú no consientes que nadie te llame tonto, torpe, lento, malo, envidioso o salvaje, ¿cómo se lo vamos a decir a un niño? Si tú no consientes que nadie te pegue, aunque sea un «capón», ni que nadie te levante la voz o te explique las cosas a gritos, ¿por qué lo haces con tu hijo? Arrasamos su autoestima, la aniquilamos. ¿Cómo te sentirías si tu jefe te estuviese comparando continuamente con alguno de tus compañeros? Vayamos aún más lejos... ¿Cómo te sentirías si tu pareja te comparase con su exnovia una y otra vez? ¿Dónde terminaría tu autoestima con el paso del tiempo? En la basura. Todos somos diferentes, seres únicos e irrepetibles. Y no, no somos perfectos, somos maravillosamente imperfectos.

Hay muchas maneras de decir las cosas:

Opción 1: «Eres muy lento leyendo».

Opción 2: «Cariño, creo que tenemos que practicar un poco más la lectura. Estoy segurísima de que, leyendo un cuento al día, terminarás siendo más rápido que un rayo».

En ambos casos identificamos el problema, pero en la segunda opción depositamos en él toda nuestra confianza; con un poco de esfuerzo lo conseguirá. Le acabamos de hacer un gran regalo: «Hijo, confío en ti». Su autoestima habrá crecido un poquito ese día. Habremos grabado en su cerebro un mensaje claro: «Yo soy capaz».

—Pero, Tomás, mira que eres malo. ¿Por qué pegas a tu hermana? —le dice su madre en un tono autoritario, alzando la voz y con el dedo de la mano apuntando a un niño frustrado, enfadado y con una resquebrajada autoestima.

—Porque es tonta —contesta Tomás en el mismo tono que ha utilizado su madre, gritando.

En la casa de al lado nos encontramos con la misma escena. Esta vez es Pepe quien ha decidido arrearle un tortazo a su hermana.

—Vamos a ver, Pepe, pegar no está bien. ¿Para qué pegas a tu hermana? ¿Qué consigues con eso? —le dice su madre con gesto serio, pero tranquila y serena.

—¿Para qué? —pregunta Pepe extrañado—. Porque no me deja tranquilo.

—No te estoy preguntando el porqué, sino para qué.

—Para…, para… ¿hacerle daño? —contesta Pepe con un hilo de voz. Acaba de ser consciente de que ni lo que ha hecho ni lo que ha dicho está bien, y se aleja pensativo del lugar del conflicto.

Cambia los «por qué» por los «para qué».

No le sobreprotejas porque alimentarás su inseguridad y sus miedos. Corrígele de una forma constructiva, creativa y amorosa.

No te olvides de establecer unos límites claros, sin llegar a poner una vida entera llena de limitaciones y prohibiciones. Los límites que establezcas han de cumplirse y las consecuencias han de llevarse hasta el final. Es la manera de mostrar a tu hijo el camino; tu hijo los necesita y tú también. De lo contrario, el día a día será un continuo ensayo-error en unas tierras de arenas movedizas sin hoja de ruta alguna: el caos.

—Todo el tiempo que has estado en tu habitación estudiando no ha servido para nada. ¡Has vuelto a suspender! Vale, esta vez no has sacado un dos como la última vez, pero tienes un cuatro y medio. ¡Eres un desastre! ¿Qué vamos a hacer contigo? —le dice el padre de Cristina a voz en grito, con el cuaderno de notas en la mano, caminando por la habitación de una forma autómata y acelerada, y llevándose las manos a la cabeza.

No hay escucha, no hay conexión, no hay curiosidad por saber qué ha ocurrido; solo hay juicio y sentencia. La poca autoestima que aún lograba permanecer con vida acaba de soltar su último aliento. «Ni soy capaz, ni seré capaz.»

Unos años después, el padre de Cristina se dio cuenta de que ese no era el camino, de que se había equivocado. Tuvo la valentía de asumir sus errores con su hija mayor y poner todo su esfuerzo y valor en no repetir patrones con su hija pequeña. Curiosamente, y como si de una broma macabra del destino se tratase, cinco años después se vio en la misma situación, esta vez con Adela. Instantes antes de perder los nervios y tropezar de nuevo con la misma piedra que tantas cicatrices les había dejado a él y a su hija mayor, recapacitó, tomó aire y dijo:

—Adela, me consta que te has esforzado mucho para este examen. Te he visto estudiar muchas horas. ¿Qué te ha pasado, cariño? —le dice su padre, que se sienta a su lado mientras apoya el brazo sobre su hombro abatido por el inesperado resultado.

Adela, al notar el calor de su padre sobre sus hombros, no puede evitar romper en llanto. Su padre no dice nada. No juzga. No opina. No ofrece soluciones. No es el momento. Ahora es el momento de «estar». De sentir a su lado. De acompañar. Tras unos minutos de llanto desconsolado, poco a poco van enjugándose cada una de las lágrimas derramadas. Hay mucho que decir. También hay mucho que elogiar.

—Cariño, sé que te has esforzado mucho —debería haberle dicho su padre a Cristina, su hermana, unos años antes—. De hecho, has subido de un dos a un cuatro y medio. —Con esta frase hubiera premiado el esfuerzo—. No te preocupes, identificaremos el problema y seguiremos adelante. No me cabe ninguna duda de que lo superarás. ¡Lo superaremos!

Cuánto reconforta que nos hablen así: «¡Lo superaremos! Juntos». Así sí. Y en esta superación, en este aprendizaje, estamos todos: tú, yo misma con mis propios hijos y, por supuesto, los niños.

Confía en tu hijo, él puede. Fomenta su autonomía desde bien pequeño. Dale la oportunidad de empezar a comer solo, aunque se manche y se ponga perdido de puré, porque así es como se aprende. Deja que empiece a elegir su propia ropa desde el mismo instante en que sea capaz: «¿Qué camiseta quieres, la roja o la verde?». Dale la oportunidad de que piense, de que valore las consecuencias. Inclúyele en los planes familiares: «Esta tarde, ¿qué te apetece, cine o playa?», y que exponga sus razonamientos.

No interfieras en sus conflictos entre amigos o entre hermanos, conviértete en un mero observador. Él puede resolverlos solo desde casi cualquier edad.

Dale responsabilidades para que las asuma. Y, si no lo hiciera, permite que él mismo acarree con las consecuencias:

—Sacar al perro por las mañanas es tu responsabilidad, ya lo sabes. Hoy no lo has sacado y, mira, se ha hecho pis. Pues ya sabes lo que tienes que hacer. Coge la fregona y a limpiar. —Lo dirás de una manera tranquila y sosegada, sin perder los papeles, porque, si los pierdes, con ellos perderás la razón.

No te presiones, no te juzgues a ti misma, no seas tu mayor enemigo. Olvida el perfeccionismo dañino, el sentimiento de culpa y el negativismo. Permite que tus hijos vean a unos padres optimistas, alegres, luchadores y con iniciativa.

Anima a tu hijo a que pruebe, a que arriesgue y a que valore la experiencia, tanto si es para celebrar un éxito como si es para aprender de un fracaso. Todo suma. Todo crea. Todo llega.

Recuerda que nuestros hijos son nuestros espejos. Cuídate y enseñarás a que se cuiden. No seas demasiado perfeccionista, y no los halagues en exceso, o alimentarás la soberbia.

Muéstrales tus pequeños defectos y enséñales a reírse de uno mismo. Y cuidado con lo que dices, el impacto en ellos es mucho más grande de lo que imaginas. Pero no se trata solo de nuestras palabras, sino también de nuestra actitud frente a la vida, frente a los problemas, nuestra manera de comportarnos y relacionarnos. Nuestros modales en la mesa, nuestros hábitos y costumbres. ¿Verdad que cada vez eres más consciente de ello? Yo sí lo soy.

Sin embargo, hace unas semanas, mi hija, con tan solo seis años, me puso del revés con un comentario inocente y sin intención alguna:

—Mira, mami, mira qué bien me queda este vestido. ¡Qué bonito es! Y mira, mira, no me saca barriga.

«No me saca barriga. No me saca barriga. No me saca barriga.» Sus palabras me martilleaban sin tregua.

—Pero, Covi, chiquitina, si tú no tienes barriga. Eres una niña preciosa y me encantas —le dije con todo el amor con el que se le puede hablar a una hija.

Ella no pareció darle ninguna importancia. No lo dijo con pena, ni siquiera atisbé el más mínimo complejo en sus palabras, pero las había dicho. Yo las había escuchado.

«¿De dónde ha sacado eso?», me pregunté una vez que me hube repuesto.

Repetimos una y otra vez a nuestras hijas que las modelos de las pasarelas tienen una delgadez extrema, que eso no es bueno para la salud, que tenemos que comer de una forma sana y equilibrada, que es bueno hacer algún tipo de deporte, que fumar es malo…, y en todos esos consejos que toda madre da a sus hijos nos ponemos realmente pesaditas. Porque en insistencia no nos gana nadie y, si no, que opinen los padres.

Sin embargo, lo que perciben nuestras hijas es el aplastante «Este vestido me saca barriga» que le comentas a tu pareja, o el «Hoy no ceno, que con tanta fiesta por en medio me voy a poner como una bola», o el «Fíjate lo que ha engordado últimamente Maripili» que te comenta tu amiga mientras camináis por el parque de la mano de vuestras hijas. Y qué me dices de la frase: «¿Azúcar? No, no, no. Por favor, ¿me puede traer sacarina?», mientras coges el sobre de azúcar como si contuviese en su interior el virus del ébola. ¿Te imaginas a tu hija mirándote fijamente, «escuchando» solo el lenguaje no verbal, viendo cómo su madre coge con dos dedos y con cara de asco un sobrecito de algo que se supone que se echa en la leche? Estos son mensajes subliminales que lanzamos a diario a nuestras hijas y que generan muchísimo más impacto que cualquier sermón que les demos acerca de las modelos de alta costura. Nosotras somos sus modelos a seguir, nosotras somos su ejemplo. Menuda responsabilidad, ¿verdad?

—Covi, cariño, tienes un cuerpo precioso. Lleno de curvitas, como el de tu mamá. Dime una cosa, cielo, ¿te gusta mi cuerpo? ¿Aun con mi barriguita y todo?

—¡Ay, mami! ¡Me encanta! —me dijo mientras me abrazaba con fuerza.

—A mí también me gusta. Y, además, te voy a contar un secreto —contesté.

—¿Un secreto? —me dijo con los ojos como platos.

Me puse a su altura y me acerqué a su oreja.

—Que las que tenemos barriguita y curvitas —le dije casi en un susurro— tenemos muchas más cosquillas.

Y la lancé sobre mi cama para empezar una inolvidable y escandalosa guerra de cosquillas.

# 41

# Empatía: cuando el médico traspasa la barrera

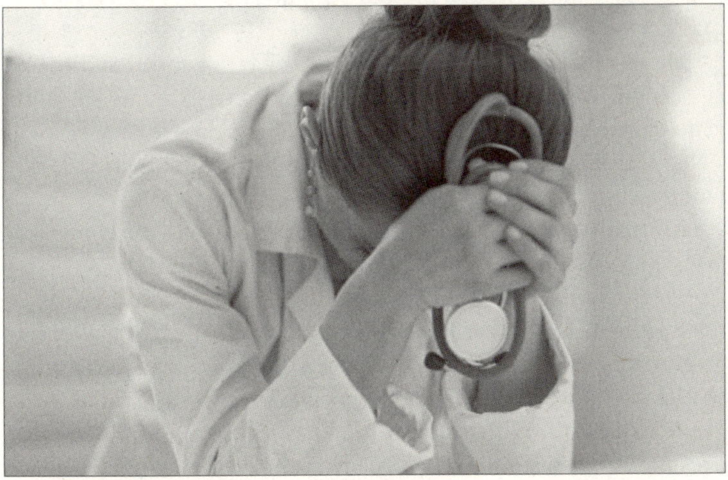

Donde cada segundo salva, donde cada segundo mata.

He asistido en cientos de partos los últimos años, algunos urgentes, complicados. La inmensa mayoría de las veces con final feliz. Sigo emocionándome en muchos de ellos, sobre todo desde que hace ocho años di a luz a mi primer hijo; desde que yo misma experimenté la ilusión, el miedo, el dolor, la vulnerabilidad, la esperanza y el mágico instante de coger a tu bebé en brazos y escuchar su llanto. Y no soy la única; he visto a ginecólogos y matronas curtidas con los labios sellados de la emoción, escondidos bajo una mascarilla, y con el brillo en sus miradas que delata ese nudo en la garganta que te impide tragar saliva.

Hace dos años traspasé la famosa barrera. Esa delgada línea que separa el «ahora soy médico», «ahora soy paciente», «ahora soy familiar de paciente». Mi hermano José y su mujer Noelia esperaban su primer hijo. Se hacía esperar. Había cumplido ya la semana cuarenta y uno, y Raquel, que así se llamaría la niña, no parecía tener demasiadas ganas de salir del vientre de su madre. Al fin, una tarde de jueves recibí una llamada.

—Lucía, parece que ha llegado el momento —mi madre me anunciaba la buena nueva. Mi sobrina y ahijada nacería en las próximas horas.

He de reconocer que la emoción me pilló por sorpresa. Era una noticia que esperaba, pero, cuando ya por fin parecía que había llegado el momento, todo cambió.

—Mamá, ¿qué hago yo aquí en Alicante, a mil kilómetros de distancia de vosotros y de José?

Mi madre, en este caso, no se contuvo. Conocía todas mis responsabilidades, pero sin pensarlo dos veces me dijo:

—Hija, ven.

Y fui. Esa misma tarde cambié una guardia que tenía al día siguiente, organicé a mis hijos y sus colegios, hice una pequeña maleta y en dos horas estaba cogiendo un avión rumbo a Asturias.

Aterricé en mi lluviosa y adorada tierra natal, donde mis padres me esperaban emocionados. En su abrazo eterno a la llegada al aeropuerto pude saborear un «Te queremos tanto, hija», pude sentir un «Gracias por venir» y pude oler un oculto y secreto «Tenemos miedo». Que levante la mano quien no haya sentido miedo en un momento así.

Llegué al hospital a tiempo. Raquel seguía sin querer salir. Cuando entré en la habitación de dilatación, una de tantas por las que yo había pasado, fui plenamente consciente de que yo no era la pediatra, sino la que esperaba ansiosa el nacimiento de su ahijada al otro lado de la línea, esta vez sin bata, sin fonendo colgado al cuello, sin título. De nuevo ese miedo, esa angustia y esa ilusión mantenían mis nervios a flor de piel.

La fase de dilatación fue larga y dolorosa. Demasiadas horas esperando el momento en un hospital extraño para mí. Las últimas horas fueron de mucha tensión, muchísima. Intenté dosificar el exceso de información que yo poseía para calmar los ánimos sin intervenir ni entrometerme en ningún momento en el trabajo de mis colegas. Es complicado porque uno no siempre coincide en el proceder del colega, pero, al ser una mera invitada, mi opinión o mi juicio de valor no tenían cabida.

De pronto los acontecimientos se aceleraron. El monitor de su latido cardiaco cambió. Saltaron las alarmas. Percibía la preocupación de las matronas, las dudas de la ginecóloga, la incertidumbre de la futura mamá, la de mi hermano, que lo vivía ajeno a mis miedos. Oí a una enfermera venir corriendo con un pequeño papel en la mano en busca de la ginecóloga. Era el resultado final de la última prueba que le habían hecho a la valiente madre. La expresión de la ginecóloga al ver el resultado que anunciaba una catástrofe me paró el corazón. Escuché aquella cifra impresa y sentí un miedo atroz.

—¡Preparad el quirófano ya! ¡Cesárea urgente! —gritó la ginecóloga mientras se dirigía a los vestuarios.

¿Cuántas veces habré oído gritar por los pasillos estas dos palabras? ¿Cuántas veces yo misma había corrido por los pasillos con ginecólogos, anestesistas y matronas a los pies de una cama con ruedas que volaba hacia un quirófano con una mamá aterrada donde cada segundo salva, donde cada segundo mata? Pero ese día yo no corría hacia ningún lado. Ese día éramos mi hermano y yo los que estábamos al otro lado; inmóviles, viendo a la gente organizarse rápidamente.

José no terminaba de entender la importancia ni la gravedad de esas dos palabras, «cesárea urgente». Yo intentaba con toda mi alma disimular y aparentar tranquilidad, serenidad y confianza. Todo lo que uno espera cuando tienes a un familiar a tu lado que, además, es médico.

—Tranquilo, José, todo saldrá bien. Verás como el resultado de la prueba es una falsa alarma —le dije a mi hermano mientras inspiraba aire profundamente, aire que empezaba a faltar.

—Pero… cesárea ahora, ¿así, tan rápido? ¿Y le pondrán la epidural? —me preguntaba José en un intento de comprender lo que estaba pasando y con un fuerte deseo de que Noelia dejara de sentir dolor y pudiera ver nacer a su hija.

—Será una anestesia general, José. No hay tiempo para más. Hay que dormirla. Es lo más rápido —le contesté de la forma más serena que fui capaz.

Fueron diez minutos en los que permanecimos allí nosotros dos solos, mirando fijamente la puerta del quirófano, deseando ardientemente que se abriera de una vez con nuestras dos chicas sanas y salvas. Era de madrugada, no había nadie, no se oía más que nuestra respiración acompasada, nuestros suspiros ahogados. Ninguno de los dos se atrevía a pronunciar una sola palabra.

Al fin salió la pediatra, una mujer de mi edad con un caminar decidido y un paso ágil. Tomó aire.

—Madre e hija están en perfecto estado —dijo con una sonrisa que iluminó la oscura y lúgubre sala de espera.

Lo que vino a continuación fue de una emoción grandiosa.

Raquel nació el 31 de mayo de 2013, y, con ella, unos recién estrenados padres con las dudas que a todos nos surgen cuando nos llega ese momento. Yo me convertí en tía, otra sensación nueva para mí, una mezcla de ternura y responsabilidad de la que aún disfruto. Y un sentimiento de profundo agradecimiento por ser capaz de traspasar de vez en cuando la barrera, atravesar la puerta y mirar lo que hay detrás, detrás del mundo médico y «de manual» en el que vivo a diario, de sentir lo que los demás sienten, desde su misma perspectiva, desde su misma angustia a veces, y desde su misma ilusión, sorpresa y esperanza.

Los médicos tenemos una profesión en la que si uno no mira más allá del paciente que tiene delante, si no es capaz de ponerse en su piel ni sentir su dolor, corre el riesgo de deshumanizarse y perder lo más bonito de nuestro trabajo. Intento explicárselo a mis hijos cada vez que tengo oportunidad.

«Empatía»; hemos oído esa palabra muchas veces, ¿verdad? Parece que cada vez más. Y no solo la oímos, sino que es ahora cuando nos volcamos con nuestros hijos para que la entiendan también. Y no hay nada más fácil e ilustrativo para un niño que servir tú mismo de ejemplo. Da igual a lo que te dediques, sabrás hacerlo.

En mi caso, he de reconocer que la formación de un médico en el campo de la inteligencia emocional durante la universidad es prácticamente nula. Afortunadamente, hay excepciones. Durante los años de facultad, entre apuntes, libros, exámenes, bibliotecas y prácticas agotadoras, de pronto aparecía un médico que te alegraba el día, ya que no te enseñaba los signos clínicos de la enfermedad en el paciente, sino que te mostraba los signos de enfermedad en su mirada, en sus gestos y en sus palabras. Nosotros, los estudiantes, le mirábamos como a un extraterrestre aterrizando en el planeta Tierra. Ahora me doy cuenta de que los extraterrestres eran los demás.

Con esa medicina es con la que me quedo. «Sufrirás mucho», «Es agotador», «Hay que establecer barreras» (qué palabra más fea, «barreras»), estas son algunas de las frases que he escuchado a lo largo de mi carrera profesional.

Qué duda cabe que los años te enseñan a encajar mejor los golpes, las historias tristes, las pérdidas. Aprendes a encontrarle un sentido. Aún recuerdo lo que lloraba durante mis años de residencia ante dramáticas historias que, si ya eran incomprensibles para mí, mucho más para unos padres. Pero también he aprendido a nutrirme de las muestras de cariño de mis pacientes, de sus sonrisas, de su apoyo cuando no lo esperas, de su confianza y de su fe ciega en mí. Me sigo asombrando cuando algunos padres vienen con su hijo de visitar a uno de los mejores especialistas en un campo determinado (muchas veces se han desplazado incluso a Madrid o Barcelona) y vuelven a mi consulta con el conocido:

—Nos ha dicho esto, pero queremos saber qué opinas tú.

—Mujer, el caso de tu hijo es excepcional, yo habré visto uno o ninguno. Este doctor al que visitasteis lleva muchos de los casos diagnosticados en España, por lo que sabe muchísimo más que yo de este tema. Vamos a hacerle caso.

A menudo me ocurre lo siguiente: me quedo unos segundos en silencio, observando a la madre. Ambas sonreímos. Ella, tranquila; yo, asombrada, abrumada por su confianza. Y, de pronto, en esos segundos de silencio, conectamos. Sí, sí, conectamos. Es casi magia. No me ocurre con todo el mundo, no sé exactamente de qué depende, pero, cuando se produce, me siento realmente bien. Antes no era consciente, ahora cada vez más. A veces al llegar a casa juego a recordar con quién he sentido esa conexión, ese vínculo.

No nos damos cuenta de que muchos días llegamos al trabajo inmersos en nuestros problemas, en lo que nos queda por hacer, en los deberes de los niños que no han hecho, en la próxima reunión con los jefes o con la profe del colegio (igual de importante). Y, en ocasiones, yo personalmente, entro en mi consulta sin haber levantado la mirada del suelo, aislada en mi lado de la barrera.

Sin embargo, la vida es implacable: todos sentimos, todos sufrimos y lloramos, todos amamos y reímos; los médicos también. Y son esas situaciones, desde el otro lado de la barrera, las que nunca deberíamos olvidar. Es desde ahí desde donde uno aprende, siente y comprende. Y son esas experiencias las que enriquecen mi formación y alimentan mi alma.

No es tan difícil enseñar a nuestros hijos, desde que son pequeños, a ponerse en la piel del que tienen enfrente. Suelo recurrir al «¿Cómo te sentirías si hubiese sido tu hermana la que te hubiese pegado esa patada?». Muchas veces, tu hijo no contestará, pero sí permanecerá unos segundos en silencio. Tu pregunta le habrá llegado. Le habrá hecho despertar una diminuta lucecita que se convertirá con los años en un brillante faro que ilumine el camino hacia la empatía. Y no solo hacia la empatía, sino también hacia la humildad.

No te excedas en halagos con tus hijos, no les digas que son perfectos, que no tienen defectos, porque harás de ellos unos niños narcisistas, egocéntricos y con nula tolerancia a la frustración. Nuestra misión es potenciar todos sus puntos fuertes, por supuesto. Celebrar todas sus victorias. Pero también seremos nosotros los más críticos con ellos. Y siempre será mejor que esa mirada crítica venga de unos ojos amorosos de una madre que no de un desconocido.

Deja de leer durante unos segundos, cierra los ojos, respira hondo y hazte esta pregunta: ¿cómo te gustaría que fuera tu hijo en un futuro? Es una pregunta potente.

«Me gustaría que fuera buena persona, que sea educado», dicen muchas madres.

«Que sea trabajador, que trate bien a la gente que le rodea, que estudie. Que dé lo mejor de sí mismo, que se esfuerce», dicen otras.

«A mí me gustaría que llegue muy lejos en la vida, que celebre muchos éxitos y que tenga un buen trabajo y la tranquilidad que eso da. Por eso le insisto tanto en que estudie.»

Pues yo lo que quiero es que mis hijos sean felices.

Yo lo que necesito es que se pongan en la piel de la persona que tienen enfrente, lo necesito. Yo lo que busco es que no juzguen, pues el juicio es la mayor barrera que hay para el libre pensamiento. Si uno juzga, no puede pensar, no puede avanzar, solo sentencia.

Yo lo que deseo con todas mis fuerzas es que en los momentos de debilidad, que sin ninguna duda tendrán, encuentren la energía necesaria para salir a flote, para levantarse de la caída, para curarse las heridas y llenarse de sabiduría.

Necesito que huyan de la autocompasión, que impide el crecimiento personal, del sentimiento de culpa, que destroza la ilusión, del miedo, que decapita la libertad, convirtiéndote en un esclavo, y que, hagan lo que hagan en la vida, tomen el rumbo que tomen, lo hagan por sí mismos, sintiéndose libres y en paz.

Me gustaría que estudiaran (¿y a quién no?), pero más me gustaría que a lo que se dedicaran lo hicieran por vocación, lo desarrollaran con pasión. Pasión por hacer lo que te gusta y hacerlo bien. Porque ese ingrediente es lo que marca la diferencia.

Me encantaría que expresaran sus emociones sin miedo, que hablaran de ellas con naturalidad, que explorasen sus sombras y que llorasen sus penas. Porque las penas se lloran y las alegrías se celebran.

Lo que de verdad me gustaría es todo eso. Y lo mejor de todo, lo que mueve mi ciclo vital, lo que hace que me levante cada mañana con una sonrisa es que, en buena parte, todo eso, todas esas poderosas cualidades dependen de nosotros, sus papás.

Debemos enseñar a nuestros hijos que todos somos iguales, que sentimos igual. Que nuestras necesidades vitales son las mismas: sentirse amado, acompañado, escuchado, deseado, comprendido, valorado…

Deben saber que no somos máquinas; ni los padres, ni los profesores, ni siquiera ellos lo serán por muy buenas notas que saquen. No, no somos dioses. Los médicos tampoco lo somos.

Los médicos tenemos sueño y dormimos. Los médicos tenemos hambre y comemos. Los médicos necesitamos ir al aseo, como todo el mundo. Los médicos tenemos familia, como tú la tienes, y tenemos un horario laboral que nos gustaría que se respetara, como a ti te gusta que se respete el tuyo. Los médicos no somos adivinos ni estamos por encima del bien y del mal.

Los médicos tenemos mucho ego, cierto, y es precisamente por ese ego por lo que nos gusta diagnosticar pronto lo que tenemos delante, y, si lo hacemos nosotros, mejor que el compañero que viene a relevarnos. Pero, a pesar de poner todos nuestros medios, todos nuestros conocimientos, los médicos a veces nos equivocamos, otras muchas dudamos y otras... lloramos. Sí. A veces perdemos. Los médicos somos humanos.

Hace años, cuando aún era residente, en una de las guardias me ocurrió algo que no deja de ser una anécdota sin importancia, pero que permanece ahí intacta. Llevaba quince horas viendo niños en Urgencias, uno detrás de otro, sin descanso, aparte de veinte minutos escasos para comer. Había acudido a dos o tres partos y, además, había ingresado a tres niños, dando las explicaciones oportunas a unos padres preocupados, como es natural.

Salí a la salita de espera y comprobé que había dos niños con gastroenteritis, uno con tos y otros dos con sendas contusiones en la rodilla. Nada grave, nada que no pudiera esperar los apenas dos minutos que necesitaba para ir al aseo. Después de preguntar amablemente a los padres que allí estaban el motivo de acudir a Urgencias y de ver la cara de buena salud de los niños, decidí que, efectivamente, era el momento de ir al baño, y así lo dije (ingenua de mí).

—Voy un minutín al baño y seguimos —dije con la mejor de mis intenciones.

Al darme la vuelta, escuché que una de las madres decía:

—Hale, con toda la cola que hay de niños y la «tía esta» se va, así, sin más.

Tenía dos opciones, o encender el piloto automático de «no enfadarse», o decirle algo. Casi siempre tengo el piloto encendido, mis pacientes lo saben. Casi nunca me enfado. Casi nada me parece lo suficientemente importante como para reñir a ningún padre o a ninguna madre, de verdad que son todos fantásticos. Pero ese día, quizá fruto de mi cansancio, de mi agotamiento más bien, el piloto no se encendió… porque, ¿sabes una cosa?, los médicos tampoco somos máquinas y tras quince horas trabajando, una, por mucho que quiera, no está igual que recién llegada de su casa. Podrían haber sido veinticuatro, pero en esa ocasión eran quince horas las que llevaba en pie.

Me acerqué a la mujer, la miré de arriba abajo, en busca de alguna señal que me mostrara que quizá se tratase de un extraño espécimen que no tuviese la necesidad de ir nunca jamás al aseo. No sé, tal vez a mi profesor de Urología de la facultad se le había olvidado explicarnos aquel día que había individuos que orinaban una vez a la semana... No encontré nada raro en ella, salvo una mirada desafiante.

Miré entonces a su hijo, que tenía una pequeña rozadura en la rodilla, de esas que nuestras madres despachaban echándonos mercromina; luego, nos cantaban el «Sana, sanita, culito de rana» y seguíamos jugando felices. Me agaché, le sonreí y le dije al oído:

—¿Verdad que tú haces pipí todos los días?

Con una sonrisa de oreja a oreja (herencia del padre con toda seguridad) asintió con la cabeza.

—¿Y verdad que lo haces varias veces al día?

—Sí. A veces muchas —añadió el niño.

—¿Y verdad que, si aguantas mucho mucho mucho, se te puede escapar y tienes que salir corriendo? —le susurré lo más bajito que pude ante una desconfiada madre, que intentaba fulminarme, sin éxito alguno, con su mirada.

El niño, al escuchar mi tono de voz tan bajo, siguió mi misma línea. Se tapó la boca, aunque su pequeña manita aún dejaba ver su tierna sonrisa, y asintió muchas veces seguidas con un casi inaudible: «Sí, sí, sí».

—Pues en ese momento estoy yo ahora —añadí.

Fue entonces cuando el niño, ni corto ni perezoso, me dijo levantando la voz, apretando sus puños y abriendo sus enormes ojos azules:

—Pues correeeeee…

Y le hice caso. Salí casi corriendo entre las risas cómplices del resto de madres que miraban con desaprobación a la madre del protagonista de esta historia.

Sí, los médicos tenemos la «mala» costumbre de ausentarnos al baño, muy de vez en cuando y menos de lo que nos pide el cuerpo, pero así es. Como también tenemos la «mala» costumbre de comer.

Hace tan solo un par de meses me topé con un señor, un abuelo en esta ocasión:

—No me diga que su compañera estaba al cargo de la situación cuando la vi comiendo a las cuatro de la tarde en la cafetería —me espetó ese señor recién entrada yo a una guardia de noche.

De nuevo mi piloto automático falló.

—Mire, caballero, comprendo que pueda estar un poco nervioso, pero me va a disculpar. Si usted no vio a mi compañera comer a las dos de la tarde, o a las tres, es porque estaba precisamente atendiendo a su nieto. Y hasta que no hubo comprobado hasta el más mínimo detalle y no se hubo cerciorado del perfecto estado de salud de su nieto, no decidió bajar a comerse el bocadillo frío que le esperaba.

En este caso, tanto el padre como la madre del niño miraron al abuelo con desaprobación.

Sí, tenemos una profesión de mucha responsabilidad, y lo sabemos, lo sabemos muy bien. No se nos olvida. No se nos olvida nunca. Por nuestras manos pasa lo más importante de tu vida, lo más grande, tus hijos. Yo antes de pediatra fui madre. Sé muy bien de lo que hablo.

Ponemos todo lo que está en nuestras manos para intentar solucionar los problemas de los padres, grandes y pequeños; los hacemos nuestros en muchos casos, entran en nuestras casas, irrumpen en nuestros sueños. A veces incluso se cuelan en nuestros desayunos familiares:

—¿Qué tal está el niño que te preocupaba ayer, mamá? —me preguntó mi hijo la semana pasada.

—Mejor, cariño, está mucho mejor —le contesté mientras le preparaba las tostadas.

Si acudes de madrugada a Urgencias y nos ves con cara de sueño, es normal, nosotros también estamos cansados a las tres de la madrugada. Y no solo estamos cansados, eso es lo de menos. Por las noches, los niños, y en ocasiones los médicos, compartimos fantasmas. Los de los niños esperan agazapados bajo la cama o dentro del armario; los nuestros merodean sobre nuestras cabezas, amenazantes, silenciosos, traicioneros. La noche está hecha para dormir, pero nosotros, como sucede en otras muchas profesiones, trabajamos.

# LA ADOLESCENCIA. ¿YA?

# 42

## ¿Qué está pasando?

«Como padres, nuestra necesidad es ser necesitados; como adolescentes, su necesidad es no necesitarnos», doctor Haim G. Ginot.

Una se da cuenta de que algo está cambiando cuando una mañana cualquiera, al abrir la puerta del cuarto de tu hijo, de pronto te encuentras con un ser hostil:

—¿Qué parte de «no entres en mi habitación sin llamar» no entiendes? ¿Te hago un croquis?

Y antes de que te dé tiempo a reaccionar, ni siquiera a pestañear, te cierra la puerta en las narices.

La primera vez que ocurre, una piensa con cierto sentimiento de culpa: «Bueno, un mal día lo tiene cualquiera. Pobrecito, mi niño, en el fondo tiene razón, tenía que haber llamado».

Mientras su hermana sigue corriendo por la casa semidesnuda en los calurosos días de verano, bailando al más puro estilo Shakira y haciendo pipí con la puerta abierta de par en par al mismo tiempo que te cuenta sus planes para esa tarde, tu hijo mayor se pasa horas encerrado en el cuarto de baño.

—¡Pero, hijo! ¿Estás bien? ¿Te pasa algo? —le preguntas al otro lado de la puerta.

Algunas veces te contesta con un «Ay, mamá, no seas pesada, déjame»; otras obtienes un silencio por respuesta, y algunas veces te responde subiendo la música de la radio.

Si es tu primera adolescencia como madre, te pillará por sorpresa. Si ya has pasado por ella con otro hijo o con alguien muy cercano, sabrás que, durante esta turbulenta pero apasionante etapa de su vida, su cuerpo sufre muchos cambios físicos y muy rápidamente. Crecerá entre ocho y doce centímetros al año. A los chicos les saldrá pelo en cada centímetro de su cuerpo, les cambiará la voz, les crecerán de una forma llamativa sus genitales, y su masa muscular se duplicará. En las chicas, el cuerpo se redondeará, aparecerá la tan deseada cintura, así como las caderas, les crecerá el pecho, les saldrá vello y acné, y aumentará su masa grasa. Todos estos cambios se producirán en apenas unos meses, por lo que requerirán de una fase de reconocimiento y aceptación de su nuevo cuerpo. ¿Qué mejor forma de hacerlo que frente al espejo? ¿Quién no se pasaba horas en el baño a su edad?

El adolescente necesita ese tiempo para verse, analizarse, observarse, explorarse… Cada día encuentra algo diferente, siente algo nuevo, y toda esa información debe procesarla; su cerebro debe registrarla. No te preocupes, no le impidas hacerlo. Ha de pasar por ello. Es bueno para él y para la creación de su nueva imagen.

—Es que no sé qué le ocurre a Alfredo, doctora, que de pronto se mueve como un pulpo en un garaje. Tropieza con todo, es como si no tuviese control de sus brazos o de sus piernas. ¡Es muy torpe! —me comentaba una madre, aunque es una preocupación común a muchos padres.

—Tu hijo ha crecido doce centímetros en el último año. Este crecimiento, en ocasiones, no es armónico. Sus extremidades han crecido muy rápidamente y su cerebro aún no ha integrado estas nuevas dimensiones, con lo que él mismo no parece controlar bien sus movimientos. ¿Qué ocurre si te cambian el tamaño del teclado del móvil o del ordenador? ¿Verdad que es como si no hubieses escrito nunca antes? ¿Verdad que te sientes torpe y con movimientos erráticos? Pues lo mismo ocurre en la pubertad cuando los chicos crecen muy deprisa. Dale tiempo a que su cerebro integre estas nuevas dimensiones y verás como vuelve a ser más ágil que un lince.

La madre sonrió aliviada mientras Alfredo miraba por la ventana hacia la piscina que había en la urbanización de enfrente, que, como corresponde en verano, estaba llena de chicas en bikini. Yo sospechaba que no había escuchado ni una sola palabra de lo que le había explicado a su madre. Pero no había problema porque, lo que le preocupaba a su madre, a Alfredo le resbalaba absolutamente.

—Y ya que estamos aquí, doctora. También me preocupa que tenga alguna enfermedad, tipo diabetes. Me han dicho que los chicos que empiezan con diabetes comen a todas horas y tienen mucha sed. Alfredito no es que tenga sed…

—¡No me llames Alfredito, mamá, te lo he dicho mil veces! —De pronto conectó con nuestra conversación para reprender duramente a su madre.

—Perdón, hijo. A lo que iba, que come desmesuradamente. Come más que su padre. Es capaz de meterse dos pizzas seguidas y medio litro de Coca-Cola en lo que canta un gallo. No puede pasar por la cocina sin abrir la nevera y devorar todo lo que encuentra. Y solo quiere comer pasta, hamburguesas…, bueno, y barras de pan, que últimamente las compro de cinco en cinco. No gano para hacer la compra. ¡Es exagerado! ¡Come más que el gato de Karlos Arguiñano!

Tras hacerle unas cuantas preguntas que descartaban la posibilidad de que estuviera apareciendo una diabetes, le expliqué lo siguiente:

—Sí, así ocurre en la adolescencia. Como te comenté antes, su cuerpo está cambiando mucho y muy rápidamente. Su masa muscular ha aumentado el doble; por tanto, también su peso habrá subido de forma importante. Además, tu hijo practica mucho deporte. Por lo tanto, consume mucha energía y, además, a estas edades, los requerimientos energéticos son mucho más altos que hace dos años. Sin las calorías de los hidratos de carbono y de las proteínas, todos estos cambios no podrían llevarse a cabo. ¿Comprendes?

Parecía que la madre de Alfredo se había quedado satisfecha con todas mis explicaciones. Aun así volvió a preguntar, por si acaso.

—Entonces, no le pasa nada malo, ¿no?

—No. En absoluto. Lo que le está pasando no solo no es malo, sino que es buenísimo. Su cuerpo está cambiando y con él su cerebro. Este proceso puede durar unos años…

—¿Años? No me digas eso, por favor. ¡Es insufrible!

Alfredo resopló, mirando con desprecio a su madre.

Antes de que se fueran de la consulta, aprovechando que el chico quería ir al aseo, le dije a su madre:

—Ven la semana que viene tú sola y hablamos tranquilamente. Te vendrá bien.

Y eso hizo. Fue entonces, ya más relajada, cuando pudimos hablar serenamente de la adolescencia sin sentir la presión de las miradas asesinas y los comentarios desafortunados de su hijo.

La adolescencia es una intensa y vibrante etapa del ser humano, necesaria para el desarrollo de su personalidad como adulto. Es la pista de despegue del aeropuerto. Sin ella, el avión difícilmente volará ni podrá conocer los maravillosos mundos que hay al otro lado. De ahí la importancia de hacer de ella un recorrido firme y seguro, pero a la vez constructivo y emocionante. ¡Algo grande está a punto de suceder!

La adolescencia no es algo por lo que «hay que pasar». No debemos verlo como un acontecimiento negativo. Cierto es que en ocasiones se asemeja más a una montaña rusa que a una pista de despegue, pero el destino final está claro: la búsqueda insaciable e intensa de su propia identidad personal, ideológica y sexual. Es nuestra gran oportunidad de sentar las bases, crear los cimientos de algo grande, grande de verdad.

En los primeros años de la adolescencia, los chicos se mueven mucho por sus impulsos, por sus emociones, por sus sensaciones, y esto se explica porque es su sistema límbico el que asume el mando. Lo mismo que ocurría a los dos o tres años cuando nuestros hijos tenían rabietas y no eran capaces de razonar; en la adolescencia ocurre algo similar.

Los adolescentes se mueven por experiencias vitales, por emociones intensas, son viscerales. Se ven recompensados con la aprobación de sus amigos, de sus iguales. Quieren vivir, aquí y ahora. No hay espacio para el pasado y mucho menos para el futuro. Necesitan separarse de sus padres, diferenciarse, y por ello buscan el aislamiento en su habitación; en ella piensan, reflexionan, leen, hablan con sus amigos y crean. La adolescencia es el *carpe diem* en su máxima expresión. Sus altos niveles de dopamina a estas edades y su corteza frontal aún no desarrollada hacen que se comporten de este modo.

Es un momento de máxima creación, de ideas brillantes, de búsqueda de lo desconocido, de replantearse el mundo en el que viven y de darles la vuelta a las ideas a las que hasta el momento estaban acostumbrados. No es que se enfrenten al mundo desde un punto de ataque, ni que lo cuestionen todo. Es que necesitan cuestionarse aquello que no termina de encajar con lo que empieza a ser un proyecto de vida y de ideología. Y esto es fantástico que ocurra.

Las ideas más brillantes, la fuerza más intensa, las experiencias más innovadoras surgen a estas edades. «O lo haces ahora o nunca», se escucha habitualmente. ¿O crees que es casualidad que los mochileros tengan entre diecisiete y veintitrés años? Yo misma cogí una mochila y un billete de ida a Londres con mi novio cuando tenía veinte años para vivir una experiencia que resultó vital para mi crecimiento personal, trabajando de sol a sol como camarera y maldurmiendo en albergues y casas compartidas. ¿Y qué necesidad tenía de hacerlo si ya estaba estudiando Medicina, no tenía problemas económicos y hablaba inglés perfectamente? Pues lo necesitaba. Necesitaba invertir dos meses y medio de mi verano en vivir algo diferente, en encontrar lo que no encontraba en la universidad, en enfrentarme a lo desconocido alejada del ambiente amoroso de mi hogar. Lo necesitaba. Era un reto. Una mochila, un billete de avión y algo de dinero en efectivo.

Esa energía que nos sobra en la adolescencia, esa fuerza y esa pasión hicieron que compráramos un pasaje de ida y nos fuésemos a Inglaterra ante unos padres aterrados, aunque comprendieron desde el primer instante que iba a ser una experiencia positiva para mi desarrollo. Por ello siempre estaré agradecida de haber tenido unos padres que respetaron mis deseos y mis «idas de olla», y que sobre todo siempre han confiado en mí.

Nos fuimos con unas pocas libras en el bolsillo. Llegamos con otras tantas a la vuelta, pero mi mochila vino cargada de momentos irrepetibles, de lecciones de humildad, de emocionantes gestos de generosidad de mis iguales, de alguna que otra lágrima y de muchas risas compartidas. Experimenté en mi propia piel lo que siente un inmigrante. Aprendí a valorar todo aquello que me esperaba al otro lado, en mi acomodada vida: un buen baño en una bañera llena de espuma, una tortilla de patatas como Dios manda, un buen queso, una tarde de tele tirada en el sofá con mis padres uno a cada lado, un desayuno en familia con churros recién hechos... Desde aquello soy incapaz de no dejar una propina a un camarero, de no devolverle la sonrisa siempre que me la regale, de no quejarme gratuitamente si el entrecot no está del todo a mi gusto, de juzgar a la persona que recoge mis platos sucios, porque hubo un tiempo en que los recogía yo...

**¿Cómo se va desarrollando el cerebro de un adolescente a medida que van pasando los años?** El sistema límbico, responsable de la impulsividad y la explosión de emociones, comienza a tener menos protagonismo y es la corteza prefrontal la que empieza a desarrollarse de una forma más compleja, haciéndose cargo de la situación; aparece el juicio, la empatía, el autocontrol y la inhibición. Este es el momento previo a la edad adulta.

Los adultos nos volvemos juiciosos, en ocasiones demasiado. Nos inhibimos, nos autocontrolamos. No tenemos las descargas emocionales que tienen los adolescentes, salvo en contadas ocasiones, y esto es porque nosotros ya hemos despegado y el piloto, la corteza prefrontal, ha tomado el control de nuestro viaje.

Los adolescentes se sienten identificados con sus iguales y se buscan. Se necesitan. Como necesitan sentirse aprobados por ellos, es la recompensa más grande que pueden recibir. Los padres pasamos a un segundo plano. Durante la infancia, somos nosotros el modelo a seguir, nuestros niños buscan nuestra atención y aprobación a toda costa, y ya hemos visto que son capaces de lo que sea con tal de que estemos a su lado. En la adolescencia ocurre esto mismo, pero sustituyendo la figura de los padres por los amigos.

—Pero, hija, si te acabas de despedir ahora mismo de tu amiga con la que llevas toda la tarde por ahí. ¿Qué haces llamándola ahora por teléfono? ¿Todavía tienes cosas que contarle? —me decía mi padre cuando yo tenía quince años.

—Pues sí, papá. Todavía tengo cosas que contarle. Ahora déjame un ratito. Y cierra la puerta, anda.

Pero ¿qué ocurre en esta montaña rusa de emociones y experiencias, de enfrentamientos y enamoramientos, de subidas y bajadas, de sentirlo todo y nada? Que los adolescentes son especialmente vulnerables. Piensa en el avión. Aún no ha despegado, está en la pista rodando, cogiendo velocidad. Una pequeña piedra en el camino le puede desestabilizar. Por ello, los adolescentes explotan, gritan, dan portazos, ríen a carcajadas y lloran casi al mismo tiempo. Pasan por todos los estados de ánimo posibles en un tiempo fugaz. Si lo piensas, es muy parecido a las explosiones de los dos o tres años.

Existe una diferencia importante con la primera infancia y es que los adolescentes están expuestos a muchos riesgos. Es indudable. La unión con sus amigos es tan intensa, la necesidad de aprobación es tan fuerte que, en ocasiones, pueden llegar a hacer cosas que en condiciones normales y en solitario no harían, subestimando el riesgo. Y esto es fácil de entender.

Mientras escribo estas líneas me encuentro de vacaciones, en pleno mes de julio y recién llegada de Mallorca, donde pasé unos días inolvidables con mis hijos. En una de las calas que visitamos había un acantilado donde observamos atónitos cómo un grupo de adolescentes se tiraban de cabeza una y otra vez entre risas y aplausos de los demás. Lo primero que pensé fue: «Dios mío, ¡qué peligroso! La cantidad de lesiones medulares que hay en chavales jóvenes por hacer esa tontería». Y tardé dos minutos en hacérselo saber a mis hijos.

A los pocos minutos, eché la vista atrás y me encontré casi por arte de magia con quince años, en uno de mis veranos en Campello, Alicante. Allí estaba yo, rodeada de mi pandilla en lo alto de un pequeño acantilado al que llamábamos «El Lobo», porque bajo él había una cueva marina. Observé cómo fueron subiendo todos mis amigos por las encrespadas rocas para alzarse en lo alto y finalmente tirarse al mar.

—Yo no me tiro —recuerdo que dije, pues siempre tuve miedo a las alturas.

—Venga, Lucía, no vas a ser tú la única —me insistían todos—. No seas miedica, que no pasa nada.

Y ahora comprendo por qué subí y de dónde saqué las fuerzas y el impulso para tirarme. Mi necesidad de reconocimiento de mis amigos era tan fuerte que pudo con mi propia voluntad. Y me tiré. No pasó nada, pero pudo haber pasado.

Los adolescentes asumen el riesgo; de hecho, muchos de ellos lo buscan, lo necesitan. Son impulsivos y tienen poca capacidad de autocontrol porque esa parte de su cerebro aún no está del todo desarrollada; por eso, la primera causa de muerte a esas edades son los accidentes.

Es difícil contener a un adolescente, ¿verdad? Especialmente a los varones, que parece demostrado que llevan más al límite los riesgos. Se sienten muy atraídos por la velocidad, por ejemplo. Es imposible detener una tormenta, pero sí es posible vivirla sin peligros e incluso disfrutar de ella en un lugar seguro.

Pongamos un ejemplo. Si a Pedro le encanta la velocidad, y así lo demuestra desde pequeño, y a medida que pasan los años empiezas a ver que el gusto por los coches, las motos y todo aquello que se ponga a más de cien kilómetros por hora le atrae, no le apuntes a clases de ajedrez ni de escultura. ¿Por qué no pruebas con el esquí? Sentirá el aire en su cara, en su cuerpo entero, al mismo tiempo que estará practicando un deporte seguro pero a la vez emocionante y lleno de descargas de adrenalina que alimentarán su apetito por la velocidad.

Con todo esto descubrimos que la adolescencia, esa pista de despegue hacia una vida adulta, es un apasionante e intenso recorrido, con algún riesgo, cierto, pero también lleno de posibilidades y oportunidades. No debemos verlo como un estado de «locura transitoria». «¡Bendita locura!», he llegado yo a pensar en ocasiones en las que me ha faltado ese impulso para realizar algo ya en mi vida adulta. De hecho, la adolescencia es esa ventanita que nos muestran nuestros hijos para recordarnos todo lo que éramos capaces de hacer y sentir, la forma loca que teníamos de enamorarnos. Mirando tras ella descubrimos nuevamente todo lo que creamos en su día, lo grandes que nos sentíamos y las ideas brillantes que tuvimos.

Recorre ese camino junto a tu hijo adolescente, aún te necesita; recuerda que no ha despegado todavía. No le juzgues; escúchale, anímale a que encuentre él sus propias soluciones a los problemas. Respeta sus silencios. Los adolescentes no quieren que les resuelvas la papeleta continuamente, ni que les peles la fruta como hacías cuando era un niño. Necesitan hacerlo por sí mismos y sentirse útiles y capaces. Dales la oportunidad. **El reto no es saber cómo puedo yo arreglar sus conflictos, sino cómo puedo enseñarles a resolverlos por sí mismos**. Esa es la clave. Muestra a tu hijo adolescente los caminos sin superioridad, sin aires de instructor ni mentor, sino con sensatez. Y sobre todo escucha sus necesidades desde la curiosidad, sin juzgar. Deja que te sorprenda.

Y si en algún momento te sientes desanimado, desilusionado, aterrado incluso, decepcionado, perdido, agobiado, indeciso, inseguro y confuso, echa la vista atrás, retrocede unos años y sitúate ahí, en su mismo lugar, con su misma edad y… siente.

# 43
# Mamá, ¿hablamos?

Cuando me dices «tenemos que hablar», mientes.

Buenos días, mamá:

Ayer vino una psicóloga al instituto a darnos una charla sobre estrategias de comunicación y nos recomendó escribir cartas para expresar todo aquello que sentimos sin temor a que nos interrumpan. Y eso he hecho. Me he sentado aquí con mi ordenador tranquilamente, aprovechando que has salido con papá a hacer unas compras.

Mamá, te quiero. Esto es lo primero que me sale al pensar en ti. Sí, te quiero mucho y eres una madre maravillosa, pero últimamente no nos encontramos. Discutimos, nos enfadamos, terminamos gritando y yo, finalmente, acabo encerrada en mi habitación para estar allí tranquila, coger mi móvil y escribir a mis amigas. Ellas siempre me entienden.

Mamá, cuando me dices en tono serio «tenemos que hablar», mientes. Deberías decir: «Tengo que hablar». Es una necesidad tuya que quieres convertirla en mía. Porque un diálogo no es un monólogo. Y un monólogo es un sermón. Cuando tú tienes que hablar conmigo, a lo mejor yo no quiero hablar contigo. ¿Eso lo puedes entender? Así que ¿por qué no me dices mejor: «Cariño, necesito hablar contigo»? Suena diferente, ¿verdad, mamá?

Ahora estoy aquí, escribiendo en mi habitación con la puerta cerrada. Y, si está cerrada, está cerrada, no abierta. Creo que esto es de cajón. Respétame. Llama antes de entrar, por favor. No es tan difícil de entender y para mí es importante. Si estoy hablando con mis amigas, no es el mejor momento para hablar, aunque tú tengas que hablar.

Mamá, no juzgues a mis amigas sin ni siquiera conocerlas. Dales una oportunidad. Invítalas a casa y verás como son capaces de hablar de muchas más cosas además de esmalte de uñas y maquillaje.

Mamá, no desconfíes de mis amigos. No son todos unos guarros, no se van a aprovechar de mí. ¿Me dejas elegir a mis amistades? ¿Confías en mí? ¿Te apetece organizar una cena con ellos y así los conoces?

Mamá, no me sobreprotejas tanto, no me digas que soy perfecta, que soy la más guapa del instituto ni la que mejor tipo tengo. No soy la más lista ni la más atractiva, pero no pasa nada, mamá, a mí me gusta como soy. No me metas en una burbuja de perfección o me convertirás en una narcisista insoportable.

Mamá, pregúntame más y dime menos: «Tienes que hacer esto». «No hagas esto otro.» «Te equivocarás si lo haces.» No me soluciones la vida. No llenes mi cabeza de consejos. ¿Te los he pedido?

Respétame. ¡Soy como soy! No intentes crearme a tu imagen y semejanza. El otro día te lo escuché decir a tu amiga Marta: «**El objetivo es que nuestros hijos tomen sus propias decisiones, no las nuestras. Que cometan sus propios errores, no los nuestros**». Pues eso, mamá. Recuérdalo.

Mamá, con tus «Porque lo digo yo» o «Haz lo que quieras, ya eres mayor», dinamitas cualquier posibilidad de comunicación, por pequeña que sea. No me grites, por favor. No lo hagas más. Me vuelvo sorda a tus gritos.

Mamá, estoy sintiendo cosas que hasta ahora no había sentido nunca. Me cuesta decírtelo, aunque parece que a través de esta carta me resulta más fácil. Creo que me estoy enamorando de un chico. No me lo puedo quitar de la cabeza. No me concentro, no tengo hambre, ni sueño. No me he atrevido a contártelo hasta ahora, aunque mi mejor amiga ya lo sabe. Mami, cuando hablemos del tema, por favor, reconoce mis sentimientos, son míos, los siento aquí dentro. No critiques mis opiniones ni ridiculices mis pensamientos, ¿vale?

A veces echo en falta que me digas: «¿Cómo te sientes?». «¿Qué te gustaría hacer?» «¿Qué prefieres que haga yo?» «¿En qué te puedo ayudar?» «¿Cómo crees que podrías solucionarlo?» «¿Qué te gustaría que sucediese?»

Mami, ¿te acuerdas cuando era pequeñita y me preguntabas qué le pediría a mi varita mágica? Echo de menos un poco más de fantasía porque, aunque no soy una niña, tampoco soy mayor como tú, mamá. Ríete más conmigo, ¡juega conmigo!

Y, mamá, ¿sabes qué es lo más importante? Que me importa mucho lo que pienses de mí, y lo que me dices. Que, aunque creas que no te hago caso, luego me encierro en mi habitación y pienso, pienso mucho. Y valoro enormemente tu opinión, aunque ni siquiera hayas escuchado la mía. Mamá, escúchame. Antes de decirme, preguntarme o asesorarme, escúchame. Una vez que te haya dicho todo lo que quería decirte, estaré mucho más receptiva a todo lo que tú quieras contarme.

No me vengas con un «Ya sé lo que me vas a decir», porque en ese mismo instante se acabará nuestra conversación con un «Déjalo, mamá». Es difícil continuar cuando alguien te juzga de ese modo, ¿no te parece? ¿Acaso estás dentro de mi cabeza? ¿Tienes una bola de cristal?

Perdóname por mis cambios de humor. Es verdad que a veces estoy insoportable. Me he dado cuenta de que estoy especialmente irritable los días previos a la regla. Eso es normal, ¿verdad, mamá? Ten paciencia, por favor. En ocasiones me recuerdan a la tía Candela, cuando decía que estaba con la menopausia y tenía esos arrebatos que nos quedábamos todos a cuadros. ¿Lo recuerdas? ¡Ay, Dios mío! ¿No tendré yo la menopausia esa?

Mamá, dime lo que te gusta de mí. Recuérdamelo, que se me olvida. Me encanta escucharte cuando, sin pedírtelo, sin sentir la necesidad de recompensarme, me dices lo bien que me sienta ese vestido o lo orgullosa que te sientes de mí. Yo prometo decírtelo también. Hay veces que tengo tanta rabia que te digo que estás horrible con ese peinado cuando en realidad estás preciosa. Perdóname, mamá.

Y bien, ahora que ya te he dicho todo lo que quería decirte, y puesto que tú siempre me has enseñado que las imposiciones no suelen funcionar y los pactos sí, ¿qué me dices? ¿Hacemos una alianza?

# 44

# El síndrome del nido vacío

Sentía la mano recia de mi pareja,
que me recordaba la mujer fuerte que era.

Es la primera vez que estará alejado de casa tanto tiempo. Nunca antes había estado más de unos días durmiendo en otro lugar que no fuera bajo tu mismo techo. Tu hijo se va a la universidad, o tal vez a un viaje que durará varias semanas. Tal vez estás divorciada y has de compartir la custodia con tu expareja. Los sentimientos que tenemos son muy similares: una inmensa sensación de vacío.

Llevábamos semanas preparando su marcha. Por primera vez iba a pasar dos meses fuera de casa. ¡Su primer viaje al extranjero! Me había ido con ella a comprarle una maleta nueva, habíamos renovado su vestuario, porque en Inglaterra hacía fresquito. Fuimos juntas a que se hiciera el pasaporte y su padre la acompañó a por la tarjeta sanitaria. Acudimos todos juntos a las reuniones de la organización y vivimos con ella la excitante emoción de un viaje así.

Los días pasaron muy rápido entre citas, maletas, ropa y papeleo. Cuando nos quisimos dar cuenta, estábamos en el aeropuerto los tres: su padre, ella y yo.

—No voy a llorar —le había prometido a mi pareja.

—No lo hagas, cariño. Si no, ella pensará que estarás muy triste. Dejemos que se vaya tan feliz como está ahora mismo. Será una experiencia inolvidable para ella.

—Lo sé —contesté abrumada y embargada por el sentimiento de pérdida.

La despedida no pudo ser de otro modo. Ella daba saltitos de emoción; aún la veía cuando tenía cuatro añitos y saltaba si le compraba un helado. Nos abrazamos largo, intenso y sentido. Mi llanto contenido me impedía hablar. Apretaba la boca con fuerza en un intento de no dejar escapar el más mínimo suspiro. Sentía la mano recia de mi pareja, que me recordaba la mujer fuerte que era. Mi hija no perdió la sonrisa ni un solo instante. ¡Qué emocionada estaba!

—Disfruta a tope, mi cielo —le dije en el abrazo más fuerte que jamás haya dado. La olí por última vez.

—Llámanos en cuanto llegues —añadió mi pareja.

—Sí, sí, sííí. ¡Tranquilos! Me voy pitando, que se va mi grupo.

El último beso lo di al aire. La vi alejarse con su mochila a los hombros, su pelo recogido en una coleta y su paso ágil y feliz. Cuando no alcanzábamos a verla, dejé de contenerme. Las lágrimas brotaban de mis ojos en un llanto tranquilo y sosegado. Mi pareja me abrazó, sospecho que él sí se reprimía. Nos dimos media vuelta e iniciamos el camino hacia el coche. Silencio…

El trayecto de regreso a casa fue extraño. Mi pareja estaba concentrado en la carretera. Era la primera vez que no encendía la radio. Yo miraba al cielo en un intento inocente e infantil de encontrar el avión donde volaban los sueños de una joven preciosa, los miedos de una madre y la melancolía de un padre. No pronunciamos una sola palabra. No las encontramos.

Nunca se me olvidarán los primeros instantes dentro de casa. El silencio era ensordecedor. Subí a su habitación. ¡Cómo olía a ella!

Me senté en su cama, en la misma cama donde hacía unas horas había ido a despertarla dulcemente. Olí su almohada…, era ella. ¡Aún estaba allí! Su olor iluminó todos mis recuerdos y me los trajo de vuelta.

Sin darme cuenta hice un viaje en el tiempo: vi como aparecían pequeños juguetitos en los lugares más insospechados de la casa, pegatinas de corazoncitos y caramelos derretidos en mis bolsos… ¿Cómo llegaban hasta allí? No lo sé, pero nunca fallaba. De pronto volví a ver las paredes manchadas con sus diminutas huellas, sus dedos inmortalizados en la pared de la escalera, los pijamas de una sola pieza, los vasos de plástico de colores para que ella bebiera agua, las toallitas húmedas, imprescindibles en la crianza, sus innumerables cartas desde bien pequeña: «Mami, te quiero. Mami, eres la mejor». Las guardo todas, en mis libros. Y, cada vez que releo uno de ellos y me las encuentro, sonrío y huelo el manuscrito. No sé, tal vez aún huela a sus manos.

«¡Qué silencio! ¡Qué grande es la casa! ¡Hace mucho calor aquí!»

Busqué a mi pareja y de pronto lo encontré mayor, había envejecido. Estaba viendo la tele. Me miró y con una sonrisa serena me invitó a que me sentara a su lado dando una palmadita en el sofá.

«¡Qué sofá más grande! ¡Sobra espacio por todos lados!»

Me acurruqué en su hombro, cerré los ojos y suspiré.

El síndrome del nido vacío, esa sensación de pérdida y vacío cuando nuestro hijo abandona el hogar. Debemos estar preparados para ello e identificarlo cuando llegue…, porque llegará. Es ley de vida. Es el momento de que salten al agua, sin flotador, sin manguitos, ellos solos. Es el momento de despegar, de volar muy alto.

Nosotros ya hemos pasado por ello, podemos imaginar lo que ellos sienten, no es tan difícil ponernos en sus zapatos ahora mismo. Sin embargo, todos estos sentimientos que te inundan ahora como madre son nuevos. Una no ve el paso del tiempo en sí misma, ¿verdad? Vemos envejecer nuestro entorno, pero nosotros nos vemos iguales. Y en realidad no son más que ilusiones. El tiempo pasa, y pasa para todos.

De pronto te ves de nuevo a solas con tu pareja. ¿De qué hablamos ahora? En los últimos años, todas las conversaciones estaban monopolizadas por nuestros hijos: sus clases, profesores, actividades, deberes, ocio, amigos, planes en familia, etcétera. No nos dábamos cuenta. El ritmo frenético del día a día nos absorbía mientras los días, los meses y los años iban pasando.

No solo dejamos de lado nuestra relación de pareja, sino que en ocasiones hasta se nos olvida cuidar de nosotras mismas. ¿Dónde quedaron todos nuestros *hobbies* de juventud? ¿Cuánto hace que no te dedicas una tarde a ti misma? ¿Y a tu pareja? ¿Cuánto hace que no le sorprendes o que no te sorprende él a ti?

Es difícil. Cierto. Pero hay que reinventarse. Es la oportunidad única de recuperar el tiempo de pareja. ¿Cuántas veces habíamos echado pestes de que no teníamos tiempo a solas? ¿De que ya no llamábamos a nuestros amigos? ¿De que no viajábamos solos ni teníamos sexo decente? ¡Ahora es el momento!

Pasados los primeros días de «duelo», y sobre todo reconociendo lo que nos está ocurriendo y asumiéndolo como natural, debemos esforzarnos y hacer planes: quedadas con la pandilla, salidas al cine, un buen masaje, una limpieza de cutis quizá... Acudir a conciertos, escapadas de fin de semana o una cena romántica con un final más dulce que el volcán de chocolate del postre. Es nuestra oportunidad de sacar el adolescente que llevamos dentro, de recuperar la intensidad con la que vivíamos, con la que sentíamos, y volver a vivir.

Cuando nuestro hijo regrese a casa, se encontrará a unos padres casi desconocidos, con más planes nocturnos que él, con evidentes y tiernas muestras de cariño, y rodeados de un deslumbrante halo de libertad.

¿Estamos listos?

# 45

## Hijo, ¿por qué no puedo ser tu mejor amigo?

Viaje al pasado: forraste nuestra casa de libros y mi alma de sabiduría.

«Cuando mi hijo sea mayor, yo seré su mejor amigo. ¿Quién le conoce mejor que yo? ¿Quién le podrá entender mejor que un padre? Sí, yo lo tengo claro.»

El amor que sentimos por nuestros hijos es infinito. El vínculo que establecemos con ellos es eterno, es para siempre. Pero la amistad entre un padre y un hijo nunca podrá respirar el mismo oxígeno que respirará la unión entre tu hijo y su mejor amigo. Las conversaciones que mantiene tu hija con sus amigas no pueden alimentarse por el amor de una madre. Y, si pensamos que sí, nos estaremos equivocando.

¿Por qué no puedo ser la mejor amiga de mi hija? Porque mi hija adolescente necesita separarse de mí para crear su propia identidad. Porque, si no lo hace, no habrá transición entre su infancia y su edad adulta, y, cuando salga al mundo real, no tendrá las habilidades suficientes para desenvolverse con soltura.

He estado alimentando a mis hijos durante toda su vida. He velado sus noches febriles. He secado sus lágrimas y calmado su llanto en tantas ocasiones como estrellas hay en el cielo. He vestido su cuerpo y cepillado su pelo con mimo. Hemos llorado abrazados las pérdidas y hemos reído a carcajadas bajo las sábanas una mañana de domingo. He creado un nido amoroso y comprensivo alejado de los peligros del fiero mundo de los adultos. Sin embargo, ha llegado el momento de que inicien su vuelo. Y será un vuelo hermoso, temeroso al principio, pero emocionante y revelador. Es un vuelo que han de emprender sin nuestro cobijo.

La necesidad del adolescente de diferenciarse de los mayores y de reconocerse con sus iguales hace que, durante unos años, nuestros hijos vivan, sientan y sufran en otro mundo diferente al nuestro.

—Es como si de repente tuviésemos un extraño en casa. No nos cuenta casi nada. Las palabras hay que sacárselas con sacacorchos. Nos contesta con monosílabos: «sí», «no», «vale», «luego»... No sé qué está pasando o, mejor dicho, ¡no sé lo que le está pasando!

Tu hijo está creciendo. Su cuerpo está cambiando. Su cerebro está terminando de desarrollarse. Sus ideas, sueños y deseos empiezan a coger forma. Tu hijo está creando a su «yo» adulto.

—Mi madre no se entera de nada, parece que está en Babia. Dice que ella ya ha pasado por lo que estoy pasando y siempre me viene con el mismo rollo. Pero no es verdad. ¡No tiene ni idea!

Y no les falta razón. Piensa en tu adolescencia, haz un viaje al pasado. ¿Qué hacías los fines de semana, las noches locas en las que no encontrabas el momento de volver a casa? ¿Sufriste en tu propia piel la pérdida de un ser querido, de un familiar o de un amigo? ¿Cómo te relacionabas con tus amigos? ¿Cómo vivías el sexo? ¿Bebías, fumabas, consumías algún tipo de droga? ¿A qué peligros te enfrentaste? Y ahora hazte la siguiente pregunta: ¿crees que tus padres vivieron tus mismas experiencias durante su adolescencia? La respuesta es no.

La vida está en continuo cambio; la velocidad de crecimiento y evolución es vertiginosa. En muy pocos años, nuestro entorno ha cambiado mucho. Y no vale decir eso de «Bueno, claro, es que mis padres vivían en otros tiempos», porque tu hijo adolescente puede pensar exactamente lo mismo de ti cuando le dices: «No me cuentes historias, que por todo lo que tú has pasado yo ya lo he vivido. He ido y he vuelto tres veces. Así que no te las des de listo».

No le subestimes. Nuestra adolescencia ha sido intensa, indudablemente; pero la de nuestros hijos también lo será. Puede que más. Y, muy probablemente, será diferente. Habrá otras modas, otras tendencias, otros riesgos también. Y como no estamos ahí dentro, en su micromundo adolescente, no podemos llegar a comprenderlos del todo. Y ellos lo saben, lo sienten. Es por ello por lo que habrá muchas experiencias que no quieran compartir con nosotros, sus padres. Ellos reconocen a los chicos y chicas de su edad que viven, sienten, disfrutan y también sufren las mismas cosas. Y tenemos que respetarlo.

No te enfades ni te preocupes si tu hijo no quiere compartir contigo sus vivencias juveniles. Es normal. Déjale que explore, que saque sus propias conclusiones. Pero no te alejes de él. Los padres debemos estar siempre ahí y ellos lo deben saber. Somos el firme timón al que agarrarse en momentos de tormenta o, ¿por qué no?, en instantes de mar en calma en los que quieran venir a disfrutar de la travesía en familia. Deja que tu hijo explore cada centímetro del barco, deja incluso que se lance al mar, nade y se sumerja. No le pierdas de vista, pues el viaje sin tu hijo no tendría sentido.

Eso sí, como buenos capitanes de barco debemos establecer unos límites claros. Y eso no lo puede hacer su mejor amigo. Nosotros marcaremos la hoja de ruta, diferenciaremos las aguas navegables de las que no lo son, fijaremos la velocidad de la travesía. Y ha de ser así. De lo contrario, nos convertiremos en unos padres permisivos y vulnerables, y dejarán de vernos como ese timón firme al que aferrarse; establecerán ellos mismos sus propios límites, que muy probablemente no se ajusten a la realidad, y estaremos perdiendo una oportunidad única de iniciar a un adolescente en una vida adulta feliz y segura.

Una vez que haya explorado el barco y se lance al agua, vigílale y acompáñale, como el que acompaña a los delfines en su elegante nado. Si empieza el oleaje, tu hijo sabrá que el timón está ahí, que siempre puede volver. Házselo saber. Si la tormenta ya está encima, avísale; lánzale un salvavidas para que se aferre a él y nade de vuelta a un lugar seguro. Pero deja que vuelva él solo, porque volverá; los hijos siempre vuelven.

Nosotros estaremos allí siempre mientras estemos vivos, y lo sabe. Celebraremos juntos todas y cada una de sus victorias y lo haremos a lo grande, como se merece. Nos lanzaremos al agua también. ¿Por qué no? Viviremos algunas de sus experiencias con él. No pierdas la oportunidad de hacer algo con tu hijo adolescente, algo que a él le guste mucho; comparte vivencias, emociones y adrenalina. Saca al adolescente que aún hay en tu interior y bucea con él.

Ayer mismo me comentaba un amigo divorciado que quedaba dos tardes a la semana para nadar en el mar con su hijo adolescente. Inmediatamente pensé: «¡Qué bonito recuerdo para su futuro! No del padre, sino del hijo». Hazte esta pregunta una y otra vez, en momentos de crisis y en momentos gloriosos: «¿Qué me gustaría que mi hijo recordara de su infancia-adolescencia?».

Y, si estamos en la cima con nuestros hijos celebrando triunfos, más aún estaremos en las oscuras noches de navegación. En aquellos días en los que, por mucho que abren los ojos, no ven nada; en esos momentos en los que precisamente para ver con claridad hay que cerrar los ojos y parar a respirar. Seremos nosotros, y no otros, los que recojamos todos sus trocitos y los pongamos a salvo. Seremos nosotros quienes iniciemos esa reconstrucción necesaria para devolverles a la vida. Porque las experiencias que hemos vivido nosotros y ellos son diferentes, pero las emociones son las mismas.

—Papá, es que siento una cosa aquí en la garganta que no me deja respirar. Es como un puñal, algo punzante y doloroso que me roba el aliento. ¡No puedo más! —le decía a mi padre entre lágrimas amargas que caían sobre mi corazón hecho añicos.

—Eso, hija, es el «dolor de alma» —me contestó al otro lado del teléfono—. Te entiendo, mi cielo. Es el dolor más intenso que se puede vivir. Es asfixiante, hiriente, desolador, angustioso y desgarrador. Pero pasará, mi cielo, te prometo que pasará.

—¿Tú lo has sentido alguna vez, papá? —logré preguntar tras varios intentos de suspiros y palabras ahogadas en el llanto.

—Sí, hija mía, sí. Y pasará, cariño, pasará. Confía en mí —me dijo mi padre con un hilo de voz nacido de lo más puro y profundo de su alma.

Los años han pasado y he logrado construir mi propio barco, que navega en el mismo océano que el de mis padres. En ocasiones compartimos tormentas, y es en ese momento cuando la unión hace la fuerza. En otras muchas he navegado en solitario con distintas hojas de ruta que me han hecho dudar al no avistar el horizonte. Hasta ahora, tras recorrer aguas mansas, ver atardeceres únicos, sufrir frías tormentas y disfrutar de amaneceres inolvidables, puedo asegurar que cada centímetro de este barco está lleno de experiencias y emociones vitales. Mis hijos corren alegremente por la cubierta, felices. En mi camarote guardo mi «caja del alma» donde atesoro esa conversación con mi padre. «Dolor de alma.» Sí, lo he sentido en alguna ocasión más, y siempre vuelven a mí sus palabras: «Pasará, mi cielo, te prometo que pasará». Y tenía razón, siempre pasa.

Retomando la pregunta de qué me gustaría que mi hijo recordara de su infancia-adolescencia…

He escrito este libro como madre, pediatra, siempre pensando en mis hijos, en mis pequeños pacientes, en sus padres e inspiradoras madres. He empezado con el mismo instante en el que me convertí en madre, mi parto. Pero ahora toca cerrar el círculo y escribiré como hija. Porque, antes de ser madre, he sido hija, y lo seguiré siendo el resto de mi vida. Lo que viene a continuación es lo que llevo en mi barco.

Papá, no recuerdo tus largas jornadas de trabajo. No recuerdo haber oído tu despertador a las seis de la mañana de cada día de la semana. No recuerdo la hora en la que regresabas exhausto, ni recuerdo las largas temporadas que trabajabas fuera de casa y que, al volver, siendo aún yo casi un bebé, no te reconocía. Ni siquiera recuerdo lo que me regalaste en cada uno de mis cumpleaños.

Mamá, no recuerdo tu ritmo frenético de trabajo, los autobuses escolares, las meriendas y las clases particulares. No recuerdo tus largas horas de estudio preparando tu brillante tesis doctoral mientras nosotros dormíamos. No recuerdo tu sacrificio, abnegación y lucha por ser una madre joven, universitaria y trabajadora, ¡todo al mismo tiempo! No recuerdo tus días en solitario con dos niños pequeños a tu cargo, enterrada entre apuntes de la facultad mientras papá trabajaba lejos de casa.

No recuerdo cuando empecé a recibir veinticinco pesetas de paga, ni recuerdo si tenía premios o castigos.

Papá, no recuerdo los múltiples destinos laborales que tuviste, ni recuerdo los días de silencios y telediarios cuando algún minero de algún pozo cercano al tuyo se quedaba atrapado a más de seiscientos metros de profundidad bajo tierra. No recuerdo tus lágrimas ahogadas en el polvo mísero del carbón cuando no salían con vida.

No recuerdo haber escuchado una sola discusión con mamá, un solo grito, ni siquiera un azote en el culo. No recuerdo un «**Mamá, no me grites**»; no, no lo recuerdo.

No recuerdo, mamá, tu necesidad de explorar el mundo de las emociones desde el mismo instante en el que decidiste ser madre. Pero sé que lo hiciste, y no solo lo hiciste, sino que lo lograste.

¿Sabes lo que de verdad recuerdo? ¿Sabes lo que ha alimentado mi infancia y mi juventud a lo largo de todos estos años?

Papá, recuerdo verte llegar del trabajo y sentarte a mi lado a hacer los deberes, recuerdo cómo impedía que te levantaras hasta que no fuera capaz de recitar la lección palabra por palabra. Recuerdo cómo nos hacías entrevistas a mi hermano José y a mí, y nos grababas con una grabadora entre risas y cortes continuos por mis payasadas.

Recuerdo cómo me hacías cosquillas, hasta el punto de hacerme casi pipí encima. Recuerdo tus cuentos por las noches, todos inventados, todos diferentes y mágicos.

Recuerdo tu tortilla de patatas para cenar y ver los cuatro juntos *Informe semanal*. Recuerdo cómo me enfadaba porque a José le ponías el trozo más grande por ser el hermano mayor. Recuerdo cómo bailábamos en la cocina mientras mamá preparaba la comida. Recuerdo una y otra vez nuestras miradas cómplices, nuestros ataques de risa tonta ante el estupor del resto.

Recuerdo que le dijiste a José, en una ocasión en que me habían pegado por molestar una y otra vez a un tal Roberto:

—José, pase lo que pase, siempre, escúchame bien, siempre, y tenga o no tenga razón, tú has de defender a tu hermana.

Cumplió tu palabra, papá. Así hizo desde entonces.

Recuerdo, papá, el recital al que me llevaste del irrepetible poeta Ángel González con la música en directo de Pedro Guerra, en el que terminamos compartiendo clínex y suspiros. **Papá, te estoy viendo** allí sentado a mi lado, dejándote llevar por la emoción de los poemas, no ocultando ni una sola de tus lágrimas. ¿De qué esconderse? ¿Para qué esconderse? ¿Acaso la emoción merece silenciarse? Qué lección me diste, papá.

Mamá, de ti recuerdo que durante una época de mi infancia llegabas tarde a casa del trabajo y, al encontrarme ya dormida, me escribías una carta contándome tu día y la escondías en nuestra cajita secreta (un hórreo de madera). ¿Lo recuerdas? Al levantarme por la mañana, cogía la carta sin que me viera José y me encerraba en el baño a leerla. Cuando me sentaba a desayunar, nos mirábamos con una complicidad como ya nunca encontré en nadie. Deseaba tener un ratito para contestarte y dejarte mi correspondiente carta en el mismo lugar…, a la espera de ser leída esa misma noche por ti.

Mamá, contigo aprendí a dibujar nuestros deseos en una bonita libreta, a visualizar, a imaginar, a fantasear y a soñar. «Si dibujas tus sueños, se harán realidad», me decías mientras me mostrabas tu libreta de sueños pintados, donde conocí la casita de campo que tendríamos diez años después de haberla coloreado.

Recuerdo haber entrado en el despacho y decirte: «**Mamá, ¿me escuchas?**». Siempre escuchabas.

Mamá, recuerdo cómo experimentabas conmigo técnicas de relajación y te servía de conejillo de Indias para poner en práctica lo que ya empezaba a llamarse por ahí «inteligencia emocional». Nadie sabía de lo que hablabas. Yo sí. Y funcionó, ¿sabes? Mira adónde he llegado, yo misma hablo de inteligencia emocional treinta años después.

Recuerdo todos y cada uno de mis «**Mamá, ¿hablamos?**». Siempre estabas.

Mamá, eras una perseguidora incansable de sueños, una madre amorosa, trabajadora y luchadora.

Mamá, forraste nuestra casa de libros y mi alma de sabiduría. Aún no he conocido a nadie que lea como tú lo haces, aunque José se acerca. Aún hoy leo con el lápiz en la mano, apuntando notas en los márgenes, como siempre has hecho tú. Aún hoy escribo la fecha y el lugar donde compro los libros en tu recuerdo.

Recuerdo la primera vez que lo escuché. Sí, fuiste tú. Sentada en mi cama mientras te acariciaba. «**Mamá también llora**», me dijiste. Y lloraste, y lloramos.

Recuerdos, recuerdos, recuerdos…

Recuerdo los momentos juntos, muchos, pocos, no lo sé. Pero maravillosos.

Gracias, papá. Gracias, mamá. Gracias por enseñarme a soñar, a escribir, a pensar por mí misma, a llorar cuando hay que hacerlo, a luchar, a luchar duro por lo que creo y a no juzgar.

Y, sobre todo, gracias por enseñarme que lo que recordarán mis hijos en el futuro no serán los regalos de Reyes, ni el dinero que he invertido en ellos; ni siquiera recordarán lo que presumo de ellos a todas horas. Recordarán el tiempo que pasamos juntos. Mucho, poco, no lo sé; pero intenso, divertido, emocionante, dulce, amoroso y sincero.

Y esta es la mejor lección de vida que me habéis podido regalar.

# MIS LECTURAS RECOMENDADAS

Aquí muestro los libros que me han robado horas y horas de sueño a lo largo de estos años y que, sin embargo, me han regalado incalculables dosis de sabiduría, de sentido común, de aprendizajes, y han iluminado las sombras de mi maternidad.

- *El cerebro del niño*, de Daniel J. Siegel y Tina Payne (Alba Editorial, 2012). Un libro que llenó de luz mi camino en la crianza de mis hijos. Cuando descubres cómo funciona el cerebro de tu hijo y aprendes a distinguir las distintas fases de su desarrollo, la maternidad se vuelve un camino apasionante y enriquecedor.
- *Un niño seguro de sí mismo*, de Paola Santagostino (Ediciones Obelisco, 2005). Un libro fantástico para reforzar, fomentar y alimentar la autoestima de nuestros hijos sin caer en la sobreprotección.
- *Tranquilos y atentos como una rana*, de Eline Snel (Editorial Kairós, 2013). Mi iniciación en el *mindfulness* o consciencia plena. Un libro inspirador, lleno de ejercicios para practicar con niños de cinco a doce años. Con él podrás enseñar a tus hijos a relajarse, a escuchar sus emociones, su cuerpo, sus necesidades. ¡Me encantó!
- *Cuatro claves para que tu hijo sea feliz*, de Fernando Alberca (Ediciones Almuzara, 2006). Un valioso libro cargado de sentido común, de verdades como puños. Sencillo, ameno y revelador.
- *Tu hijo a Harvard y tú en la hamaca*, de Fernando Alberca (Espasa, 2014). Ya solo el título da «buen rollo». Si te preocupan las notas de tu hijo y su rendimiento escolar, si pierdes la paciencia a la hora de las tareas escolares, si la época de exá-

menes es un auténtico suplicio familiar, no dejes de leerlo y dejarás de sufrir.

- *Cómo hablar para que sus hijos le escuchen y escuchar para que sus hijos le hablen*, de Adele Faber y Elaine Mazlish (Medici, 2013). Un esclarecedor manual, práctico y hasta divertido. Útil en casi cualquier circunstancia con nuestros hijos.
- *Padres brillantes, maestros fascinantes*, de Augusto Cury (Planeta, 2006). «No hay jóvenes difíciles, sino una educación inadecuada.» Y así es. Para padres, madres, maestros y educadores. ¿Muestras tus emociones a tus hijos, a tus alumnos en caso de ser profesor? ¿Sobreprotegemos a nuestros hijos? ¿Queremos superhéroes o niños felices, libres, empáticos y seguros de sí mismos?
- *Todos los niños pueden ser Einstein*, de Fernando Alberca (Ediciones Toromítico, 2011). ¿Sabías que Einstein no aprendió a leer hasta los seis años ni a hablar con fluidez hasta los nueve? Aprende a descubrir y potenciar lo mejor de tu hijo. Acéptale como es y ayúdale a brillar con luz propia. Aprovecha sus posibilidades reales, las suyas, no las tuyas. Este libro supuso para mí un gran aprendizaje.
- *Educar en la realidad*, de Catherine L'Ecuyer (Plataforma Actual, 2015). ¿Te preocupa el impacto de las nuevas tecnologías en el neurodesarrollo de tu hijo? ¿Sabías que la Asociación Americana de Pediatría desaconseja cualquier tipo de pantalla antes de los dos años? Este libro supuso un antes y un después en el concepto que yo misma tenía acerca del uso de los móviles, los videojuegos y las aplicaciones «inteligentes» en los niños. ¿Son buenos?, ¿son malos? Realmente me sorprendió muy gratamente. Desde que lo leí, en mi casa hay nuevas normas acerca de las nuevas tecnologías. Sí, sin ninguna duda, merece una reflexión por tu parte.
- *Cómo hablar para que los adolescentes escuchen y cómo escuchar para que los adolescentes hablen*, de Adele Faber y Elaine Mazlish (Rayo, 2006). La temida etapa de la adolescencia. Antes de entrar en ella, cuando tus hijos alcancen los diez u once años, resérvate una semana de lectura nocturna. No te arrepentirás. Me encantó.

- *El mundo amarillo*, de Albert Espinosa (Random House Mondadori, 2008). Sin ninguna duda es mi libro de cabecera. Lo he leído varias veces en momentos diferentes de mi vida. Siempre he aprendido algo nuevo, es como una lamparita mágica: cada vez que la frotas aparece una nueva revelación. «El mundo amarillo es el mundo de los descubrimientos que hice durante los diez años que estuve enfermo de cáncer», comenta el autor. Es un libro mágico y delicioso que no deja indiferente. Desde que lo leí por primera vez, en mi mundo particular solo me rodeo de personas amarillas, «los amarillos», como los llama Espinosa.

# AGRADECIMIENTOS

Gracias a todos y cada uno de mis pequeños pacientes, «esos locos bajitos» que convierten mi trabajo en una aventura continua llena de divertidas anécdotas, confesiones al oído, besos llenos de mocos y abrazos que ya empiezan desde el otro lado del pasillo cuando corréis hacia mí para colgaros del mejor de los columpios, mi cuello.

Gracias a todos los padres y madres de mi consulta, fuente inagotable de inspiración. Gracias por vuestras confidencias, vuestra sensibilidad, vuestras risas, y por vuestras lágrimas compartidas también. ¡Es tanto lo que hay aquí de vosotros, son tantos los trocitos de mí que os lleváis en estas páginas y tanto lo que me habéis regalado! No hay vidas para devolver lo que me dais cada día.

Gracias al equipo del taller de *coaching* para padres «AEIOU» (Barcelona) y a Juanjo Saval, porque gracias a ti comencé a bucear en el mundo de las emociones de mis hijos; es tanto lo que me has enseñado. Gracias a Jaume Roset, por subirme a esa pelota gigante y botar conmigo; te llevaste mi miedo para siempre. A Andrea Zambrano, por esos ojos que todo lo ven, que todo lo sienten, por esas manos que hablan por ti. A María Ángeles Jové, por tu sensibilidad; eres fuente inagotable de paz y sabiduría.

Gracias a David Figueras, mi primer editor. Gracias por haber confiado en mí desde el principio, sin fisuras, sin condiciones. Gracias por tu entusiasmo y apoyo constantes, por tu energía y tu luz. Iluminaste este libro desde la primera línea hasta la última. Y gracias también a ti, Javi Moreno, mi segundo editor, que tan bien tomaste el testigo de David, rematando la faena y acompañándome en el *sprint* final. Chicos, hemos formado un gran equipo los tres.

Gracias a mis fieles amigas y pediatras, Ruth, Lourdes, Raquel, Carolina y María Jesús. Siempre a mi lado, en las luces y en las sombras, de cerca y de lejos, pero siempre dentro de mí. Gracias, chicas, os quiero.

Gracias a mi amiga Rocío, de Oviedo, por navegar siempre a mi lado durante los largos y excitantes años de facultad. Gracias por comprender mis silencios y celebrar mis victorias desde la distancia, pero siempre siempre tan cerca.

Gracias a mi compañera y amiga Ana de la Vega. Gracias por compartir conmigo los frutos más dulces y los más amargos de una corta pero intensa etapa de nuestras vidas, de la tuya y de la mía.

Gracias a mi tía Elvira. Estuviste, estás y estarás. Siempre.

Gracias a Carlos, por haberme dado a las dos personas más importantes de mi vida. Gracias por llenar cada uno de los días de Carlitos y Covi del amor más puro, el que yo no les puedo dar, el amor de padre.

Gracias a Noelia, mi cuñada, mi amiga. Gracias por tu eterna sonrisa, tu dulzura y elegancia, tu saber estar, tu saber decir, tu saber sentir.

Gracias a José, mi hermano, por tu sensibilidad infinita y contenida. Gracias por tu inagotable fuente de optimismo, resiliencia, honestidad e inteligencia. Eres la mejor persona que conozco, te lo he dicho muchas veces. Siempre estás, silencioso, sereno, firme..., siempre estás.

Gracias a José y Covi, mis padres, mi columna vertebral, mi mitad, mi alma, mi esencia. Mi todo. Ser y estar, dos verbos que os definen. Gracias por ser como sois, gracias por estar sin fin.

Y finalmente quisiera dar las gracias a mis adorados hijos, Carlos y Covi, mis verdaderos maestros de vida. Este libro jamás lo hubiese escrito sin vosotros correteando entre mis piernas. Gracias por vuestra maravillosa inocencia, por vuestra magia, por iluminar mi vida, por vuestra risa, por vuestra alegría. Gracias por vuestra dulzura, por vuestros «mami, yo te cuidaré siempre». Gracias eternamente porque sin vosotros mamá no existiría.

**Otros títulos de la autora en Booket**

booket